地域研究
ライブラリ
1

現代インドにおける暴動予防の政策研究

コミュニティ・ポリシング活動の挑戦

油井美春

昭和堂

まえがき

　本書の目的は，現代インドにおいて，頻発してきたヒンドゥーとムスリムの間での暴動に対し，コミュニティ・ポリシング活動による予防の効果を実証することである。

　インドでは，1947 年 8 月のインド・パーキスターン分離独立以降，ヒンドゥーとムスリムの間で宗教の違いを争点とした暴動が続発しており，深刻な政治，社会問題となってきた。ヒンドゥー教徒の優越を謳うヒンドゥー・ナショナリストは，自らの組織および運動の基盤強化を図るために，インド最大のマイノリティ・コミュニティであるムスリムに対し，宗教の差異を利用して「脅威」と喧伝し，憎悪と対立を煽ってきた。過去の暴動状況を分析すると，複数の事例においてヒンドゥー・ナショナリストが発生に関与してきたことが明らかとなる。そうしたなか，暴動を引き起こす誘因となる住民間の対立を早期に発見し，警察と住民の連携によって解決する取り組み，コミュニティ・ポリシング活動の効果が注目されてきた。

　コミュニティ・ポリシングとは，1980 年代のアメリカで犯罪研究において生み出された概念で，「警察と地域住民が，住民の生活改善を目的として，地域における犯罪予防，秩序維持のために共に活動すること」と定義されている。いわば住民の日常的に抱える問題が犯罪を誘発するとみなし，警察と住民が連携して，その解決に焦点を当てたアプローチといえる。コミュニティ・ポリシング活動はいまやカナダ，ドイツ，シンガポール，タイなど各国で展開されており，犯罪予防のみならず，テロ対策や安全保障にも有効として，国際的に注目されている。2000 年代以降，インドでも連邦中央政府が中心となり，警察不信の回復と住民との友好関係の構築を掲げて，コミュニティ・ポリシング活動の導入を推進している。

　州政府による対策やコミュニティ・ポリシング活動によって，暴動の大規模化は抑止されつつある。一方で，ヒンドゥー・ナショナリスト政党であるイン

ド人民党が 2014 年 5 月に第 16 次連邦下院議会選挙を経て，連邦中央政権を掌握して以降，その影響力を盾にしたヒンドゥー・ナショナリスト組織による再改宗運動（Ghar Wapsi）と反ラブ・ジハード運動（Anti-Love Jihad）の展開や牛肉禁止令（Beef Ban）の施行など，ムスリムを排除しようという動きも顕現化している。まさに，インドではヒンドゥーとムスリムの関係が憂慮すべき事態となっており，その対立を解消すべく取り組まれてきたコミュニティ・ポリシング活動は有意といえよう。

本書の独自性は，現代インドにおける宗教対立と暴動に対して，安全保障研究，犯罪研究と南アジア地域研究を架橋して概念を再構築し，かつ現地でのフィールドワークを通してコミュニティ・ポリシング活動が発揮してきた予防の効果を明らかにする点である。

暴動後の混乱において，現地の人々がどのように対立関係を解消し，共生の道筋を打ち立ててきたのか。警察と住民が常態的な連携から，暴動を誘発する状況を抑止し，武力行使によらない解決を模索してきたのか。こうした点が筆者の問題関心である。

本書が論じるインドの事例には，必ずしもコミュニティ・ポリシング活動による暴動予防が制度化していない場合もあるが，関与するアクターは警察であり，連邦中央政府および州政府が推進してきた取り組みであることから，「暴動予防の政策研究」と設定する。いまだ限定的であるものの，活動の発展性と拡充を展望して，副題に「コミュニティ・ポリシング活動の挑戦」と掲げることとする。

本書は，大別すると，概念枠組みの構築と事例検証を論じた全 7 章で構成されている。

序章では，本書のねらいと事例選択の意味合いを提示し，現地調査に関する情報を明らかにする。第 1 章では，暴動研究と犯罪研究の研究領域を架橋し，暴動と予防に関する議論を展開するために分析枠組みの設定を行う。

第 2 章では，コミュニティ・ポリシング活動を遂行するうえで不可欠なアクターであるインド警察が抱えてきた構造的欠陥について，法的および制度的観点から検討を加える。連邦中央政府は 1970 年代からインド警察の改革を提唱してきたものの，植民地支配下で制度化された警察法の改正とヒンドゥーが寡

占状態にある警察組織の構造改革には，時間を要してきた。

　第3章では，暴動予防の成功事例として，マハーラーシュトラ州ムンバイー市のモハッラー・コミッティ・ムーブメント・トラストのコミュニティ・ポリシング活動による暴動予防について論じる。第4章では，瓦解に至った失敗事例として，マハーラーシュトラ州ビワンディー市のモハッラー・コミッティによるコミュニティ・ポリシング活動による暴動予防を論じる。

　第5章では，マハーラーシュトラ州の2事例の比較から得られた分析枠組みを用いて，さらに，その他のインド各地で実践されてきた形態の異なるコミュニティ・ポリシング活動の5事例を加えて，比較検討を展開する。それぞれの活動を類別して特徴を整理し，インドにおいてコミュニティ・ポリシング活動の拡充を推し進めていくうえでの課題を論じる。

　終章では，本書の結論と学術上の意義を確認し，予防の効果と展望を論じ，今後の研究課題と方向性を提示する。

目　　次

まえがき　i

序　章　宗教対立は予防できるのか？ 1

　第1節　現代インドにおける宗教対立の捉え方 3
　　　(1) ムスリムの脅威という扇動　3
　　　(2) 本書のねらい　6
　第2節　宗教対立とコミュニティ・ポリシング 9
　　　(1) コミュニティ・ポリシングによる暴動予防　9
　　　(2) マハーラーシュトラ州の2事例が持つ意味合い　10
　　　(3) 全7事例の比較考察　12
　　　(4) コミュニティ・ポリシング活動へのアプローチ　14
　第3節　本書の構成 16

第1章　コミュニティ・ポリシングによる
　　　　宗教対立の予防 17

　第1節　インドのヒンドゥー・ムスリム間の
　　　　　暴動をめぐる状況 19
　　　(1) 原因追究型の先行研究　19
　　　(2) 予防志向型の先行研究　26
　　　(3) 発生の傾向と特徴　31
　第2節　インドにおける暴動ベクトルの導出 35
　　　(1) 暴動ベクトルとコミュニティ・ポリシング活動の
　　　　　相関　35

（2） 暴動ベクトルにおける諍いの位置づけ　38

（3） 暴動ベクトルにおける憎悪犯罪の位置づけ　40

（4） 暴動ベクトルにおける暴動の位置づけ　52

第3節　コミュニティ・ポリシングに関する先行研究 55

（1） コミュニティ・ポリシング概念をめぐる

研究潮流　55

（2） コミュニティ・ポリシング活動の構成要素　60

第2章　インドの警察が抱える問題点 73

第1節　インド警察の創設 75

第2節　インド警察の構造的欠陥 77

（1） 警察行政の二重構造——インド警察職と州警察　78

（2） 1861年インド警察法——警察改革に向けた動き　80

（3） ヒンドゥーの警察官の寡占　84

第3節　暴動時の機能不全 92

第4節　インド警察の構造改革の動き 95

（1） 2006年警察法案による改革の動き　95

（2） 2011年コミュナル暴力予防法案による改革の動き　96

第3章　住民参画型の成功

ムンバイー市のモハッラー・コミッティ・ムーブメント・
トラストの事例 101

第1節　ムンバイーにおける暴動の発生 103

（1） 1992年12月バーブル・モスク破壊事件　103

（2） 1992年12月〜1993年1月の暴動事件　109

（3） 暴動への武力制圧の限界　114

第2節　モハッラー・コミッティ・ムーブメント・

トラストの創設 115

    （1）暴動予防活動の導入 115

    （2）活動拠点の設置 118

    （3）多文化主義的な参画の状況 121

 第3節 コミュニティ・ポリシング活動への住民の参画 ... 124

 第4節 グジャラート虐殺事件時の予防の効果 143

    （1）2002年グジャラート虐殺事件の発生 143

    （2）コミュニティ・ポリシング活動の結実 148

    （3）短編映画を媒介とした共生への訴え 151

 第5節 モハッラー・コミッティ・ムーブメント・

    トラストへの評価 152

    （1）現地社会の評価 152

    （2）本書における評価 157

第4章 警察主導型の失敗

 ビワンディー市のモハッラー・コミッティの事例 161

 第1節 ビワンディーにおける暴動の発生..................... 164

    （1）1970年5月の暴動事件 164

    （2）1984年5月の暴動事件 169

 第2節 警察のリーダーシップによる創設......................... 172

    （1）暴動予防活動への着手 172

    （2）モハッラー・コミッティの創設 174

 第3節 バーブル・モスク破壊事件時の予防の効果 176

 第4節 モハッラー・コミッティへの評価..................... 178

 第5節 暴動の再発と活動の瓦解 180

    （1）住民と警察の間の諍いの発生 181

    （2）暴動の再発 182

    （3）成功から失敗へ──モハッラー・コミッティの瓦解 183

    （4）瓦解の要因 185

    （5）本書における評価 187

第5章　インド各地における
　　　コミュニティ・ポリシング活動の比較分析 189

　　第1節　警察代替型 191
　　　　（1）連邦直轄領デリー市の自警団計画　191
　　　　（2）タミル・ナードゥ州の
　　　　　　　フレンズ・オブ・ポリス運動　195
　　　　（3）ケーララ州の
　　　　　　　ジャーナマイシュリ・スラクシャ計画　208
　　第2節　活動放任型
　　　　西ベンガル州コルカタ市の革新的ポリシング計画 215
　　第3節　目的特化型
　　　　マディヤ・プラデーシュ州ナールシングガール市の
　　　　ナガル・ラクシャ・サミティ 219
　　第4節　インドにおける
　　　　コミュニティ・ポリシング活動の特徴と課題 223
　　　　（1）活動の持続を可能にする特徴　223
　　　　（2）活動の断絶を招く特徴　226
　　　　（3）7事例の比較検討　228
　　　　（4）7事例の総合的評価　237
　　　　（5）インドのコミュニティ・ポリシング活動における
　　　　　　　課題　242

終　章　新たな共生の模索
　　　コミュニティ・ポリシングの効果と展望 245

　　あとがき　251
　　参考文献一覧　255
　　図表・写真一覧　282
　　索　引　284

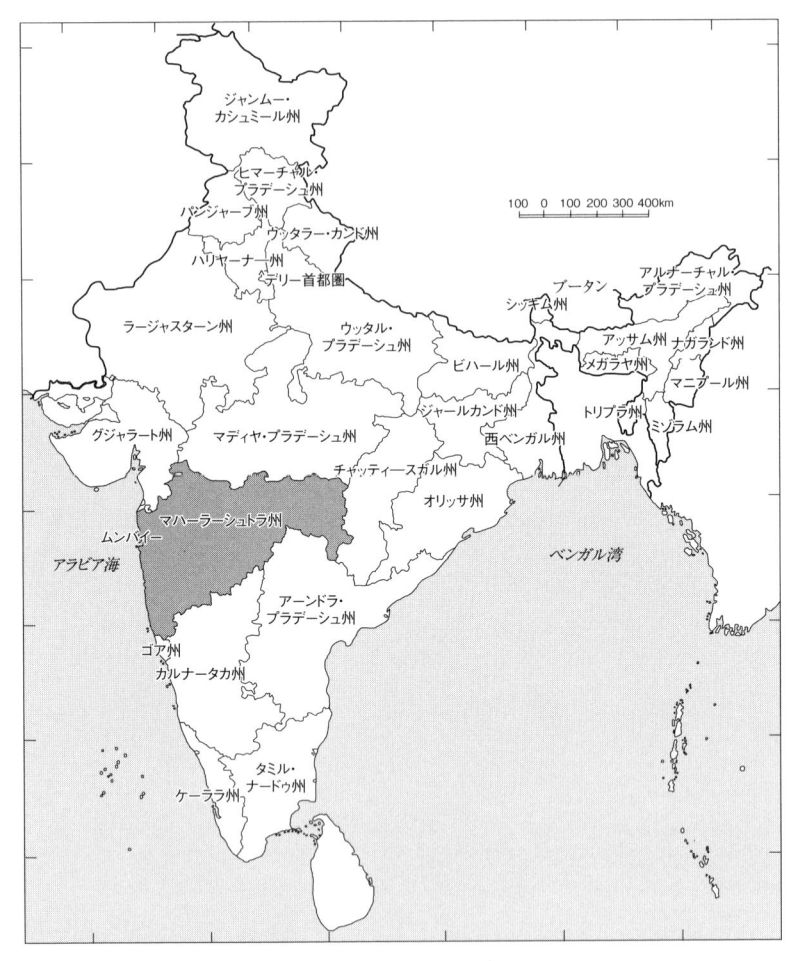

地図1　インド各州およびマハーラーシュトラ州の位置

出典）〔Office of the Registrar General & Census Commissioner, Ministry of Home Affairs, Government of India. Census of India 2011,"Provisional Population Totals Paper 2 of 2011: Maharashtra"n.d.〕に基づき筆者作成。

注）連邦直轄領は，デリー首都圏を除いて表記を割愛。

宗教対立は予防できるのか？

インドの宗教コミュニティ間の共生を訴えた児童画大会の受賞作。イン
ド国旗をモチーフとして宗教シンボルが描かれている（2011 年 1 月 29
日，ムンバイー市シヴァージー・ナガル地区にて筆者撮影）

2002年，マハーラーシュトラ州ムンバイー市（Municipal Corporation of Greater Mumbai, Maharashtra State）では，ヒンドゥーの警察官とムスリムやクリスチャンの住民が混成チームを組んで，同じユニフォームをまとい，クリケットに興じていた。[1]かたや隣接するグジャラート州（Gujarat State）では，州内各地でムスリムを攻撃対象とした虐殺事件（Gujarat Pogrom）が続発していた。隣接するグジャラート州で緊迫した状況が続く中，ムンバイー市はなぜ平穏でいられたのであろうか。

　本書はインドのヒンドゥーとムスリムの間で頻発してきた暴動に対する，コミュニティ・ポリシング活動による予防の効果を実証することを目的とする。[2]

第1節　現代インドにおける宗教対立の捉え方

（1）ムスリムの脅威という扇動

　インドにおけるヒンドゥーとムスリムの対立構造は，イギリスが宗教の差異を利用し，分断した分割統治策に遡る。両者の対立は，「地域・言語・職業・宗教などある共通の利害で結ばれた社会集団が，自らを他と区別してその特質あるいは優位性を強調する思考様式」を意味する「コミュナリズム」（communalism）として概念化されてきた。[3]とりわけ南アジア研究の文脈においては，ヒンドゥーとムスリムの宗教的属性をもとに集団のアイデンティティと利益を排他的に主張する概念として用いられてきた。現地の人びとや研究者らは双方の集団アイデンティティを規定し，排他的に主張する振る舞いを「コミュナルだ」

1　1995年8月12日にマハーラーシュトラ州の州都ボンベイ（Bombay）市は，インド地名の「ムンバイー」市に改称された。しかし，本書では呼称の統一性と簡便性を図るため，1995年以前の事象について言及する際にもムンバイーと表記する。

2　コミュニティ・ポリシング活動による暴動予防を考察する上での予防についての分析枠組みは，紛争地域における予防外交について論じた中村覚［2009］を参考にしている。

3　［南アジアを知る事典 2012: 内藤雅雄「コミュナリズム」の項: 263］。なお，本邦では「コミュナリズム」の邦訳として「宗派主義」を採用してきた向きもある［小川 2004; 外川 2012］。近藤光博は宗派主義との訳語がインドの文脈では否定的なニュアンスを持つと指摘する［近藤 1998: 33］。本書では，ヒンドゥーとイスラームがそもそも宗派として捉えられるのか否かという疑念を有しているため，そのまま「コミュナリズム」とあてる。

と言い表してきた。[4]

　1947 年 8 月の分離独立以降，インドのヒンドゥーとムスリムの間の暴動を論じてきた研究の多くがその対立関係を，「コミュナル暴力」（communal violence）や「コミュナル暴動」（communal riot）と呼称してきた。本書は個別の行為としては暴力と，集合的暴力として暴動とみなすことに齟齬が生じないと捉え，論を進めていく。

　近年，インドのムスリムはヒンドゥー・ナショナリスト（Hindu nationalist）の攻撃対象にされている。ヒンドゥー・ナショナリストとは，民族奉仕団（Rashtriya Swayamsevak Sangh）を起源とするサング・パリワール（Sangh Parivar）の構成諸団体を指すことが多い。[5]彼らが掲げるヒンドゥー・ナショナリズム（Hindu nationalism）の思想とは，「植民地インドおよび独立インドの領域において，『ヒンドゥー教徒』として自己規定する多数派集団の，他集団に対する優越的権利もしくは／および排他的な行動を主張する思想ないし／および運動」と捉えることができる［佐藤 2000: 125-126］。またその行動は，「文化的，宗教的，民族的に『ヒンドゥー』を中心とする『ヒンドゥー・ネイション』を作り上げ，ヒンドゥーによる多数派支配に基づく政治的，行政的な国民国家としてのインドを統合・強化しようという主張」と定義される［Bhatt 2001: 42; 三輪 2015: 118］。ヒンドゥー・ナショナリストは，自らの支持基盤の強化を図るために，ヒンドゥーとイスラームという宗教の差異でコミュニティを分断し，憎悪を煽ってきた。[6]しかし，本来インドのムスリムの多くがヒンドゥーからの改宗者であり，言語，文化，宗教において類似性を有してきたため，宗教の違いを根拠とした峻別自体が実態とかけ離れた見方と言わざるをえない。

　4　［南アジアを知る事典 2012: 竹中千春「コミュナリズム」の項 : 377］。
　5　民族奉仕団は 1925 年にマハーラーシュトラ州ナーグプル（Nagpur）出身の K・B・ヘードゲワール（Keshav Baliram Hedgewar）によって創設された。民族奉仕団は自らを文化的組織と位置づけ，肉体鍛錬，規律による民族意識と結束を重視し，ヒンドゥー青年集団の組織化を掲げている［小川 2000: 21-22］。
　6　本研究での「マイノリティ」とは，インド憲法におけるマイノリティの位置づけについて研究の蓄積がある孝忠延夫の定義を採用する。孝忠は「ある国でその他の人びとに比して数が少なく，支配的な立場にはなく，その他の人びととは異なったエスニック，宗教的，そして言語的特徴を持ち，黙示的にではあれ自分たちの分化，伝統，宗教または言語を保持しようとする連帯意識をもっている集団」と定義した［孝忠 2008: 272］。

表 0-1　インドの主要な宗教別人口率の推移（1961～2011 年）

	1961 年	1971 年	1981 年	1991 年	2001 年	2011 年
ヒンドゥー	84.4%	83.5%	83.1%	82.4%	81.4%	79.8%
ムスリム	9.9%	10.4%	10.9%	11.7%	12.4%	14.2%
クリスチャン	2.4%	2.6%	2.5%	2.3%	2.3%	2.3%
スィク	1.8%	1.9%	2.0%	2.0%	1.9%	1.7%
ブッディスト	0.7%	0.7%	0.7%	0.8%	0.8%	0.7%
ジャイナ	0.5%	0.5%	0.5%	0.4%	0.4%	0.4%
その他	0.3%	0.4%	0.4%	0.4%	0.7%	0.4%

出典）[Ministry of Social Justice and Empowerment, Government of India. n.d.; Office of the Registrar General & Census Commissioner n.d.] より筆者作成。

　2011 年の人口統計調査によると，インドのムスリムは 1 億 7,224 万 5,158 人で，インドネシア，パーキスターンに次ぐ世界第 3 位の人口規模を有している。[7] 表 0-1 は 1961 年から 2011 年までのインドの主要な宗教別人口率の推移を示したものである。

　2011 年時点でヒンドゥー人口は 79.8％を，ムスリム人口は 14.2％を占めている。注目すべきは，過去 50 年間にわたりヒンドゥー人口の割合が微減してきたのに対して，ムスリム人口の割合は微増を続けている点である。ヒンドゥー・ナショナリストは国内最大のマイノリティであるムスリム人口の微増という現象を，ヒンドゥーへの脅威として，ムスリムを攻撃する言説を展開してきた。

　例えば，マハーラーシュトラ州の地域政党シヴ・セーナー（Shiv Sena）による手法は典型的と言える。シヴ・セーナーは 1966 年 6 月 19 日にバル・タークレー（Bal Thackeray）によって州都ムンバイー市で結成され，州の公用語であるマラーティー語を母語とするヒンドゥー住民，いわゆる「マハーラーシュトラ人」（Maharashtrians）を支持基盤におく，マハーラーシュトラ州で地域政党として登録されたヒンドゥー・ナショナリスト政党である。結成当初は州内で経済的な成功を収めていた南インド地方出身者を排除し，マハーラーシュトラ人の結束を訴えていた [Viswanath 1970]。その後，1968 年になると，州全域への勢力拡大のために全国政党のジャン・サング（Bharatiya Jan Sang）との連

　7　Office of the Registrar General & Census Commissioner, Ministry of Home Affairs, Government of India. Censes of India 2011."C-01 Population By Religious Community (India & States/UTs/District/Sub-Distt/Town Level)". Population Enumeration Data (Final Population). n.d..

携関係を構築すると，過激な反ムスリムを掲げてヒンドゥー・ナショナリズム
に同調していった。1985 年 4 月に実施されたムンバイー市議会議員選挙では
総議席の 4 割超を占める 77 議席を獲得して以降，長期的にムンバイー市政を
掌握してきた [Thakkar 1995: 26]。シヴ・セーナーは 1980 年代からムスリム
の人口増加を脅威と非難し，ヒンドゥーの夫婦と 2 人の子ども，1 人のムスリ
ム男性と 4 人の妻に子どもの一団という対比したイラストとスローガンを描い
たポスターを市中に貼って，ムスリムを揶揄する「ハム・ドー，ハマーレー・
ドー」(Hum do, Hamare do) 運動を展開してきた。ヒンドゥーが一夫一婦で 2
人の子どもを持つ一方，ムスリムは一夫多妻で多産であるという偏見を広める
キャンペーンである [The Committee for the Protection of Democratic Rights
1984: 7]。2002 年 9 月にインド人民党 (Bharatiya Jana Party: BJP) がグジャラー
ト州での選挙運動で「ハム・ドー，ハマーレー・ドー」のスローガンを用いる
など[8]，ヒンドゥー・ナショナリストは，無分別な家族計画によってムスリム
人口が急増してきたとの印象操作を行い，ヒンドゥーの脅威となっていると主
張してきた。

(2) 本書のねらい

本書の目的は，インドのヒンドゥーとムスリムの間での暴動とその予防につ
いて，犯罪研究で展開してきたコミュニティ・ポリシング概念を融合して，コ
ミュニティ・ポリシング活動がもたらした効果とその成否要因を明らかにする
ことである。

コミュニティ・ポリシングの研究は 1980 年代に犯罪増加の一途をたどって
いたアメリカで派生したもので，犯罪予防に住民を参画させるという見地から，
概念化，活動実践への分析，評価など，さかんに行われてきた [Eck and
Rosenbaum 1994: 4]。その概念を一括することは容易ではないが，研究潮流の
初期に位置づけられるスコルニックとベイリーの提示した「公共の安全，犯罪
発生率の低下を高め，犯罪への恐怖を減じ，住民の不安感を減じ，警察と住民
を結びつけ，警察の倫理を向上させ，かつ説明責任を負わせる取り組み」との

---

8 "Should We Run Relief Camps? Open Child Producing Centres?". *Outlook*（電子版）. September 30, 2002.

理解が，活動の本質を突いており，有効である［Skolnick and Bayley 1988: 89］。アメリカでコミュニティ・ポリシング活動が制度化され，拡大していったのは，1994 年に施行された暴力犯罪のコントロールと法執行法（Violent Crime Control and Law Enforcement Act）において，連邦司法省にコミュニティ志向ポリシング・サービス局（Community Oriented Policing Services）が設置されて以降のことである。[9] 2009 年 7 月までにコミュニティ志向ポリシング・サービス局は国内のおよそ 8 割にあたる 1 万 3,000 の警察機関に対して財政支援を行い，また活動に従事することを専任とした 11 万 7,000 人の警察官を増員してきた［Peak and Glensor 2012: 22］。アメリカで創出されたコミュニティ・ポリシングの概念と手法は，いまやカナダ，ドイツ，シンガポール，タイなど地域を横断して，各国で共有され，展開されている［Peak and Glensor 2012: 287-303; シェヒ 2006: 143-159; 江原 1999: 135-146; 江原 2000: 160-173］。

　これに対して，インドのコミュニティ・ポリシング活動は限定された地域で遂行されるにとどまり，制度化されていない事例が多い。その背景として，コミュニティ・ポリシング活動を牽引するアクターである警察が，インドの場合にはイギリスの植民地支配強化を目的として 1861 年インド警察法（Police Act, 1861）の下に設置された経緯が起因している。このインド警察法は独立を果たした後も現行法のまま効力を有しており，警察制度を規定してきた。インド警察は植民地時代に醸成された住民への武力による抑圧という手法を容易に展開する傾向にあり，時に住民を警棒で殴打し，無差別発砲や不当逮捕を行ってきた。住民は法執行を担う警察を畏怖の対象と捉え，不信を募らせた結果，地域社会と警察の関係は断絶してきた。

　1980 年代以降，ヒンドゥーとムスリムの間での暴動が大規模化し，また越境化するにつれて，警察の武力制圧による事後対応に限界が生じ，警察も暴徒に加わるといった機能不全が露呈するようになった。そこで，連邦中央政府採用の上級職であるインド警察職（Indian Police Service）所属の警察官が一部の州，県，市においてコミュニティ・ポリシング活動を創設，法制度や規定が確立しないままに，彼らのリーダーシップの下に展開してきた。連邦直轄領デリー

9　U.S. Department of Justice. Community Oriented Policing Services Office."About Community Oriented Policing Services Office". n.d..

（Union Territory Delhi），マハーラーシュトラ州，タミル・ナードゥ州（Tamil Nadu State），西ベンガル州（West Bengal State），マディヤ・プラデーシュ州（Madhya Pradesh State），ケーララ州（Kerala State）といった一部の州において活動実践が確認されている［Raghavan 1999: 167-170; Chakraborty 2003: 255-259; Dhillon 2005: 243-247; Philip 2006: 36-51; Mukherjee 2006: 80-83; Mishra 2011: 117-118; Verma 2011: 157-163; Kumar 2012: 397-400; Nalla and Newman 2013: 181-186］。これら限定的な実践のなかでも，州政府から一定の財政支援を受けてきたと確認できたのはタミル・ナードゥ州とケーララ州の事例のみであり，またコミュニティ・ポリシング活動を専任とする警察官は配置されていない状況である。根深い警察不信の払拭にも時間を要し，さらに制度化されていないために警察官と住民の活動への意欲とリーダーシップは衰退しやすく，その実践は稀有と言える。州政府やメディア，政治家，住民がコミュニティ・ポリシング活動による予防効果を明示するにつれ，連邦内務省（Ministry of Home Affairs）も警察法の改正に乗り出し，「2006年警察法案」（The Model Police Act, 2006）での法制度化を試行してきた。

　実際，2013年11月23日に警察組織のトップである州警察長官（Director General of Police）を招集した会議の場で，当時の連邦中央政権を掌握していたインド国民会議派（Indian National Congress, 以下「会議派」と略する）のマンモハーン・シン（Manmohan Singh）首相は犯罪予防の必要性を訴え，組織的なコミュニティ・ポリシングの着手を呼びかけている。[10] 加えて，2014年5月より政権を掌握しているインド人民党も，第16次連邦下院議会選挙時に発表したマニフェストで，安全および住民の福利を拡充して警察不信の回復と住民と友好関係を構築することを目的としたコミュニティ・ポリシング活動の導入を推進している［Bharatiya Janata Party 2014］。インドでは政権交代後も連邦中央政府がコミュニティ・ポリシング活動を制度的に確立しようと取り組んできた。

　近年，テロ事件が頻発する社会情勢を反映し，コミュニティ・ポリシング活動がテロ対策に一定の効果を有すると提起した研究も見出される［Guzman

---

10　"Manmohan advocates community policing to check growing urban crimes". *The Hindu*（電子版）. November 23, 2013.

2013: 403-405; Kappeler and Gaines 2015: 543-548］。欧州安全保障協力機構（Organization for Security and Co-operation in Europe: OSCE）は 2014 年の報告書において，警察と住民の協力関係がテロ対策に有効との見解を示すなど，コミュニティ・ポリシング活動への国際的な注目度が高まっている［OSCE 2014］。

第 2 節　宗教対立とコミュニティ・ポリシング

（1）コミュニティ・ポリシングによる暴動予防

　本書はインドで頻発する宗教対立と暴動に対して，暴動研究，犯罪研究と南アジア地域研究を架橋しながら，予防志向の概念枠組みを構築し，活動事例への聞き取り調査と参与観察による実証を展開する。以下 3 点において，本書は学術的成果に貢献できると考えている。

　第一に，概念構築への貢献である。これまで犯罪研究の領域で展開されてきたコミュニティ・ポリシング研究とインドの暴動研究を架橋し，コミュニティ・ポリシング活動による暴動予防という概念枠組みを構築する。従来，コミュニティ・ポリシング研究の多くは，アメリカの活動実践について論じたものであった［Rosenbaum et al. 1998; Skogan and Hartnett 1997; Palmiotto 2011; Peak and Glensor 2012］。本書が，インドにおけるコミュニティ・ポリシング活動の実証を行い，その特徴，構成要素，課題を導出し，評価を加えることで，活動への理解と拡充に寄与できると考えている。

　第二に，予防志向型の暴動研究の発展である。分離独立以降，暴動の発生原因を求める研究が行われる傾向にあったが，必ずしも暴動の予防に結びついてきたわけではない。本書は，暴動の原因を検討した上で，暴動を誘発しうる社会状況の形成を防ぐ警察と住民による試みをコミュニティ・ポリシング活動と捉え，予防志向型の暴動研究を展開する。暴動は生命の喪失，財産の破壊といった物理的な被害とともに，遺恨と憎悪をもたらす危機的な状況である。そのため，発生以前に予防することが最も望ましい選択であり，コミュニティ・ポリシングは政策上も有益性が高い試みと言える。

　ただし，暴動の原因を指摘し，発生過程を検証する作業に比べ，暴動が発生しなかった状況と予防が成功した状況との線引きは必ずしも瞭然としておらず，

未発と予防との相互の因果関係を明らかにすることは容易ではない。そこで，本書は事例検証を踏まえて分析を進めていく。まずインド国内で 1960 年代から 2000 年代に発生した暴動事件のうち，主要な 79 事例を抽出して，それらの直接的原因および過程を分析する。暴動状況を検証して，安全，諍い，憎悪犯罪（hate crime），暴動のそれぞれの段階から構成されるインドの暴動ベクトル概念を導出し，発生構造を浮き彫りにする。その上で，事例検証を通して，予防の時機，予防に参画するアクター，多文化主義的な共生が促進される過程を分析し，暴動発生と予防の因果関係を比較考察する。本書が論じる多文化主義的な共生とは，言語，宗教，民族の差異を超え，相互の文化的差異を認め，尊重する価値観である。コミュニティ・ポリシング活動に参画する警察と住民が共有することで，信頼の醸成と活動の拡充に寄与すると捉えている。

　第三に，警察研究の発展である。警察はコミュニティ・ポリシング活動において，主要なアクターである。これまではインド警察が権力を誇示し，住民に抑圧的であるという論調に傾倒しがちであった［Vadackumchery 2001; Engineer and Narang 2006］。筆者が現職および退職したムンバイー市警察長官（Commissioner of Police）をはじめ，合計で 10 名のインド警察職への聞き取り調査を繰り返すうちに，警察自らも組織改革を志向する態勢が浮き彫りになってきた。時に住民とともに巡回を行い，スポーツやレクリエーションの場に参加してきた。

(2) マハーラーシュトラ州の 2 事例が持つ意味合い

　本書は，コミュニティ・ポリシング活動による暴動予防の事例として，1990 年にマハーラーシュトラ州タネー県ビワンディー市（Bhiwandi- Nizampura Municipality, Thane District）で創設されたモハッラー・コミッティと，それを模倣してムンバイー市で展開されてきたモハッラー・コミッティ・ムーブメント・トラスト（Mohalla Committees Movement Trust: MCMT）をそれぞれ詳細な現地調査の対象とする。

　まず，ここで事例研究としてマハーラーシュトラ州を選択した意味合いを説明しておきたい。マハーラーシュトラ州はインド国内で暴動が頻発してきた地域である。これはヴァールシュネーイーとウィルキンソンによる研究で確認されたことであるが，1950 年から 95 年までに発生した暴動は 1,178 件と見積も

られ，そのうちグジャラート州（245件），マハーラーシュトラ州（200件），ウッタル・プラデーシュ州（200件）が上位3位を占めていた［Varshney and Wilkinson 2004: 2-4］。いわゆる暴動州（riot-prone state）のひとつであるマハーラーシュトラ州において，1990年代に創設された2つのモハッラー・コミッティによるコミュニティ・ポリシング活動の事例を検討することは，豊かな意義を有すると言える。

　筆者がマハーラーシュトラ州の2つのモハッラー・コミッティを事例研究に選択したのは，2004年10月に初めてビワンディー市を訪問した際に，ムスリム住民との聞き取り調査でその活動を紹介されたことがきっかけとなっている。現地ではメディア，住民，警察官のいずれもが "Mohalla Committee" と呼称しており，そのまま「モハッラー・コミッティ」との現地語での呼称をあてる。いくつかの先行研究がモハッラー・コミッティの検証を試みていたものの，警察官，住民メンバー，地域住民といったアクターにアプローチした分析の形跡は見出されないままであり，ビワンディー市とムンバイー市の2事例を混同する記述もしばしば見られた［Hansen 2001; Varshney 2002; Thakkar 2004］。

　1988年にビワンディー市で創設されたコミュニティ・ポリシング活動が，1993年には近接するムンバイー市で導入された。一見すると，これら2つのモハッラー・コミッティは同一や分派した組織と見受けられるかもしれない。しかし，その活動は，それぞれの地域において真逆の状況を生み出している。

　ムンバイー市の事例では，ヒンドゥー，ムスリム，クリスチャン，スィクの住民が主体的にコミュニティ・ポリシング活動に参画しており，創設から20余年を経過した現在も活動を続けている。一方，ビワンディー市の事例では警察リーダーが主導して創設し，ヒンドゥーとムスリムの住民を有意でメンバーに選定していた。徐々に活動は形骸化し，ムスリム住民と市警察との間で暴動が発生した時点で，コミュニティ・ポリシング活動は瓦解していた。これら2事例は1990年代前半に同一州内の警察行政下に創設されたために，比較条件が整っており，ゆえに成功事例としても，失敗事例としても検討を可能としている。

　ここで，本書が用いる住民参画（citizen involvement）の概念を説明しておく。これは1970年代以降のアメリカおよびカナダにおいて，住民参画の過程と要

件を研究してきたクレイトンの提起した概念である。クレイトンは住民が行政による意思決定において，住民の関心事，要請，価値を反映した双方向のコミュニケーションの形態と捉える。その上で，住民参画の核として，住民への情報提供，住民からの聞き取り，問題解決における従事，同意の進展の4点を挙げている。クレイトンは住民参画が意思決定の段階から確立し，かつ明確でシステマティックな過程を経て，その時々の実情に応じて，常に進展を受け入れる形が望ましいと説明する [Creighton 2005: 7-13; 243-245]。特に，本書は国家権力の象徴である警察行政と住民との相互が交わすコミュニケーションの形態に注目する。具体的には，会合や協議での相互の交流や情報交換を示すこととする。クレイトンの概念に則れば，コミュニティ・ポリシング活動における住民参画とは，警察行政の意思決定において，住民の関心事，要望や価値を反映した，警察と住民との双方向のコミュニケーションと定義できる。本書では，クレイトンの理解を発展しつつ，住民参画が行政との双方間のコミュニケーションを通じた住民の主体的な問題解決および同意による意思決定の形態であり，コミュニティ・ポリシング活動の成否を左右する要因と捉えている。

(3) 全7事例の比較考察

本書では暴動州であるマハーラーシュトラ州で同時期に創設された2つのコミュニティ・ポリシング活動への実証分析に加えて，活動実態が確認された5事例を加え，合わせて7事例に対して，類型化を試みて，特徴と課題を導出し，総合的な考察を行う（地図2参照）。

具体的には，警察代替型として，連邦直轄領デリー市で創設された自警団計画（Neighborhood Watch Scheme），タミル・ナードゥ州のフレンズ・オブ・ポリス運動（Friends of Police Movement）とケーララ州のジャーナマイシュリ・スラクシャ計画（Janamaithri Suraksha Project：「住民との積極的な協力によってコミュニティの安全を確保する計画」）の3事例を分類する。デリー市の自警団計画は1988年に着手され，住民をインド警察法で規定がある特別警察官（Special Police Officer）に任命した活動である。特別警察官からなる自警団は監視・巡回に着手したものの，限定的な参画に留まり，住民にほとんど周知されないまま，消滅していた。タミル・ナードゥ州のフレンズ・オブ・ポリス運

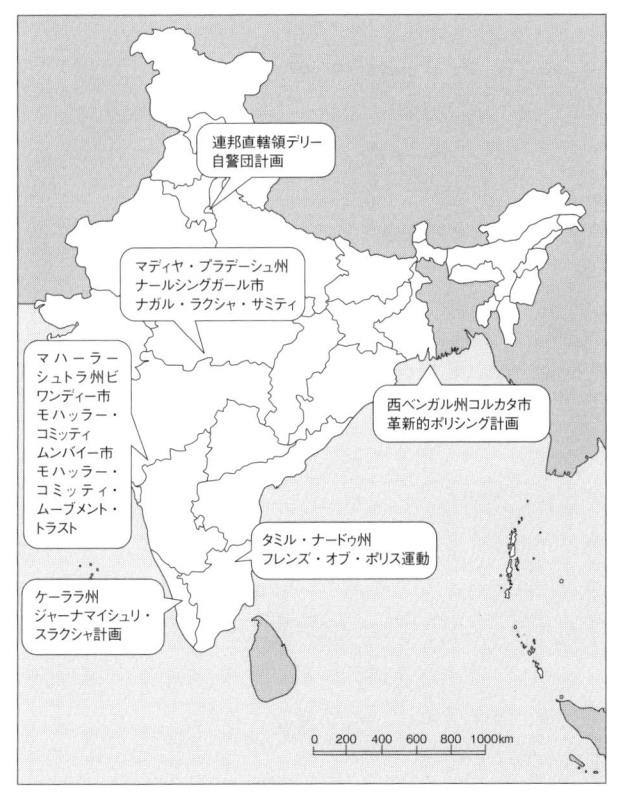

地図2 インドにおけるコミュニティ・ポリシング活動の7事例

出典）［map.comersis.com.“Vector map of Indian states with names and boundaries”2014］に筆者加筆。

動は，1993年にクリスチャンのインド警察職の警視が警察に向けられた負の
イメージを払拭するために「警察は友人である」とのイメージ戦略を打ち出し
て創設され，秩序維持に重点を置いた活動である。またケーララ州で2007年
に着手されたジャーナマイシュリ・スラクシャ計画は，州政府および州警察が
創設し，インドで初めて法制度化されたコミュニティ・ポリシング活動である。
監視・巡回はあくまで担当区域に配置された巡回警察官が遂行しており，住民
の代表者は評価委員として参加していた。以上の3事例は，警察リーダーの下
に住民から選出されたメンバーが警察の補佐を担っていたことから，警察代替
型とみなしている。

他方，1997年から西ベンガル州コルカタ市（Kolkata）で段階的に着手された革新的ポリシング計画（Innovative Policing Scheme）は，コミュニティ・ポリシング活動の本分である予防には効果を発揮して献血キャンプや無償の初等学校を運営してきたが，その実態はNGOに一任したものであることから，放任型と分類する。

そして2007年4月にマディヤ・プラデーシュ州ラージガード県ナールシンガール市（Narsinghgarh, Rajgarh District）で，市警察次官が暴動予防を目的に70人の若者をメンバーとして再組織したナガル・ラクシャ・サミティ（Nagar Raksha Samiti）は，宗教祝祭時のみ活動していたことから，目的特化型として分類する。[11]

マディヤ・プラデーシュ州をのぞく4事例については，マハーラーシュトラ州の2事例とは状況が明らかに異なっている。いずれの州も宗教対立によって発生する暴動の頻度が少なく，むしろ犯罪予防を目的として，常態的に警察を補佐する役割を担ってきた向きがある。しかしながら，インドのように多様なコミュニティが共存する社会では，結果的に暴動発生傾向が低い地域でも，コミュニティ・ポリシング活動を遂行することで，間接的に暴動発生の芽を摘むことに一定の効果があると考え議論を展開する。

（4）コミュニティ・ポリシング活動へのアプローチ

本書の研究方法は，資料収集とその分析，コミュニティ・ポリシング活動および暴動と犯罪に関する聞き取り調査と参与観察によるものである。

現地調査はマハーラーシュトラ州で5回，タミル・ナードゥ州で1回にわたって実施した。マハーラーシュトラ州ビワンディー市，タネー市およびムンバイー市において，第1回は2010年3月から4月，第2回は2011年1月から2月，第3回は2012年12月にかけて，それぞれ実施した。第4回はマハーラーシュトラ州プネー市（Pune City）にて，2013年3月に実施した。第5回はこれまで得られた知見の確認と補充調査のため，2016年1月に再びムンバイー市に

11　2001年に西ベンガル州の州都カルカッタ（Calcutta）市は，ベンガル語地名の「コルカタ」（Kolkata）市へと改称された。しかし，本書では呼称の統一性と簡便性を図るため，2001年以前の事象について言及する際にもコルカタと表記する。

おいて実施した。タミル・ナードゥ州では 2017 年 3 月にかけて 1 回の聞き取り調査を実施した。

　聞き取り項目はコミュニティ・ポリシング活動への見解，貢献意欲，動機，契機，手法，効果，目的の共有，課題について行った。特に活動に携わってきた警察官と住民メンバーには，同一人物への聞き取りを複数回重ねることで筆者との信頼関係を構築してもらえるように心がけた。参与観察はマハーラーシュトラ州で実施し，ビワンディー市およびムンバイー市で開催されたコミュニティ・ポリシング活動に関連したイベントや会合を対象とした。

　2010 年にビワンディー市およびタネー市で聞き取りを実施した際には，4 名のムスリム住民および 2 名のヒンドゥーの市警察官に対して行ったが，モハッラー・コミッティのメンバーと自称したのはムスリム 1 名であった。

　ムンバイー市では，2010 年に本研究に対して MCMT の警察リーダーから協力を得たことにより，元市警察長官，現職の市警察官，住民メンバーへの数多くの聞き取りが可能となった。ムンバイー市ではヒンドゥー 22 名，ムスリム 17 名，クリスチャン 8 名に聞き取りを行った。

　タミル・ナードゥ州では，2017 年 3 月にかけて，フレンズ・オブ・ポリス運動を創設したインド警察職の協力の下，警察官 4 人，住民メンバー 16 人，一般住民 5 人への聞き取り調査を行った。

　なお，本書では聞き取り調査の対象者から同意を得られた場合に限って氏名を明記し，同意を得ていない場合には個人情報保護の観点からイニシャルで表記している。また本書は暴動の予防というセンシティヴな事象を論じる性格上，聞き取り調査は筆者が紹介を通じて有意選出された対象者に行ったものであり，そこに一定の偏向が生じた蓋然性も否定できない。しかし，活動の内情に通じた中核となる人びとにアクセスしたこと自体，いまだに希少であり，学術上有用なデータが得られたと考えている。

　筆者は警察官や住民メンバーだけでなく，スラム居住者，路上生活者とも接触し，コミュニティ・ポリシング活動についての聞き取りを行ったものの，時に治安上の問題を肌身で感じ取ったがゆえに，長期的に彼らと接触することを慎まざるをえなかった。

第3節　本書の構成

　本書は6つの章で構成されている。概念枠組みの構築にあたる第1章では，暴動研究と犯罪研究の研究領域を架橋し，暴動と予防に関する議論を展開するために分析枠組みの設定を行う。背景説明の第2章では，インド警察の抱えてきた問題点について，法的および制度的観点から検討を加える。第3章では，暴動予防の成功事例として，ムンバイー市のモハッラー・コミッティ・ムーブメント・トラストの活動を論じる。第4章では，ビワンディー市のモハッラー・コミッティによる活動を瓦解に至った失敗事例として論じる。第5章では，マハーラーシュトラ州の2事例の比較から得られた分析枠組みを用いて，インド国内で遂行されてきた5事例を加えての比較考察を行う。それぞれの活動を警察代替型，放任型，目的特化型と類別して特徴を整理し，インドにおいてコミュニティ・ポリシング活動の拡充を推し進めていく上での課題を論じる。終章では，本書の結論と学術上の意義を確認し，予防の効果と展望を論じて，今後の研究課題と方向性を提示する。

第1章

コミュニティ・ポリシングによる宗教対立の予防

インド人民党の支持者による集会の様子。グジャラート州首相ナレンドラ・モーディー氏（当時）の再選に歓喜する支持者（2012年12月20日，ムンバイー市アンデーリー地区にて筆者撮影）

第1章では，本書の論じるコミュニティ・ポリシングによる暴動予防の概念枠組みを設定する。第一に，インドの暴動研究の議論を検討して，本書が乗り越えるべき課題を明らかにする。第二に，インドで発生した主要79事例の暴動事件への分析から，暴動の特徴を浮き彫りにし，暴動ベクトルとその予防という2つの概念を導出する。これはコミュニティ・ポリシング活動が，どの時点で予防の効果を発揮しうるのか理解するために必要なプロセスである。第三に，コミュニティ・ポリシングに関連した研究潮流をまとめ，その概念と手法を確認する。コミュニティ・ポリシングがアメリカで生成されたことは先述の通りであるが，地域や形態の異なるインドでの活動を分析するために，コミュニティ・ポリシング活動の構成6要素を抽出し，概念の再構築を行う。

第1節　インドのヒンドゥー・ムスリム間の暴動をめぐる状況

　第1節は先行研究において議論されてきた暴動研究の視座を原因追究型と予防志向型に類別して，本書の位置づけを提示する。またインドの暴動事例を分析して，発生の傾向と特徴を確認する。

(1) 原因追究型の先行研究

　原因追究型の先行研究は主に歴史学，人類学，経済学，政治学による視座から暴動の原因を探究し，それが解消することでヒンドゥーとムスリムの対立関係を改善しうると示唆してきた。

植民地支配起源説

　歴史学は，ヒンドゥーとムスリムの対立の根拠を，イギリスの植民地支配下におかれていた英領インド期（British India）（1858 ～ 1947 年）に求めている。主に分割統治策，ムスリムの後進性，会議派を中心とした分離独立を導いた政治勢力の責任，そしてムスリムの異質性という4つの見解に分けて議論を展開してきた ［Berenschot 2011: 22-23］。

第一に，植民地政府による一連の分割統治策が対立をもたらしたとする見方である。この文脈における分割統治策とは，1905 年のベンガル分割令（Act of Bengal Partition），1909 年から 1935 年まで段階ごとに進められていったムスリムの分離選挙制度を示す。イギリスは分割統治策を通じて，ヒンドゥーとムスリムを分けることで，両コミュニティへの対応に差別化を加えて，反英独立運動を食い止めようと企図していた。パニッカールは，分離後もインド国内でヒンドゥーとムスリムの対立が復古主義として現れ，暴動という形で顕現してきたとみなす [Panikkar 1991: 1-2]。別個に選挙権を付与されたヒンドゥーとムスリムは，自らの権利を主張する中で，宗教の差異を先鋭化し，対立関係へと変容していったと捉えられよう。ここで留意すべきは，イギリスによる植民地支配が対立を悪化させたのはまぎれもない事実だが，現代のヒンドゥーとムスリムの関係には，歴史のみならず，その地域ごとでの暴動の発生構造を理解しなければならないという点である。

　第二に，ムスリムの後進性に根拠を求めた見方である。名高いのはインド総督のメイヨー卿（Earl of Mayo）（1869 ～ 1872 年）の命令によって，1872 年にインド・ムスリムの状況をまとめたイギリス高等文官ハンター（W. W. Hunter）による報告書『インド・ムスリム』（*The Indian Musalmans*）である。この報告書では，ムスリムはかつてイスラームの王朝であるムガル帝国（Mughal Empire）（1526 ～ 1858 年）の支配者として官職を独占していたが，植民地支配の確立以降，近代教育を受けたヒンドゥーから後退していると言及されていた。ハンターはムスリムが不作法で宗教に狂信的であるために後退しており，彼らへの英語教育の必要性を提言していた [Hunter 1999 (1871) : 166-209]。この報告書はムスリムに対する植民地政府の偏向した見方が公的に示された例と言える。そもそもインドのムスリムの多くがヒンドゥーからの改宗者であるため，ハンターの主張するコミュニティとしての後進性という理解は偏見に基づいたものと言わざるをえない。

　第三に，反英独立運動を率いた会議派のリーダーシップや戦略の失敗がヒンドゥーとムスリムの対立を深化させ，分離独立に及んだとする見方である [Jaffrelot 1996]。ただし，この見方はヒンドゥー側の代弁者であった会議派に宗教対立の根拠を求めて批判したにすぎず，分離独立へと突き進む道を取った

ムスリムとインドに残ることを選んだムスリムとの、それぞれの反応を説明するには十分とは言えない。

　第四に、ヒンドゥーとムスリムでは生活様式、信仰、文化が異なっているために共存はできないという両者の異質性をことさらに強調し、「二民族論」（two nation theory）を支持した見方である［Dadhich 2006: 16; 宮原 1998: 3-7］。序章でも述べたが、インドのムスリムは、ヒンドゥーからの改宗者が多くを占めてきたため、むしろ文化的、宗教的な類似性を有し、ともに祝祭を祝い、共通の言語で対話してきた。両者が相容れない異なったコミュニティであるとの主張自体に政治的な意図が垣間見え、首肯しがたい。

　歴史学によるアプローチは、ヒンドゥーとムスリムの対立を企図しており、植民地支配起源説とまとめられる。ただし、インドがたどってきた歴史的背景に暴動の原因を求めるのは、時々の状況に応じて変容を遂げてきた暴動の構図と形態を理解する上で十分とは言えない。

祝祭媒体説

　人類学では、現地調査を通じて地域社会における両コミュニティの動態を読み解くことが試みられてきた。

　関根は、タミル・ナードゥ州チェンナイ（Chennai）でのフィールド調査を基に、ヒンドゥーとムスリムの間の暴動で宗教が果たす役割を分析した。関根は、地域で開催される宗教祝祭が対立をもたらす媒体として利用され、宗教の差異を喧伝する言説が受容されていく過程を説明した［関根 2006］。

　タンバイアーは公共スペースで開催される宗教祝祭が対立も生じさせる要因として、儀式、音楽、激しい口論、神聖な空間と時間を挙げる。祝祭の場で、楽器を鳴らし、また大音量で音楽を流す神聖な儀式のなかで、興奮状態になった群衆の間での口論が時に暴動を引き起こしてきたとみなす［Tambiah 1996: 222］。

　関根やタンバイアーの議論は、本書第4章で論じるマハーラーシュトラ州ビワンディー市で1970年5月にヒンドゥーの祝祭シヴ・ジャヤンティ（Shiv Jayanti）の最中に祭列者とムスリム住民との間の諍いから暴動へと悪化した事例を想起させる。宗教祝祭が信仰心の差異を煽る場として利用されてきたと捉

える人類学のアプローチは，ヒンドゥーとイスラームという宗教性，特に祝祭を介して対立していく祝祭媒体説と捉えることができ，実態を伴った分析と言えよう。

経済要因説

エンジニーアは，ヒンドゥーとムスリムの対立が両者をめぐる宗教や歴史に根差しており，回避しがたいものとする従来の歴史学からの見地を批判する。その上で，対立の背景としてインド国内の政党間対立，印パ関係といったマクロな要因とともに，地域特有の宗教人口比，経済的競合関係といったミクロな要因を挙げ，これらが絡み合って暴動へと進展してきたと論じた［Engineer 1989: 1-14］。エンジニーアは従来のインドの歴史や宗教という広い視角で対立や暴動を俯瞰してきた分析から，地域社会へと踏み込んだ議論を展開している。ヒンドゥーとムスリムは地域社会における経済競合によって生じる社会格差を引き金として，徐々に対立していくと論じている。だが，エンジニーアの研究は，経済競合への具体的な分析というよりも，それぞれの地域の持つ歴史，社会，政治に関する総括的議論となり，暴動の原因と予防についてのミクロな考察の焦点が曖昧模糊としてしまった。

対して，経済学者のボールケンとセルジェンティは，分析対象を1982年から1995年の時期におけるインド15州に設定し，これらの地域での経済成長と暴動発生の関係性を分析した。その結果，1％の経済成長率の上昇が，暴動発生の割合を5％まで減少させるとの説を打ち立てた［Bohlken and Sergenti 2010: 589-600］。経済状況が改善すれば，暴動を抑止できるとの見解であり，経済成長率と暴動との関係性を議論の俎上にのせたことを評価できる。確かに国際貧困ライン以下の生活を送る世帯が34％を占めていた最貧州の一つとして挙げられるビハールでは，[1] 暴動発生件数もインド国内で4位を占めていた［Wilkinson and Varshney 2004: 2-4］。一方で，インドのなかで比較的豊かな地域のグジャ

---

1 インド準備銀行が2013年9月に公開したデータでは，2011年〜2012年度にかけて国際貧困ラインを下回る割合が3割を超えた州は，アルナチャル・プラデーシュ州（34.67％），アッサム州（31.98％），ビハール州（33.74％），チャッティースガル州（39.93％），ジャールカンド州（36.96％），マニプル州（36.89％），オディーシャ州（32.59％）であった。
https://www.rbi.org.in/scripts/PublicationsView.aspx?id=15283（2017年7月12日最終閲覧）

ラート州とマハーラーシュトラ州は国内で最も暴動が頻発してきた上位2州である。確かに貧困が暴力を引き起こすことは否めないが，また豊かさが暴力を抑止しうるとも断言できないのがインド社会の抱える複雑さである。さらに，過去の暴動状況を分析していくと，生活の困窮するスラム居住者や路上生活者がヒンドゥー・ナショナリストからの金品供与を受けて，暴徒化する事例を確認できる。州ごとの平均所得が高くなれば，スラム居住者や路上生活者にまで富の分配が及びうるのか，それに伴って暴動の発生も抑制されるのか。地域の多様性と社会構造を鑑みたミクロな検証が求められる。

　経済要因説では，経済的競合関係が対立をもたらすとの見方や，経済成長が暴動を抑止するという見方が挙げられるが，現地の暴動状況やその予防に即した議論の深化が必要であると言えよう。

政治的要因説

　1980年代以降，ヒンドゥー・ナショナリズムの隆盛に伴って，様々な政治グループの競合からヒンドゥーとムスリムの対立は顕現化してきた。その頂点となったのが，1992年12月にウッタル・プラデーシュ州アヨーディヤー（Ayodhya, Uttar Pradesh）にあるバーブル・モスク（Babur Mosque）が，ヒンドゥー・ナショナリストに扇動された暴徒によって破壊された，いわゆるアヨーディヤー事件である。[2]この事件以降，対立の構図をヒンドゥー・ナショナリズムのイデオロギー，組織，政策といった政治的要因から論じた政治学的アプローチが活況を呈した。

　なかでも，ジャッフェルローの研究成果は，ヒンドゥー・ナショナリズム運動について1925年の民族奉仕団の結成から丹念に読み解いた点でメルクマールとしての評価を受けてきた[近藤 2008: 224-226]。ジャッフェルローはジャン・サングおよびインド人民党が時々の趨勢に応じて，過激と穏健の路線を巧みに使い分け，ヒンドゥーというエスニシティと宗教を拠り所としたイデオロギー的アイデンティティを形成していったと論じる。その結果，1960年代後半以降に徐々にヒンドゥーの間で支持を伸張し，連邦中央政権を掌握していく過程

2　インドでは「バブリー・マスジド」（Babri Masjid）とも呼称される。本書では，「バーブル・モスク」で表記を統一する。

を説明した〔Jaffrelot 1996: 522-550〕。民族奉仕団はジャン・サングおよびインド人民党の支持母体である。民族奉仕団の一員としてシャーカー（Shakha）で心身の修練を受け[3]，のちにジャン・サングやインド人民党の政治家として政界に進出する，いわば人材育成の機能も果たしてきた[4]。

これに対して，民族奉仕団を通じて，ヒンドゥーがどのようにヒンドゥー・ナショナリズムに同調し，実際に運動に参加していくのかという見地から分析した研究もある。中島は，民族奉仕団のシャーカーへの参与観察を通じて，ヒンドゥー・ナショナリズムにはイデオロギーとしての側面と，民衆レベルでの思想および実践という側面にギャップが存在していることを指摘する。ヒンドゥーの青年たちがシャーカーに通い，修練を受ける状況を描き，彼らが自らの意思でヒンドゥー・ナショナリズムに身を投じる様相を浮き彫りにした〔中島 2005: 201-350〕。中島の研究は，運動の担い手とともに過ごしながら，綿密なフィールド調査に基づいてヒンドゥー・ナショナリズムが受容され，拡大していく過程を掘り下げたという点で稀有と言える。

他方，暴動を政治過程と結び付けた研究も存在する。竹中は1992年12月から翌93年1月にかけて発生したムンバイー暴動に関するドキュメンタリー映像に基づいて，「暴動の予兆」，「暴動の幕開け」，「暴動への加速」，「暴動の実演」，「警察の介入」，「暴動の幕引き」の6段階に分けて，暴動のシークエンスを説明する[5]。竹中はスラムにヒンドゥー・ナショナリスト政党が入り込み，彼らの政治の駆け引きを行う舞台へと変容した結果，暴動が意図的に発生したと指

3　近藤光博によると，シャーカーは毎朝，街角の公園や広場で開かれる少人数の集会を指す。民族奉仕団の草の根のネットワークを形成する場として非常に重要な役割を果たしてきたと評価する〔近藤 1998: 22-23〕。1999年〜2000年にかけて，アヨーディヤー，デリーでそれぞれフィールド調査を行った中島は，シャーカーを民族奉仕団のローカルなリーダーが運営し，「整列・行進にはじまり，ヨーガや武術，伝統的スポーツの訓練，マントラや賛歌の斉唱，訓話や問答，対話などを行うもので，インド各地で毎日開かれている末端活動」と説明する〔中島 2005: 200〕。

4　現インド首相のナレンドラ・モーディー（Narendra Modi）は民族奉仕団のメンバーからインド人民党に加わった政治家である。1958年に当時8歳で自宅付近にあった民族奉仕団の支部に通うようになった。インド人民党の政治活動の応援としてキャンペーンに加わると，党指導者のL・K・アドヴァニ（Advani）に見いだされ，1987年，36歳の時にグジャラート州アフマダーバード市議会選挙において党の選挙対策の責任者に任命されて以降，本格的に政治活動に参加していった〔Marino 2014: 16; 51-68〕。

5　竹中はムンバイー市で発生した1993年1月大規模暴動の直後，同年2月にスラム地区ベーラムパーダー（Behrampada）の住民に聞き取りを行ったドキュメンタリー映画『私はベーラムパーダーに住んでいます』（*I live in Behrampada*）を分析に用いている〔竹中 2001: 55-56〕。

摘する［竹中 2001: 49-78]。竹中の研究は暴動の意図的な発生，その背景に末端社会において展開してきた政治運動を関連付けて，暴動研究に道筋を示したという点で評価できる。インドでは暴動が経済競合や政治の道具として利用され，民主政治の一翼を担ってきたとの理解は本書と一致している。

　暴動が政治の道具となってきたとの見地から，ブラスはウッタル・プラデーシュ州アリーガルの事例研究に基づき，ヒンドゥーの組織活動家による「制度化された暴動システム」（Institutionalized Riot System）の存在を指摘した。ブラスは暴動が作為的に発生しており，実際には「準備」，「起動」，「解釈」の段階に分かれてシステム化してきたと論じる。ここで言う「準備」とは，組織活動家が噂流布人（rumor-monger）を雇ってムスリムへの憎悪を煽るために誤った噂を流したり，住民の前で反ムスリム的な内容のスピーチやスローガンを発する段階である。次の「起動」では，祝祭など市中を巡行するイベントにおいて，反ムスリム的なスローガンを叫んで，参加者と住民の間で対立や小競り合いをもたらす，暴力の応酬を開始させる段階である。個々人の暴力は，集団間での投石，武器を携帯しての刺傷，家屋や工場を襲撃した略奪と放火という暴動へと進展していく。最後に挙げられた「解釈」の段階では，暴動の制圧前後にヒンドゥーの組織活動家が暴動の発生を非難したり，発生原因についての誤った情報を発信する。暴動後の社会において自身の組織に利益をもたらすために事実を歪曲して正当化していく［Brass 2003: 15-24; 377-379]。ブラスによる政治を舞台とした暴動のシステム化に関する議論は地方政治家の役割を見出した点において，非常に意義深い。

　ただし，木村は暴動に参加してきたのは「ならず者」や「犯罪者集団」ばかりではないとして，参加者のエージェンシーと認識を盛り込んだ議論を提起する［木村 2008: 114]。確かに木村の指摘のように，暴動の状況を綿密に分析していくと，必ずしもブラスによる住民に対する理解が合致するわけではない。例えば1984年5月に発生したマハーラーシュトラ州ビワンディー市の暴動事件では，ムスリム住民がヒンドゥー・ナショナリストに対抗するために組織化したり，ヒンドゥー住民のなかでも自身の生命の危機を察して致し方なく暴徒に加担した事例を確認できる［Purandare 1999: 237-238; The Committee for the Protection of Democratic Rights 1984: 61]。インドの暴動発生の背景に地方政治

家の暗躍を指摘したブラスの研究は明瞭で汎用性があるものの，住民を常に扇動されるアクターとみなす傾向にあり，ややもすれば一義的な理解に留まってしまっている。

以上のように，原因追究型の先行研究は植民地支配起源説，祝祭媒体説，経済要因論，政治的要因説などが挙げられ，なぜ対立や暴動に至ったのか，誰が事件に関与したのかとの点に注目した，いわば暴動発生のメカニズムを明らかにしようと取り組んできた。

(2) 予防志向型の先行研究

2000年代に入ると，将来的に暴動を誘発しうる社会状況が形成されるのを予防するとの研究が展開されるなど，新たな兆しが現れている。この予防志向型の研究には，予防に関与するアクターを州政府と見なすアプローチと，警察および住民とするアプローチの2つに大別することができる。

州政府による暴動への対応

インドでは，過去の暴動事例を鑑みると原則として州政府が暴動対応の責任を負ってきた。州警察による制圧が機能しない場合には，州首相は連邦中央政府に準軍隊（paramilitary）の派遣を要請する。州政府の管轄下に置かれる州警察が小規模暴動の制圧を担う一方，暴動の状況に応じて連邦内務省の管轄下にある準軍隊，なかでも中央予備警察隊（Central Reserve Police Force: CRPF）とその一部である緊急行動部隊（Rapid Action Force: RAF）が派遣される仕組みとなっている［Ministry of Home Affairs 2008: 2; Khalidi 2003: 61-63］。

インド軍（Indian Armed Forces）が国境をめぐる対立への治安維持を主な任務としているのに対して，準軍隊は国内での治安維持を担当している。特に準軍隊は国境警備，群衆及び暴動の制圧，テロ事件への対処，沿岸警備，空港の制圧および安全，公立の建築物，要人保護，重要な産業都市での治安維持にあたってきた［Sharma 2008: 3-4; 31-32］。州政府が必要に応じて，連邦内務省に要請して準軍隊が派遣され，事態の収束に務めるという一連の武力制圧の過程を確認できる。

暴動が収束したのちには，暴動調査委員会を設置して，発生状況，原因，関

与したアクター，被害状況に関する調査を指示する。同時に，暴動被害者を対象とした収容キャンプの設営，補償金の支払いなどの支援に取りかかる。暴動調査委員会による報告書の刊行には時間を要し，また必ずしも刊行されるとはかぎらない［Agnihotri 2007 Vol.1: 144-176］。州政府が暴動制圧の指示から収束後の被害状況の把握，被害者の支援にいたる一連の責任を負うことが前提となっている。

　合わせて，州政府による暴動を事前に食い止める取り組みとして，慣習的に平和委員会（peace committee）が設置されてきた。特にスポーツ大会や祝祭といった群衆が集まるイベント時の秩序維持を目的として，委員会メンバーは当該地域の連邦下院議員，州議会議員などの地元政治家，企業家団体，社会活動家などの，異なる宗教コミュニティに属する代表者から構成される。県行政官や市警察長官が平和委員会の招集を決定し，会合ではイベント開催前に協議を行い，暴動が予期された場合には，緊急会合が開催され，状況の改善に向けて協議が行うことが求められていた［Bharti 2006: 168-170; Agnihotri 2007 Vol.1: 146-176］。

　州政府による暴動対応に焦点を当てたアプローチとして，ウィルキンソン，中溝和弥，近藤則夫の研究をそれぞれ挙げることができる。

　ウィルキンソンの研究は，ヒンドゥーとムスリムの暴動を引き起こす誘因として，暴動対応を担う警察と準軍隊の動員を掌握する州行政について注目する。州政権を掌握するために繰り広げられる州政治レベルでの政党間の選挙競合が，警察への発令と準軍隊の派遣を含めた暴動対応の動態を左右すると指摘する。またケーララ州のようにムスリム人口が2割を占めるなど，一定の規模を有している場合には，彼らの投票行動が州政権に与える影響も大きいため，州政府は警察に対して即座の暴動制圧を命じる。対して，グジャラート州のようにムスリム人口が少ない地域では，投票への影響が少ないとみなされており，州政府もムスリムを保護せずに不作為を決め込んだり，あげく暴動を扇動することにもなるという［Wilkinson 2004: 137-203; 236-241］。ウィルキンソンの研究は，州政権をめぐる選挙競合が暴動の引き金となり，また暴動発生時に州政府の対応いかんで拡大にも制圧にも転じるとの説明である。政治と暴力が密に絡んできたインドの状況を組み込んだ論考であり，妥当性がある。しかしながら，有権者からの支持獲得を企図して，州政府がいかに迅速に警察に暴動の制圧を命

じ，また準軍隊の派遣を連邦中央政府に要請したとしても，多くの場合において暴徒と対峙するのは下級警察官である。彼らは時にヒンドゥーの暴徒に加担し，略奪，放火，殺害もいとわない。ウィルキンソンの研究は，インド警察の抱えるこうした機能不全の実態を論じ切れておらず，暴動制圧を目的とした準軍隊による武力行使が必ずしも安全な状況に帰結するとは断言できないのである。州政府が担う治安維持の役割とともに，暴動現場における下級警察官が持つ根深い偏見や残虐性を論じることが求められるだろう。

中溝の研究関心は暴動の政治的影響という点で，ウィルキンソンの研究と重複する。中溝は 1980 年代後半から 1990 年代前半の会議派支配の崩壊とアイデンティティ政党の台頭という政治変動を，カーストと宗教アイデンティティの相互作用に留意しつつ，中央，州，都市，農村の連関を分析する。具体的には，1989 年 10 月にビハール州バーガルプル市（Bhagalpur, Bihar State）で発生した暴動事例における「暴動への対処法」を説明変数として，州政治の政治変動を論じた。中溝は 1990 年に実施されたビハール州議会選挙で成立したジャナター・ダル（Janata Dal）政権が暴動の拡大を迅速に阻止していた状況から，[6]「暴動への対処法」がムスリム票の固定化という政治変動と密接に関連していたと論じた［中溝 2012: 28-30; 255-257; 287-288; 318-324］。中溝の研究成果は，現地での聞き取り調査で得られた知見に基づき，1980 年代から 1990 年代初めにかけてのビハール州の都市および農村社会の変容，大規模暴動がもたらしてきた影響，投票行動からみる暴動対処への政治的帰結について論じたという点で意義深い。中溝の分析を検討すると，ビハール州ではコミュニティ・ポリシング活動が導入されてきたわけではないものの，州政権が暴動抑止を政策として展開してきたことで，予防の効果をもたらした一例とみなすことが出来よう。

近藤則夫はブラスの「制度化された暴動システム」を発展させつつ，「暴動を組織する側の組織化のレベル」および「州政府の暴動を抑制する意志」の 2 つの説明変数を用いて，暴動が多発してきたマハーラーシュトラ州，グジャラー

6　ジャナター・ダルは，1977 年に結成されたジャナター党を起源とする複数の中道左派政党と 1987 年にインド国民会議派を離脱したグループなどが結集して 1988 年に結成された。インドの中道左派政党。1980 年代末から 1990 年代後半にかけては，国民会議派に代わる政権の受け皿としての役割を担い，1989-1991 年の国民戦線（National Front）政権，1996 〜 1998 年の統一戦線（United Front）政権という 2 度の非会議派連立政権において，いずれも中心的な役割を果たした［南アジアを知る事典 2012: 三輪博樹「ジャナター・ダル」の項: 369］。

ト州, ウッタル・プラデーシュ州の比較分析を行った。近藤は選挙分析を通じて, マハーラーシュトラ州ではヒンドゥー・ナショナリズムへの傾斜傾向が一定程度定着し, グジャラート州でもヒンドゥー・ナショナリズムが多数派によって正当化されていったと捉えている。他方, ウッタル・プラデーシュ州では選挙の競合状況が継続してきたがゆえ, ムスリムの支持喪失を恐れる主要政党がその要求を呑むという動きを見いだした。ウッタル・プラデーシュ州の政治状況が, 州政府の対応によって「組織された暴動システム」を抑え込む政策へとつながり, 1993 年以降, 州内では大規模な暴動が見られないとみなしている [近藤 2015: 380-445]。近藤は州レベルでの選挙結果や政党選好データを用い, 州政府の暴動対応が重要と捉えている。政党競合から引き起こされる意図的な暴動発生について選挙データを中心とした説明は正鵠を射た分析と言え, また連邦中央政府と州政府の暴動対応を鑑みる上で有用である。さらに近藤の分析からは, ウッタル・プラデーシュ州ではコミュニティ・ポリシング活動が導入されたわけではないものの, 州政府が政治状況を鑑みて暴動を抑止し, 一定の効果をもたらしていた。先に検討したビハール州の事例と同様に, 州政府が選挙競合と権力闘争をめぐって, 政策として実行してきた暴動予防の事例と認められる。確かにビハール州やウッタル・プラデーシュ州では 1990 年代に政策としての暴動の対処が奏功したが, 政権交代後も継承されるかどうかは, 時々の政治リーダーの意向に依ることになるという点を留意すべきだろう。

警察と住民による予防

州政府による暴動対応が重要であることは言うまでもないが, これに加えて, 警察と住民によるコミュニティ・ポリシング活動を予防活動として容認していくという動きも見いだされる。本書はコミュニティ・ポリシング活動を通じた警察と住民との連携が, 常態的に構築されていくことで, 危機時にも効果を発揮しうると捉えている。つまり, コミュニティ・ポリシング活動が遂行されてきた地域では, 州政府による予防に, 警察と住民による予防を加えた, 2 段構えでの対応が試行されてきたと理解できる。

予防志向型の暴動研究のなかでも, 住民による暴動予防に注目し, その存在を世に知らしめたのはヴァールシュネーイーの研究である。ヴァールシュネー

イーは，社会資本論を採用し，インド国内において，暴動発生傾向が高い都市と発生傾向が低い都市を組み合わせて，3ペア6都市の比較検証を行った。その結果，発生傾向の低い都市には，企業連盟，ボランティア組織，職業組織といった自発的結社によるヒンドゥーとムスリムの住民間の宗教を超えた市民参加（civic engagement）が形成されていた。この社会資本関係が地域における警察と行政の影響力の行使を支えてきたため，結果として暴動の抑止につながったと主張する [Varshney 2002: 119-261]。ヴァールシュネーイーによるヒンドゥーとムスリムの住民間の協力関係が暴動予防に有効との視点は大きな功績と言える。本書もヴァールシュネーイーと同様に，アクターとしての住民に注目している。しかし，予防活動に関与するアクターとして，警察，組織メンバー，住民の連携関係の実態，予防の効果に関する具体的な議論は見いだされないという問題点を指摘できる。

　ヴェルマは，インド警察職として得た自らの知見に基づきながら，インド警察による状況的な暴動予防の取り組みについて論じる。過去に暴動が発生してきたデモ行進，ストライキ，要人による集会，宗教祭列，選挙の状況を照らし合わせて，議論を展開する。ヴェルマはインド警察が群衆行動に対し，現場へのアクセスの制限，出入口の制限，監視，対象への強化，ルールの設定という5つの状況的な予防措置を講じ，日常的に発生する暴動状況を減退させ，制圧してきたと評価する [Verma 2007: 209; 216-217]。ヴェルマの説明するインド警察による予防措置とは暴動が予期される空間や状況を物理的に排除するという手法であり，実効力を有するとの点は首肯できる。一方で，暴徒に荷担し，略奪，放火や殺害に加わってきた警察の機能不全についての批判的な分析には及んでいない。さらに警察は住民との事前協議を行うべきであり，容易に武力行使で制圧してはならないとの主張に留まり，住民とのコミュニティ・ポリシング活動がもたらしてきた暴動予防への評価までには至っていない。

　以上のように，インドでは州政府による暴動対応が重要であることは先行研究で論じられているとおりである。これに加えて，本書は予防志向型の視座に立ちつつ，ヴァールシュネーイーとヴェルマの研究を発展させ，暴動へと悪化しかねない諍いや対立を早期に発見し解決する取り組みとして，警察と住民が連携したコミュニティ・ポリシング活動による暴動予防を分析する。

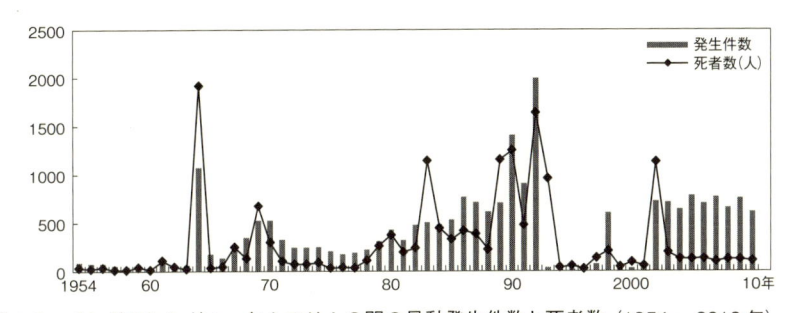

図 1-1　インドのヒンドゥーとムスリムの間の暴動発生件数と死者数（1954〜2010 年）
出 典 ）［Jaffrelot 1996: 552-553; Engineer 2004: 224; Ministry of Home Affairs 2003-2004; 2004-2005; 2005-2006;
2006-2007; 2007-2008; 2008-2009; 2009-2010; 2010-2011］より筆者が作成。

（3）発生の傾向と特徴

　インドにおけるヒンドゥーとムスリム間の暴動予防を議論するために，その発生について傾向と特徴を把握しておきたい。図 1-1「インドのヒンドゥーとムスリムの間の暴動発生件数と死者数」は，1954 年から 2010 年までの時期にかけての発生件数と死者数をまとめたものである。56 年間という期間を包括した最新のデータの入手が困難であったために 3 点の資料からデータを引用している。1954 年から 1993 年までの時期は，ジャッフェルローがインディア・トゥデイ誌（*India Today*），ムスリム・インディア誌（*Muslim India*）といった現地雑誌資料を基に作成したデータである［Jaffrelot 1996: 552-553］。また 1994 年から 2002 年までの時期は，エンジニーアによる暴動件数と死者数を列挙したデータを基とした［Engineer 2004］。そのうえで 2003 年から 2010 年までのデータは，筆者が連邦内務省の年次報告書（*Annual Report*）を基にまとめた。3 つのデータを基にしたため，一定の誤差が生じることが推測されたが，実際には大きく逸脱しておらず，1954 年から 2010 年までの長期的な傾向を浮き彫りにできたという点で有用と考えている。

　分離独立後の暴動発生に関する統計的分析として，ラージゴーパールの研究やヴァールシュネーイーとウィルキンソンの研究が挙げられる［Rajgopal 1987; Varshney and Wilkinson 2004］。暴動発生が急増していた 1980 年代後半に発表

されたラージゴーパールの研究は先駆的であるものの，多くのデータの出典と
引用元が明示されておらず，また恣意的とも取れる記述も散見するなど，信頼
性を損なっている点は否めない。一方で，ヴァールシュネーイーとウィルキン
ソンの研究はタイムズ・オブ・インディア紙（*The Times of India*）に基づく
集計を行っており，図 1-1 と大きな傾向は相似する。

暴動の時期区分

図 1-1 では，暴動発生が増加したピークとして 1964 年，1992 年，2002 年の
3 つのピークを見いだすことができる。そこで，まず 1940 年代から 1960 年代
後半を第 1 期，続く 1960 年代後半から 1990 年代前半を第 2 期，そして 1990
年代後半から 2010 年代を第 3 期と設定する。その上で，表 1-1 では，これら 3
つに分けた時期区分それぞれのにおける暴動を引き起こす争点と特徴をまとめ
る。

第 1 期とは，1947 年 8 月の分離独立を機に，1940 年代から 1960 年代後半ま
での 2 度のインド・パーキスターン戦争と連動しつつ，国土の分離を引き起こ
したムスリムというラベリングが広められ，宗教の差異と領土をめぐって暴動
が勃発した時期である。ただし，1954 年から 1960 年まではジャワハルラール・
ネール首相（Jawaharlal Nehru）が率いる会議派政権の一党優位体制によって
政治的に安定した時期が訪れ，暴動発生件数および死者数は減少傾向となった。
第 1 のピークにあたる 1964 年には，東パーキスターンと国境を接していた西

表 1-1　暴動発生の時期区分

区分	設定年代	争点	特徴
第 1 期	1940 年代後半〜60 年代後半	分離独立 第 1 次〜第 2 次印パ戦争の影響	全国的に発生 分離独立，印パ戦争時には急増 その後，減少傾向
第 2 期	1960 年代後半〜90 年代前半	第 3 次印パ戦争の影響 ヒンドゥー・ナショナリズムの高揚	州・県・市を越境して全国に拡散 増加・拡大傾向
第 3 期	1990 年代後半〜2010 年代	ヒンドゥー・ナショナリズムの高揚	コミュニティ・ポリシング活動の本格的な導入 特定州での抑止政策 発生は局地的で減少傾向

出典）筆者作成。

ベンガル州，ビハール州，オリッサ州で暴動が発生した。翌 1965 年に第 2 次印パ戦争が勃発する前年であり，いずれの事件も東パーキスターンから逃れてきたヒンドゥー難民が流入したことを契機に発生していた。

　第 2 期に設定した 1960 年代後半とはインド政治の転換期にあたる。分離独立以来，世俗主義を掲げて政権与党を担ってきた会議派の求心力が低下し，代わりに反ムスリムを掲げたヒンドゥー・ナショナリスト組織である民族奉仕団，世界ヒンドゥー協会（Vishwa Hindu Parishad），[7] バジラン・ダル（Bajrang Dal），[8] ジャン・サング，インド人民党，シヴ・セーナーの勢力が伸張した。これらの組織が勢力を拡大するにつれて，全国で暴動発生が急増しており，実際多くの活動家たちは暴動事件に関与していた。世界ヒンドゥー協会を筆頭にヒンドゥー・ナショナリスト組織は，1983 年からウッタル・プラデーシュ州アヨーディヤーにあるバーブル・モスクの破壊とラーム寺院の再建を訴え，全国で「ラーム生誕の神聖な地を取り戻す運動」（Ramjanmabhumi movement）（以下，「ラーム寺院再建運動」と略する）を展開した。イスラームの宗教施設の破壊を公然と叫び，反ムスリム色が濃厚となると，ヒンドゥーとムスリムの間で発生する諍いは憎悪犯罪から暴動へと悪化した。1992 年 12 月 6 日にヒンドゥーの暴徒によるバーブル・モスクの破壊がセンセーショナルに報じられると，全国で暴動が連鎖した。

　第 3 期は，ビハール州やウッタル・プラデーシュ州のように州政府による暴動抑止の政策が効果をもたらし，また暴動予防を目的としたコミュニティ・ポ

7　世界ヒンドゥー協会とは，1964 年 8 月にヒンドゥー・ナショナリスト社会の強化を掲げ，ヒンドゥー教の文化遺産に関する社会認識を高めるために，教育，文化的活動を行うことを目的として設立された。世界ヒンドゥー協会は，ヒンディー語圏の北インドで屠畜反対，イスラームおよびキリスト教へ改宗した人びとへの再改宗への働きかけ，ヒンディー語奨励などの活動を行ってきた。世界ヒンドゥー協会はインド国内での活動も重視して，ヒンドゥー文化の普及を進めており，欧米やアフリカ 20 か国で活動を行っている［Bhatt 2001: 179-183; 小川 2000: 21-22; Vishva Hindu Parishad."Swagatam"］。

8　バジラン・ダルは，世界ヒンドゥー協会がウッタル・プラデーシュ州アヨーディヤーにラーム寺院再建を求める運動を拡大する目的で 1984 年 10 月に創設した，同協会の青年支部である。民族奉仕団がシャーカーを拠点に活動しているように，組織のモットーとして奉仕，安全，文化を掲げ，ヒンドゥー性を押し出している。バジラン・ダルの活動家は民族奉仕団，世界ヒンドゥー協会とともに，1992 年 12 月のバーブル・モスク破壊事件，2002 年のグジャラート暴動事件に関与していた［Bhatt 2001: 199-201; Vishva Hindu Parishad."Bajrang Dal"］。バジラン・ダルは 2008 年以降になると「インド文化に対する西欧文化の攻撃」としてバレンタイン・デーを祝っていた男女のカップルに脅迫を行うなど，ヒンドゥー文化を推し進める活動を展開している［Mishra 2011b］。

リシング活動が導入された時期である。特に1993年には，マハーラーシュトラ州とタミル・ナードゥ州にて，コミュニティ・ポリシング活動が続けざまに創設された。例外として，2002年にグジャラート州においてヒンドゥー・ナショナリストが扇動し，ムスリム虐殺事件が発生したが，他州に波及することはなかった。図1-1が示すように，2003年以降には暴動発生件数は横ばいであるものの，死者数は減少している。ゆえに，第3期においても局地的に暴動が散発する状況は解消されていないものの，第2期のように州を越えての波及や死者数が数百人規模に上る暴動状況はほぼ収束しつつあるとみなしてよいだろう。第3期は一部の州政府による暴動抑止政策が効果を発揮して，またコミュニティ・ポリシング活動による暴動を予防する取り組みが創始された時期であり，暴動の大規模化への抑制が顕現していると見いだすことができよう。

発生の地域的傾向

　インドの場合，暴動は時期と同様に，地域における発生にも一定の傾向が見いだされる。ヴァールシュネーイーとウィルキンソンのデータセットを用いて，発生頻度の高い地域を抽出する。このデータセットは，タイムズ・オブ・インディア紙面に掲載されたタイトルに基づいて集約され，その時々で地名表記にばらつきや重複が生じているため，地域的傾向を抽出する際には留意する必要がある。しかしながら，長期的に同一の新聞紙面からデータを収集したという点で，大きな潮流を理解する上で有用と言えよう。

　表1-2「インド各州における暴動の発生件数」は，1950年から1995年まで期間を対象として，インド全19州と連邦直轄領デリーにおける暴動の発生件数を計上している。

　表1-2から判明するのは，特定の地域に集中的に発生してきた点である。発生件数の多い順からグジャラート州，マハーラーシュトラ州，ウッタール・プラデーシュ州であり，これら3州それぞれの発生件数は4位のビハール州のおよそ3倍である。また16位以下の地域での発生頻度はごくわずかである。ゆえに，上位3州はインド国内でも突出して発生頻度が高い地域と言える。

　ヴァールシュネーイーとウィルキンソンは州ごとに加えて，さらに細分化して都市（town area）と農村（rural area）での発生についてのデータも提示して

表 1-2　インド各州における暴動の発生件数（1950 ～ 1995 年）

発生件数順	州名	発生件数	発生率（%）
1	グジャラート	245	20.8
2	マハーラーシュトラ	200	17.0
3	ウッタル・プラデーシュ	200	17.0
4	ビハール	75	6.4
5	カルナータカ	75	6.4
6	西ベンガル	70	6.0
7	マディヤ・プラデーシュ	67	5.7
8	ジャンムー・カシュミール	53	4.5
9	アーンドラ・プラデーシュ	51	4.3
10	連邦直轄領デリー	33	2.8
11	ラージャスターン	26	2.2
12	ケーララ	20	1.7
13	アッサム	18	1.5
14	オリッサ	17	1.4
15	タミル・ナードゥ	16	1.4
16	ハリヤーナー	4	0.33
17	トリプラ	3	0.25
18	パンジャーブ	2	0.17
19	マニプル	1	0.08
20	不明	2	0.17
	合計	1,178	100

出典）Varshney and Wilkinson［2004: 2-4］より筆者が作成。

いる。この 45 年間に農村で発生した暴動は 135 件であったのに対して，都市では 1,042 件であった［Varshney and Wilkinson 2004: 33-50］。したがって，都市での暴動発生率は，農村のおよそ 7.7 倍と見積もられ，人口が密で経済活動がより活発な都市で発生しやすいことが理解できる。

　以上のように，インドのヒンドゥーとムスリムの間の暴動は，1960 年代後半から 1990 年代前半を中心として，グジャラート州，マハーラーシュトラ州，ウッタル・プラデーシュ州といった特定地域の，とりわけ都市部で頻発してきた状況が浮き彫りになる。

第 2 節　インドにおける暴動ベクトルの導出

（1）暴動ベクトルとコミュニティ・ポリシング活動の相関

インドのコミュニティ・ポリシングによる暴動予防の議論には，予防の時機

と手法を検討する上で，暴動を引き起こしたアクターと状況への理解が不可欠である。そこで，1961 年から 2008 年までに発生した主要な 79 事例の暴動を編年的に分析したグラフとガロニエのデータセットを用いた分析を行う［Graff and Galonnier 2013a; 2013b］。グラフとガロニエの分析の根拠となっているのは，州政府公刊の暴動調査報告書，インディアン・エクスプレス紙（*Indian Express*）やタイムズ・オブ・インディア紙といった主要な英字日刊紙，およびインディア・トゥデイ誌，フロントライン誌（*Frontline*），テヘルカ誌（*Tehlka*）といった現地で発行されてきた英語雑誌である。これら現地発信のデータに基づいた分析は比較的信頼性が高く，管見の限りでは最新の暴動状況の分析データセットと言える。

　その上で，地域や形態の異なるインドのコミュニティ・ポリシング活動を比較するために，本書独自の暴動ベクトルとコミュニティ・ポリシング活動の因果関係を抽出し，図示化した。本書による暴動ベクトルの導出は 3 つの先行研究を参考としている。具体的には，フェッチュとローロフが示した国際紛争と紛争管理のサイクル（Cycle of conflict development with conflict management instruments），ブラスがウッタル・プラデーシュ州の事例から提示した「制度化された暴動システム」（Institutionalised Riot System），および竹中が 1992 年 12 月から 1993 年 1 月にかけてのムンバイー暴動事件に基づいて提起した「暴動の政治過程」をそれぞれ参考として導出した［Pfetsch and Rohloff 2000: 16; Brass 2003: 15-24; 竹中 2001: 60-61］（図 1-2 参照）。

　本書の示す暴動ベクトルは安全から諍いへ，諍いから憎悪犯罪を契機として引き起こされる小規模暴動へ，そして小規模暴動から大規模暴動へと悪化する 4 段階で構成される。小規模暴動，さらには大規模暴動に至った状態は危機であり，域内警察および連邦中央政府管轄下の準軍隊の制圧によって沈静化する。小規模と大規模の差異は発生期間と制圧アクターで設定するが，この点については，暴動ベクトルの概念に関する説明で後述する。発生期間において 1 日間とそれ以上という線引きを設定すると，多くの事件が大規模暴動に包括されることになり，中規模を加えた 3 段階での峻別が必要とも考えたが，制圧アクターの差異を鑑みると，小規模と大規模との区別が適合するとの判断を下した。注意すべきは，準軍隊の制圧が必ずしも安全に回帰しないという点である。武力

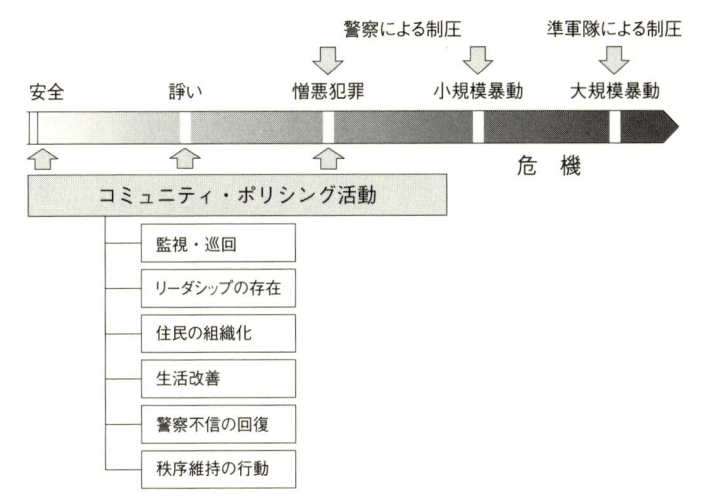

図1-2　インドにおける暴動ベクトルとコミュニティ・ポリシング活動
出典）筆者作成。

制圧は時にさらなる暴力を生む火種となって，再び諍い，憎悪犯罪，小規模暴動を連鎖させる危険性をはらんでいる。対して，武力を用いず，警察と住民の連携の下に展開するコミュニティ・ポリシング活動は，諍い，憎悪犯罪，小規模暴動の段階で介入できれば，予防の効果を発揮して，事態を安全な状況に好転させうると導き出される。

　さらに，コミュニティ・ポリシング活動の構成6要素として，a) 監視，巡回，b) リーダーシップの存在（警察／住民），c) 住民の組織化，d) 生活改善，e) 警察不信の回復，f) 秩序維持の行動を抽出する。これら6要素の機能は本章第3節で詳述する。

　本書はコミュニティ・ポリシング活動が機能すれば，小規模暴動の段階までは状況は好転しうると考える。大規模暴動にまで悪化した場合には，非武装の住民が参画するコミュニティ・ポリシング活動による介入は生命の危険をもたらすので，事態の収束には準軍隊による制圧が必要となる。

(2) 暴動ベクトルにおける諍いの位置づけ

　本書における諍いとは，犯罪行為に至らない範囲での口論や対立を示し，住民間の諍いと，住民と警察間の諍いの2つの形態が含まれる。住民間の諍いとは，過去の暴動に至る以前の状況を分析すると，おおむね宗教儀礼，祝祭，抗議運動，非礼な態度，迷惑行為，土地使用，住民の口論が発生の契機として挙

表 1-3　暴動の契機となった諍いの争点と内容（1961〜1997 年）

発生時期	時期区分	発生場所	争点	諍いの内容	規模
1961/10/3 （1 日間）	1	ウッタル・プラデーシュ州 アリーガル市	学生間の対立	アリーガル・ムスリム大学で の学生間の対立	小
1967/8/22〜 8/29（8 日間）	1	ビハール州ラーンチー市	抗議運動	東パーキスターンでの反ヒ ンドゥー運動および反ウル ドゥー語運動	大
1968/3/2 （1 日間）	2	アッサム州カリムガンジ市	宗教シンボル 抗議運動	牛をめぐる諍い製茶労働者 の抗議運動	小
1974/5/5 （1 日間）	2	連邦直轄領デリー市	少年間の対立	ムスリムとヒンドゥーの少年 同士の諍い	小
1977/10/23 （1 日間）	2	ウッタル・プラデーシュ州 ヴァーラーナシー市	住民間の対立	ヒンドゥー祭列の通過ルー トをめぐる諍い	小
1978/3/29 （1 日間）	2	ウッタル・プラデーシュ州 サンバール市	抗議運動	ムスリム議員によるストライ キにヒンドゥー住民が不服 従	小
1978/11/6 （1 日間）	2	ウッタル・プラデーシュ州 アリーガル市	抗議運動	ムスリム住民による映画館 建設への反対運動	小
1980/10/29 （1 日間）	2	グジャラート州 ゴードラ市	住民間の対立	ヒンドゥーとムスリムの住民 間の諍い	小
1981/4/30〜 5/5（6 日間）	2	ビハール州 ビハールシャリーフ市	土地所有	ムスリムの墓地をめぐるヒン ドゥーとの諍い	大
1982/9/29〜 10/2（4 日間）	2	ウッタル・プラデーシュ州 メーラト市	土地使用	ヒンドゥー・ナショナリスト 組織による訓練キャンプの 設置をめぐる，ヒンドゥーと ムスリム住民の諍い	大
1982/10/22〜 10/30（9 日間）	2	グジャラート州 バローダ市	販売利権	密造酒の販売利権をめぐる ヒンドゥーとムスリムの商店 主間の諍い	大
1983/2/18〜 3/3（14 日間）	2	アッサム州 ネリー市	選挙運動 土地所有	州議会選挙時に住民間の政 治的競合関係と土地所有の 諍いが激化	大
1985/4/15〜 4/29（14 日間）	2	グジャラート州 アフマダーバード市	抗議運動	ヒンドゥーの上位カーストに よる抗議運動，ストライキ へのムスリムの不服従	大

げられる。グラフとガロニエによる暴動状況の分析データのうち，諍いが契機
となって暴動が発生した事例の争点と内容の再検討を行う。表1-3「暴動の契
機となった諍いの争点と内容」（1961 〜 1997 年）は，住民間の諍いの争点，内容，
結果として引き起こされた暴動の規模についてまとめたものである。

　諍いが契機となって暴動にまで悪化した事例は 24 件で，その内訳は 12 件の
小規模暴動と 12 件の大規模暴動であった。諍いの争点は，住民間の小競り合い，

1988/5/17 〜 5/20（4 日間）	2	マハーラーシュトラ州 アウランガーバード市	抗議運動	ヒンドゥー・ナショナリスト 政党による選挙結果への抗 議運動	大
1989/2/24 （1 日間）	2	マハーラーシュトラ州 ムンバイー市	抗議運動	『悪魔の詩』をめぐるムスリ ム住民の抗議運動と警察に よる諍い	小
1989/4/16 〜 4/20（5 日間）	2	ビハール州 ハザリバーグ市	住民間の対立	ヒンドゥーの祭列がモスク 傍を通過するルートをめぐっ ての諍い	大
1989/9/28 （1 日間）	2	ウッタル・プラデーシュ州 バダウン市	抗議運動	ウルドゥー語の州公用語化 をめぐるヒンドゥーとムスリ ムの住民間の諍い	小
1990/10/2 〜 10/3（2 日間）	2	カルナータカ州 ラームナガラム市，チャン ナパトナ市，コラール市， ダヴェンゲレ市	少年間の対立 宗教シンボル	ヒンドゥー少年によるムスリ ムの少女への性的嫌がらせ， ムスリムの祝祭の電飾が破 壊	大
1990/12/16 （1 日間）	2	ウッタル・プラデーシュ州 アーグラー市	宗教シンボル	ムスリムとヒンドゥーの住民 による宗教スローガンの呼 び掛けの応酬	小
1991/5/20 （1 日間）	2	ウッタル・プラデーシュ州 メーラト市	選挙運動	インド人民党の支持者がム スリム住民の投票を妨害	小
1992/12/7 〜 12/8（2 日間）	2	アッサム州 ナガーオン県，ドゥブリー 県，ドボガ市， ジャムナムクー市	抗議運動	モスク破壊事件への抗議 運動を行ったムスリムとヒン ドゥーの住民間の諍い	大
1992/12/7 〜 12/9（3 日間）	2	ラージャスターン州 ジャイプル市	宗教シンボル	バーブル・モスク破壊事件 をめぐるヒンドゥーとムスリ ムの住民間の諍い	大
1994/8/15 （1 日間）	3	カルナータカ州 フブリー市	宗教シンボル	インド人民党の指導者がム スリムの礼拝所で国旗掲揚 を強行	小
1997/11/29 〜 12/1（3 日間）	3	タミル・ナードゥ州 コーヤンブットゥール市	抗議運動	ヒンドゥーによるムスリム商 店への不買運動	大

出典）［Graff and Galonnier 2013a; 2013b］より筆者が作成。

抗議運動，土地の使用および所有，販売利権，選挙運動，宗教シンボルが挙げられる。特に，1982 年 9 月にウッタル・プラデーシュ州メーラト市で発生したキャンプ設置場所をめぐる諍い，また 1988 年 5 月にマハーラーシュトラ州アウランガーバード市で実施された選挙結果をめぐる諍いにおいては，いずれもヒンドゥー・ナショナリスト組織の関与によって大規模暴動に悪化する傾向が見いだされた。一方で，個々の住民間の対立が諍いを引き起こした場合には，早期に制圧されていた状況を見出すことができる。

インドでは，警察が住民に抑圧的な態度で対応し，時に過度の武力を行使してきたために，住民と警察の間で諍いが生じた事例が確認できる。住民は警察と口論や対立を繰り広げたとしても，警棒での殴打，発砲や逮捕に繋がるため，諍いを起こそうとはしないが，暴動へと悪化した 2 事例を挙げることができる。2001 年 10 月にマハーラーシュトラ州マーレーガオン市では警察による住民の不当逮捕と無差別発砲を契機として，そして 2006 年 7 月には同じくマハーラーシュトラ州ビワンディー市で警察署の移転工事をめぐる住民との諍いから，それぞれ暴動を招いた [D. P. Madon Commission 1974; Lokshahi Hakk Sanghatana and the Committee for the Protection of Democratic Rights 2001]。

以上のように，諍いは放置されると，しばしば憎悪犯罪から小規模暴動および大規模暴動へと悪化していく状況が確認された。

（3）暴動ベクトルにおける憎悪犯罪の位置づけ

先行研究における憎悪犯罪の概念化

インドでは，1860 年インド刑法（Indian Penal Code,1860）において殺人，殺人未遂，強姦，略取誘拐，強盗，強盗未遂，住居侵入，盗難，暴動，詐欺，偽造，放火，傷害，持参金殺人，女性への性的嫌がらせ，家庭内暴力，人身売買，保護責任者遺棄の，18 の罪種が刑法犯罪として定められている[9]。本書は所属宗教に対して憎悪を向け，また信仰の阻害を意図として行われた投石，襲撃，強姦，殺傷といった行為を憎悪犯罪と分類し，一般犯罪と峻別する。

憎悪犯罪は偏向犯罪（biased crime）とも呼ばれ，人種間対立が激化した

---

9 「その他」は時々の犯罪状況に依るため，含めないこととする [National Crime Records Bureau, Ministry of Home Affairs. *Crime in India 2012*（電子版）2012]。

1980 年代のアメリカで生まれた概念である。アメリカ連邦捜査局（Federal Bureau of Investigation, 以下「FBI」と略する）は，1992 年から統一犯罪報告プログラム（Uniform Crime Reports program）に基づいて調査を実施し，『憎悪犯罪統計』（Hate Crime Statistics）を毎年公刊している[10]。FBI はアメリカの憎悪犯罪が第一次大戦期以前のクー・クラックス・クラン（Ku Klux Klan: KKK）による黒人排斥運動を起源としていると指摘した[11]。アメリカ連邦議会は憎悪が向けられる対象として「人種・宗教・障害・性的志向・民族性／出身国」を列挙している［Boeckmann and Turpin-Petrosino 2002: 208; 綿貫 2006: 424-425］。加害者の動機が人種，宗教，障害，性的志向，民族性に基づいた差別となっている犯罪行為を憎悪犯罪とみなすことができる。

　グリーンらは，憎悪犯罪が攻撃グループに向けられた不法行為であり，暴力行為，財産破壊，嫌がらせ，干渉を包括する概念と定義づけている。憎悪犯罪の例として，黒人の所有する家屋の前で十字架を立てて火を放ったり，ユダヤ教徒の墓地を破壊したり，ゲイバーから出店してきた客を襲撃するといった行為を挙げる［Green et al. 2001: 480-481］。

　ラフマンは1980 年代以降にヒンドゥーとムスリムの間での憎悪犯罪が顕著となっているとみなしている。特に民族奉仕団, インド人民党, 世界ヒンドゥー協会といったヒンドゥー・ナショナリスト組織が，過去のムスリムのインド亜大陸支配や分離独立という歴史的な事象をインドの恥と主張して，扇動に利用してきたと論じる。またインドで特徴的なのは，政府が憎悪犯罪に付随して発生する殺人，強姦，放火への取り締まりを怠り，犯罪者が放任されてきたことだと指摘する［Rahman 1998: 111-134］。以上のような先行研究における憎悪犯罪の理解を踏まえた上で，本書が導出した暴動ベクトルにおける憎悪犯罪を定義づけたい。

10　最新の 2012 年統計では，全米で 5,790 件の憎悪犯罪が確認された。その内訳は，人種差別による犯罪が 48.3%，性差別による犯罪が 19.6%，宗教差別による犯罪が 19.0%，民族／出身国への差別による犯罪が 11.5%，障害差別による犯罪が 1.6 %，それぞれ占めていた［The Federal Bureau of Investigation."FBI Releases 2012 Hate Crime Statistics"2013］。

11　The Federal Bureau of Investigation."Hate Crimes". n.d..

宗教侮辱による憎悪犯罪

本書で提起した暴動ベクトルにおける憎悪犯罪とは，ヒンドゥーとムスリムの間での諍いを悪化させる役割を担っており，双方に憎悪を掻き立てる行為を示すものである。インドでは，宗教の憎悪を掻き立てる言動は，インド刑法第153A条「宗教，人種，生誕地，居住地，言語を争点として敵意を促し，害をもたらす行為」，第295条「宗教施設への意図的な破壊」，第295A条「宗教を侮辱することで，宗教感情を意図的に傷つけるようとする行為」，第296条「宗教儀礼への妨害行為」，第297条「葬列および墓地への侵入」，第298条「宗教感情を傷つけようとする言動」として，それぞれ刑法犯罪と定められている。[12]

ここからは実際の事例を交え，どのような状況でヒンドゥーとムスリムの間で憎悪犯罪が発生し，暴動へと悪化してきたのか確認する。

表1-4「暴動の契機となった憎悪犯罪の状況と刑法に該当する主な条項」は，1964年から2008年までの期間で暴動へと悪化した憎悪犯罪の状況，上記に列挙したインド刑法の条項に照らし合わせて有罪に該当する行為，死者数，そして規模（小規模，大規模）をまとめている。ただし，ここで挙げた憎悪犯罪の事例は実際に逮捕されていない事例も含み，またその言動が複数の条項に該当した場合には，主な条項を提示した。

表1-4では，暴動の原因が刑法第153A条，第295A条に該当する行為とみなされ，憎悪犯罪と捉えられるの58事例を挙げた。そのうちヒンドゥーを攻撃対象とした事例が8事例であった一方，ムスリムを攻撃対象とした事例は40事例にのぼった。またヒンドゥーとムスリムの双方が応酬を交わしたのは7事例で，対象が明確に特定できない3件の事例も見いだされた。暴動を引き起こした憎悪犯罪の多くは，ヒンドゥーがムスリムへの憎悪と攻撃を加える傾向にあったと言える。具体的には，祭列時に憎悪を煽るスローガンの絶叫，祭列への妨害行為，悪意ある噂の流布といった特徴が挙げられる。

ヒンドゥーによるムスリムへの憎悪犯罪について，ヒンドゥー・ナショナリスト組織の活動が活発でかつ暴動が多発してきた地域であるマハーラーシュトラ州の事例を分析することで，具体的な手法を理解できる。

---

12 Ministry of Home Affairs, Government of India."The Indian Penal Code 1860". n.d..

表 1-4 暴動の契機となった憎悪犯罪の状況と刑法に該当する主な条項 (1964 ～ 2008 年)

発生期間	時期	発生場所	事案	該当条項	死者数	規模
1961/2/4 ～ 2/9 (6 日間)	1	マディヤ・プラデーシュ州ジャバルプル市	ヒンドゥーの少女がムスリムの少年によって強姦された後に自殺。ヒンドゥーの学生グループが抗議デモを行う。	宗教を争点として敵意を促し，害をもたらす行為（第153A 条）	55	大
1961/10/5 ～ 10/8 (4 日間)	1	ウッタル・プラデーシュ州メーラト市	ヒンドゥーの少年がムスリムの少年に殴打される傷害事件が発生。ヒンドゥーの少年の父親が 150 人の群衆を率いて，ムスリムの少年に報復。	宗教を争点として敵意を促し，害をもたらす行為（第153A 条）	13	大
1964/1/10 ～ 1/19 (4 日間)	1	西ベンガル州コルカタ市	東パーキスターンで発生したムハンマドの遺髪盗難事件に対するムスリムの抗議行動が波及。ヒンドゥーの難民とムスリムと衝突。	宗教を争点として敵意を促し，害をもたらす行為（第153A 条）	104	大
1964/3/19 ～ 3/21 (3 日間)	1	ビハール州ジャムシェードプル市	東パーキスターンからのヒンドゥーの難民がムスリムの言動について虚偽の噂を流布。	ムスリムの宗教感情を傷つける噂の流布（第 298 条）	51	大
1964/10/5 ～ 10/8 (4 日間)	1	オリッサ州ラーウルケーラー市	ヒンドゥーがムスリムから購入したパンに毒物が混入していたとの噂が流布。ジャン・サングと民族奉仕団奉仕団によるヒンドゥー住民の扇動。	ムスリムの宗教感情を傷つける噂の流布（第 298 条） 宗教を争点として敵意を促し，害をもたらす行為（第153A 条） ムスリムの宗教感情を意図的に傷つけるようとする行為（第 295A 条）	53	大
1969/9/18 ～ 9/24 (7 日間)	2	グジャラート州アフマダーバード市	ヒンドゥーの祝祭時に，ムスリムの警察官が家宅捜索中にヒンドゥーの聖典ラーマーヤナを足蹴にする。ムスリム住民がヒンドゥー寺院内で破壊行為。	ヒンドゥーの信仰を侮辱する行為（第 295A 条） ヒンドゥーの宗教施設の意図的な破壊（第 295 条）	660	大
1970/5/7 (1 日間)	2	マハーラーシュトラ州ビワンディー市	シヴ・ジャヤンティ祝祭時に，ヒンドゥーがムスリム居住地域にて反ムスリム的なスローガンを叫ぶ。	ムスリムの宗教感情を意図的に傷つけるようとする行為（第 295A 条）	78	小
1978/3/31 ～ 4/4 (5 日間)	2	アーンドラ・プラデーシュ州ハイダラーバード市	警察官にムスリム女性が強姦され，その夫が殺害されたことに激高したムスリムの群衆が警察署に集結。ムスリム群衆への警察による発砲。	宗教を争点として敵意を促し，害をもたらす行為（第153A 条）	15	大

日付		場所	事件	罪状	死者	規模
1978/10/5 （1日間）	2	ウッタル・プラデーシュ州アリーガル市	ムスリムによるヒンドゥーの刺殺事件に，民族奉仕団が介入，ヒンドゥーの報復を訴えたスローガンを叫ぶ。	宗教を争点として敵意を促し，害をもたらす行為（第153A条）	12	小
1979/4/7 〜4/11 （5日間）	2	ビハール州ジャムシェードプル市	民族奉仕団の指揮する1万5千のヒンドゥー祭列者がモスクを取り囲む。	ムスリムの宗教儀礼への妨害行為（第296条）	108	大
1980/8/13 〜8/14 （2日間）	2	ウッタル・プラデーシュ州モラダーバード市	ムスリムの祝祭イード・ウル・フィトル儀式中に豚が乱入する。	ムスリムの宗教儀礼への妨害行為（第296条）	1,500	大
1981/7/12 〜7/20 （9日間）	2	アーンドラ・プラデーシュ州ハイダラーバード市	ならず者集団による連続刺殺事件。ヒンドゥーとムスリム住民間の衝突。	宗教を争点として敵意を促し，害をもたらす行為（第153A条）	40	大
1982/8/15 〜8/18 （4日間）	2	マハーラーシュトラ州プネー市，ソーラプル市	世界ヒンドゥー協会がイスラームの脅威を喧伝するキャンペーンを展開。ムスリム居住区を通過した際に，店舗や家屋を破壊し，モスク周辺で「焼け落ちろ，パーキスターン」とスローガンを叫ぶ。	宗教を争点として敵意を促し，害をもたらす行為（第153A条） ムスリムを侮辱し，宗教感情を意図的に傷つけるようとする行為（第295A条） ムスリムの宗教感情を傷つけようとする発言（第298条）	0	大
1982/9/29 〜10/2 （4日間）	2	ウッタル・プラデーシュ州メーラト市	インド人民党およびムスリムのイマームが双方で挑発的なスピーチを行って，住民を扇動し合う。	宗教を争点として敵意を促し，害をもたらす行為（第153A条） ヒンドゥー，ムスリムを侮辱し，宗教感情を意図的に傷つけるようとする行為（第295A条） ヒンドゥー，ムスリムの宗教感情を傷つけようとする発言（第298条）	55	大
1983/9/7 〜9/9 （3日間）	2	アーンドラ・プラデーシュ州ハイダラーバード市	インド人民党の指導者がモスク内にヒンドゥーの神像を設置し，クルアーンの写本を浴場に投げ込む。	ムスリムを侮辱し，宗教感情を意図的に傷つけるようとする行為（第295A条）	45	大
1984/5/17 〜5/19 （3日間）	2	マハーラーシュトラ州ビワンディー市，カルヤーン市，タネー市，ムンバイー市	シヴ・セーナーの党首バル・タークレーがムスリムを除去すべき癌であるという憎悪を煽るヘイトスピーチを行う。	宗教を争点として敵意を促し，害をもたらす行為（第153A条） ムスリムを侮辱し，宗教感情を意図的に傷つけるようとする行為（第295A条）	278	大
1984/7/22 〜7/29 （8日間）	2	アーンドラ・プラデーシュ州ハイダラーバード市	ヒンドゥーの祭列が，ムスリムの集住地域を通過した際に投石される。	ヒンドゥーの宗教儀礼への妨害行為（第296条）	15	大

日付	段階	場所	経緯	罪状	死者	規模
1985/7/9 ～7/14 (6日間)	2	グジャラート州アフマダーバード市	ヒンドゥーの祭列が通過した際に，祭列者はムスリムの家屋から投石を受けたと主張。竹の警棒，槍，灯油缶で武装したヒンドゥーの祭列者が反ムスリムのスローガンを叫びながら，ムスリム居住区を通過。	ヒンドゥーの宗教儀礼への妨害行為（第296条）ムスリムを侮辱し，宗教感情を意図的に傷つけるようとする行為（第295A条）宗教を争点として敵意を促し，害をもたらす行為（第153A条）	59	大
1987/5/18 ～5/23 (6日間)	2	ウッタル・プラデーシュ州メーラト市	バーブル・モスクの施錠解除への抗議のためムスリムが黒い旗を掲げ，ヒンドゥーの商店に放火。ヒンドゥーが州武装警察隊とともに，ムスリム住民を攻撃。	宗教を争点として敵意を促し，害をもたらす行為（第153A条）	225	大
1987/5/19 ～5/22 (4日間)	2	連邦直轄領デリー市	ヒンドゥーの群衆がモスクのイマームを殺害。モスク周辺でヒンドゥーとムスリムの群衆による暴力の応酬。	宗教を争点として敵意を促し，害をもたらす行為（第153A条）	15	大
1988/10/8 ～10/11 (4日間)	2	ウッタル・プラデーシュ州ムザファルナガル市	ヒンドゥー・ナショナリスト組織がストライキに従わなかったムスリム商店主を刺殺。シヴ・セーナーの支持者が集結し，抗議運動。	宗教を争点として敵意を促し，害をもたらす行為（第153A条）	87	大
1989/9/14 (1日間)	2	ラージャスターン州コタ市	ヒンドゥーの祭列ガネーシャ祭の間に祭列者が反ムスリムのスローガンを叫びながら，モスク横を通過。	宗教を争点として敵意を促し，害をもたらす行為（第153A条）ムスリムを侮辱し，宗教感情を意図的に傷つけるようとする行為（第295A条）	21	小
1989/ 10/14 (1日間)	2	マディヤ・プラデーシュ州インドール市	世界ヒンドゥー協会，インド人民党，民族奉仕団の活動家がアヨーディヤーのモスク破壊とラーム寺院再建を訴えて行進を組織。	ムスリムを侮辱し，宗教感情を意図的に傷つけるようとする行為（第295A条）	23	小
1989/ 10/22 ～10/28 (7日間)	2	ビハール州バーガルプル市	ムスリム居住区で，ラーム寺院再建のために訴えたヒンドゥーの祭列者が反ムスリムを掲げるスローガンを叫ぶ。	宗教を争点として敵意を促し，害をもたらす行為（第153A条）ムスリムを侮辱し，宗教感情を意図的に傷つけるようとする行為（第295A条）	396	大
1990/9/4 (1日間)	2	グジャラート州バローダ市，アナンド市，スーラト市	ヒンドゥーのガネーシャ祝祭がムスリム居住地を通過した際に，祭列者が反ムスリムを掲げたスローガンを叫ぶ。	ムスリムを侮辱し，宗教感情を意図的に傷つけるようとする行為（第295A条）	11	小

日付		場所	内容	罪状	人数	規模
1990/9/30 （1日間）	2	ウッタル・プラデーシュ州コロネルガンジ市	ラーム寺院再建に支持を表明した行進に向けて，石とガソリン爆弾が投げ込まれる。ヒンドゥーの参加者がムスリムの家屋を襲撃。	宗教を争点として敵意を促し，害をもたらす行為（第153A条）	42	小
1990/10/3 （1日間）	2	ラージャスターン州ウダイプル市	ヒンドゥーの祭列中に投石による攻撃を受ける。	ヒンドゥーの宗教儀礼への妨害行為（第296条）	1	小
1990/10/23 （1日間）	2	ラージャスターン州ジャイプル市	ムスリムの居住区内にあるモスクにヒンドゥーの子どもが誘拐されているとの誤った噂が流布。	ムスリムの宗教感情を傷つける噂の流布（第298条）	50	小
1990/10/29 〜11/1 （4日間）	2	アーンドラ・プラデーシュ州ハイダラーバード市	インド人民党とムスリム組織の活動家との間での挑発的な内容のパンフレットが配布される。	ムスリム，ヒンドゥーを侮辱し，宗教感情を意図的に傷つけようとする行為（第295A条）	11	大
1990/10/30 〜11/2 （4日間）	2	ウッタル・プラデーシュ州アヨーディヤー市	バーブル・モスクの破壊を試みたヒンドゥーに対して，警察が発砲し，26人のヒンドゥーが射殺される。	ムスリムの宗教施設への意図的な破壊（第295条）	26	大
1990/10/30 〜11/2 （4日間）	2	ウッタル・プラデーシュ州ビジョール市	世界ヒンドゥー協会がバーブル・モスク傍に敵意に表明するための旗を掲揚。世界ヒンドゥー協会がヒンドゥーの勝利を祝う行進を組織。	ムスリムを侮辱し，宗教感情を意図的に傷つけようとする行為（第295A条）	40	大
1990/11/14 （1日間）	2	連邦直轄領デリー市	ムスリムとスィクによる行進で，参加者が短剣と警棒で武装し，挑発的なスピーチを叫ぶ	宗教を争点として敵意を促し，害をもたらす行為（第153A条）ヒンドゥーを侮辱し，宗教感情を意図的に傷つけようとする行為（第295A条）	10	小
1990/12/7 〜12/8 （2日間）	2	アーンドラ・プラデーシュ州ハイダラーバード市	ヒンドゥーの刺殺事件を受けて，住民間で殺傷事件が連鎖。女性と子どもの遺体が発見されるとムスリムはヒンドゥーを襲撃。報復としてヒンドゥーがムスリムの女性と子どもに集中的に攻撃。	宗教を争点として敵意を促し，害をもたらす行為（第153A条）	134	大
1990/12/7 〜12/10 （4日間）	2	ウッタル・プラデーシュ州アリーガル市	特急列車内でヒンドゥーの暴徒がムスリムの乗客を襲撃。誤った噂が流布し，ヒンドゥーの暴徒と州武装警察隊がムスリムを攻撃。	宗教を争点として敵意を促し，害をもたらす行為（第153A条）	92	大

日時		場所	事件の概要	該当する罪状	逮捕者数	規模
1990/12/10〜12/15（6日間）	2	ウッタル・プラデーシュ州カーンプル市	ムスリムの商店が襲撃される。報復としてムスリム住民がヒンドゥーの商店を略奪し，放火。州武装警察隊がムスリムへの不当逮捕を行う。	宗教を争点として敵意を促し，害をもたらす行為（第153A条）	20	大
1990/12/15〜12/23（9日間）	2	ウッタル・プラデーシュ州フルージャ市	ムスリムの州政府職員の刺傷事件をめぐる住民間での諍い。	宗教を争点として敵意を促し，害をもたらす行為（第153A条）	74	大
1991/1/31〜2/5（6日間）	2	ウッタル・プラデーシュ州フルージャ市	世界ヒンドゥー協会が憎悪を煽るための新聞記事を掲載。	ムスリムを侮辱し，宗教感情を意図的に傷つけるようとする行為（第295A条）	22	大
1991/3/24（1日間）	2	オリッサ州バドラク市，ソロ市	ヒンドゥーの祭列者がムスリム居住区でバーブル・モスク破壊を訴えたスローガンを叫ぶ。	宗教を争点として敵意を促し，害をもたらす行為（第153A条）ムスリムを侮辱し，宗教感情を意図的に傷つけるようとする行為（第295A条）	32	小
1991/3/27（1日間）	2	ウッタル・プラデーシュ州サハランプル市	インド人民党，民族奉仕団，世界ヒンドゥー協会，バジラン・ダルが指揮したヒンドゥーの祭列をモスク前で止め，反ムスリムを掲げたスローガンを叫ぶ。	宗教を争点として敵意を促し，害をもたらす行為（第153A条）ムスリムを侮辱し，宗教感情を意図的に傷つけるようとする行為（第295A条）	12	小
1991/5/19（1日間）	2	ウッタル・プラデーシュ州カーンプル市	州武装警察隊によるムスリム住民の射殺。インド人民党の活動家がムスリム居住地でバーブル・モスク破壊を訴えた行進を組織。	宗教を争点として敵意を促し，害をもたらす行為（第153A条）	20	小
1991/11/8〜11/13（6日間）	2	ウッタル・プラデーシュ州ヴァーラーナシー市	ヒンドゥーの祭列者がムスリム居住区を通過する際に，反ムスリムを掲げたスローガンを叫ぶ。	宗教を争点として敵意を促し，害をもたらす行為（第153A条）ムスリムを侮辱し，宗教感情を意図的に傷つけるようとする行為（第295A条）	50	大
1992/10/2〜10/9（8日間）	2	ビハール州シーターマーリー市	ヒンドゥーの祭列者がモスク傍で「ラーム神万歳・永遠なれ」とのスローガンを叫ぶ。	宗教を争点として敵意を促し，害をもたらす行為（第153A条）ムスリムを侮辱し，宗教感情を意図的に傷つけるようとする行為（第295A条）	48	大
1992/12/6〜12/12（7日間）	2	グジャラート州スーラト市	インド人民党，世界ヒンドゥー協会，民族奉仕団がバーブル・モスク破壊を訴えた行進を組織化。	ムスリムを侮辱し，宗教感情を意図的に傷つけるようとする行為（第295A条）	190	大

期間		場所	概要	適用条項	人数	規模
1992/12/6 〜12/12 (7日間)	2	マハーラーシュトラ州ムンバイー市	バーブル・モスク破壊に対し，シヴ・セーナーがヒンドゥーの勝利として行進を組織化。	ムスリムを侮辱し，宗教感情を意図的に傷つけるようとする行為（第295A条）	210	大
1992/12/6 〜12/13 (8日間)	2	カルナータカ州バンガロール市，グルバールガ市，ビダール市，フブリー市，ダールワド市	バーブル・モスク破壊に対し，インド人民党がストライキを呼びかける。	ムスリムを侮辱し，宗教感情を意図的に傷つけるようとする行為（第295A条）	45	大
1992/12/6 〜12/11 (6日間)	2	ウッタル・プラデーシュ州カーンプル市	バーブル・モスク破壊の一報を目にしたムスリム住民が報復にヒンドゥーの商店への略奪を行う。	ムスリムを侮辱し，宗教感情を意図的に傷つけるようとする行為（第295A条）	11	大
1992/12/7 〜12/12 (6日間)	2	西ベンガル州コルカタ市	バーブル・モスク破壊事件によって州政府が外出禁止令を発令。ムスリムの居住地区が放火される。	宗教を争点として敵意を促し，害をもたらす行為（第153A条）	35	大
1992/12/7 〜12/15 (9日間)	2	マディヤ・プラデーシュ州ボーパール市	バーブル・モスク破壊に対し，バジラン・ダルが勝利の行進を組織化。	ムスリムを侮辱し，宗教感情を意図的に傷つけるようとする行為（第295A条）	142	大
1992/ 12/10 (1日間)	2	連邦直轄領デリー市	ムスリム住民の間で地域内のモスクが破壊されたとの噂が流布。ヒンドゥー住民でムスリムの少年がヒンドゥーの少女を強姦し，殺害したとの噂流布。	ムスリムの宗教感情を傷つける噂の流布（第298条）宗教を争点として敵意を促し，害をもたらす行為（第153A条）	20	小
1993/1/6 〜1/20 (25日間)	2	マハーラーシュトラ州ムンバイー市	ムスリムによるヒンドゥーの刺殺事件。シヴ・セーナーに扇動されたヒンドゥーの暴徒がムスリムを組織的に攻撃。	宗教を争点として敵意を促し，害をもたらす行為（第153A条）	557	大
1994/10/6 〜10/8 (3日間)	3	カルナータカ州バンガロール市	ヒンドゥーがムスリム居住区を行進した際に反ムスリムを掲げたスローガンを叫ぶ。	宗教を争点として敵意を促し，害をもたらす行為（第153A条）ムスリムを侮辱し，宗教感情を意図的に傷つけるようとする行為（第295A条）	25	大
1997/ 11/29 〜12/1 (3日間)	3	タミル・ナードゥ州コーヤンブットゥール市	ヒンドゥーの権益を訴える組織がムスリムの商店での不買運動を呼びかけ。	ムスリムを侮辱し，宗教感情を意図的に傷つけるようとする行為（第295A条）	20	大
2002/2/28 〜3/6 (7日間)	3	グジャラート州ゴードラアフマダーバード市および州全域	ラーム寺院再建運動を訴えたヒンドゥーを乗せた列車の火災を契機に，世界ヒンドゥー協会が反ムスリムを叫ぶ。	宗教を争点として敵意を促し，害をもたらす行為（第153A条）ムスリムを侮辱し，宗教感情を意図的に傷つけるようとする行為（第295A条）	850	大

2005/ 10/14 (1日間)	3	ウッタル・プラデーシュ州 マウナト・バーンジャン市	祝祭時にヒンドゥー・ナショナリスト組織のヒンドゥー・ユヴァ・ヴァヒニがスローガンを叫ぶ。	ムスリムを侮辱し，宗教感情を意図的に傷つけるようとする行為（第295A条）	9	小
2006/3/3 (1日間)	3	ウッタル・プラデーシュ州 ラクナウ市	中道左派サマージワーディー党のヤーダヴ州首相によるムスリムを非難したスピーチに激怒したムスリム住民が抗議デモを敢行。	宗教を争点として敵意を促し，害をもたらす行為（第153A条） ムスリムを侮辱し，宗教感情を意図的に傷つけるようとする行為（第295A条）	4	小
2007/1/27 ～1/29 (3日間)	3	ウッタル・プラデーシュ州 ゴラクプル市	ムスリム居住区にあるヒンドゥー寺院内でインド人民党の指導者が反ムスリムを掲げた挑発的な言動を行う。	宗教を争点として敵意を促し，害をもたらす行為（第153A条） ムスリムを侮辱し，宗教感情を意図的に傷つけるようとする行為（第295A条）	5	大
2008/7/3 ～7/4 (2日間)	3	マディヤ・プラデーシュ州 インドール市	ヒンドゥー・ナショナリストによるストライキの強行と，ムスリム居住地での行進。	ムスリムを侮辱し，宗教感情を意図的に傷つけるようとする行為（第295A条）	8	大

出典）［Graff and Galonnier 2013a; 2013b］より筆者が作成。

　表1-5「マハーラーシュトラ州で暴動の契機となった憎悪犯罪の手法と内容」は，1970年から2001年までに発生した主要な暴動に際して，その契機となった憎悪犯罪の事例をまとめたものである。

　マハーラーシュトラ州で1970年，1984年，1992年，2001年に発生した4件の暴動事件においてはジャン・サング，インド人民党，シヴ・セーナーといったヒンドゥー・ナショナリスト組織がムスリムに対する憎悪を煽った状況を確認できる。スピーチ，インタビュー，党機関紙や新聞といった媒体を介して，ムスリムを反国家的と揶揄し，またヒンドゥーを襲撃しているとの虚偽の情報を拡散して，意図的に住民間に憎悪を生み出し，またその感情を扇情しながら，対立から暴動へと悪化させてきた。しかしながら，マハーラーシュトラ州政府はこうしたヒンドゥー・ナショナリストの憎悪犯罪に対して厳正に取り締まることはなかった［D'souza 1993; Setalvad 2011: 9-12］。そのため，シヴ・セーナーは1970年のビワンディー市での事件から2001年のマーレーガオン市での事件まで，30年超にわたって暴動の現場で暗躍してきたわけである。

表1-5　マハーラーシュトラ州で暴動の契機となった憎悪犯罪の手法と内容(1970〜2001年)

発生期間	発生場所	手法	内容	規模	死者数
1970/5/7 (1日間)	マハーラーシュトラ州 ビワンディー市	ジャン・サングおよびシヴ・セーナーの党員による祝祭時のスローガン	"ムスリムは泥棒だ。我々の進路を妨害して、ぶつかれば、死ぬことになるぞ"	小	78
1984/5/17 〜5/23 (7日間)	マハーラーシュトラ州 ビワンディー市 タネー市 カルヤーン市 ムンバイー市	シヴ・セーナー党首バル・タークレーによるスピーチ(1984/1)	"我々は反国家的なムスリムを追い出すための、さらに「インドを出ていけ運動」を開始しなければならない"	大	258
		バル・タークレーによるスピーチ(1984/4)	"ムスリムはインドにとっての癌であり手術で取り除かなければならない"		
		シヴ・セーナーの党員が暴徒を率いる際のスローガン(1984/5/17)	"もう一押しだ。(ムスリムの居住区である)パーキスターンを破壊しよう"		
		バル・タークレーの新聞掲載のインタビュー(1984/5/24)	"モスクに刀や致命傷を負わせる武器が隠されていた"		
1992/12/6 〜12/16 (11日間)	マハーラーシュトラ州 ムンバイー市	シヴ・セーナーの党機関紙(1992/12/8)	"モスク破壊事件はヒンドゥーにとって幸運である。ムスリムが路上のブロック片を投げ、ヒンドゥー寺院を破壊している"	大	227
1993/1/5 〜1/25 (21日間)	マハーラーシュトラ州 ムンバイー市	シヴ・セーナーの党機関紙(1993/1/11)	"ムスリムの市警察副長官がヒンドゥーを射殺した" "パーキスターン製の武器を使ってヒンドゥーがモスクから射撃された"	大	673
2001/10/26 〜11/7 (8日間)	マハーラーシュトラ州 マーレーガオン市	シヴ・セーナーの党機関紙(2001/10/26)	"マーレーガオン周辺のヒンドゥーは武装して、ムスリムに対抗せよ"	大	7
		シヴ・セーナー発行の新聞(2001/10/28)	"マーレーガオンにテロ事件が発生する。ヒンドゥー寺院に爆弾が仕掛けられ、僧侶が殺害された。ムスリムにヒンドゥー女性が強姦された"		

出典）〔D.P. Madon Commission 1974, Vol.IV: 68-69; 74-76; The Committee for the Protection of Democratic Rights 1984: 15; 17; 26-27; Swami and Katakam 2001; Sanzgiri 2001; Lokshahi Hakk Sanghatana 2001: 12-13〕より筆者作成。

噂流布による憎悪犯罪

スピーチ，スローガン，プロパガンダに加えて，住民に憎悪を掻き立てるために，嘘や虚言に基づいた悪意ある噂を流す動きも見いだされる。暴動発生の前後に悪意ある噂が流布されるという状況は，インドのみならず，世界各地で見いだされてきた。ホロウィッツは，アジア，ヨーロッパ，アフリカ各国で発生した暴動に際して，噂の拡散が暴力を正当化し，住民を暴力に関与させる役割を有してきたと指摘する［Horowitz 2001: 75-79］。

インドの暴動の現場では，ヒンドゥー・ナショナリスト組織を支持して，また雇われていた噂流布人の存在が挙げられる。アグニホートリーは，噂流布人が様々な人脈を通じて，暴動を発生させる上で重要な役割を負ってきたと指摘する。なかでも，住民の憎悪を掻き立てる上で，最も効果を発揮してきたのは女性への強姦や誘拐といった内容，ヒンドゥーの宗教シンボルである牛が屠畜されたといった内容であった［Agnihotri 2007, Vol.1: 135; 193］。

表 1-6「暴動の契機となった噂の内容」（1964 ～ 1993 年）は，インドにおいて噂が暴動の発生を招いた 8 事例を抽出し，暴動の規模，死者数を示している。

表 1-6 で判明するのは，1978 年 3 月のウッタル・プラデーシュ州サンバールでの事例を除く 7 事例すべてでムスリムを中傷した噂が流され，暴動を引き起こしていたという点である。具体的にはムスリムがヒンドゥーの食べ物に毒物を混入した，ヒンドゥーを殺害した，武装化してヒンドゥーへの攻撃を企図している，ヒンドゥーの女性を誘拐したといった内容である。いずれの場合も 2 日間以上にわたる大規模暴動に悪化していた。したがって，噂流布人は，ヒンドゥーが請け負う場合が多く，意図的にムスリムを中傷し，ヒンドゥーの心情を煽っていたと理解できる。

以上のように，暴動ベクトルにおける憎悪犯罪の段階は暴動へと悪化する，きわめて重要な過程であることが明らかである。インドでは，ヒンドゥー・ナショナリストがスピーチ，スローガン，プロパガンダを通じて，住民に向けて対立を煽り，さらに噂流布人が意図的に嘘と虚言に満ちた噂を拡散して個々人の心情に憎悪を掻き立てていた。暴動に至るまでには，ヒンドゥー・ナショナリストと噂流布人の二つのアクターによる憎悪犯罪の作用が見出される。

表 1-6　暴動の契機となった噂の内容（1964 ～ 1993 年）

	暴動発生時期	発生場所	噂の内容	規模	死者数
1	1964/3/18 ～ 3/26 （9 日間）	オリッサ州 ラーウルケーラー市	"東ベンガルとパーキスターンからのヒンドゥーの難民がパンを食べた後吐いていたのは，ムスリムが毒を入れたためだ"	大	62
2	1978/3/29 （1 日間）	ウッタル・プラデーシュ州 サンバール市	"ヒンドゥーが地域に在住するイマームを殺害した"	小	16
3	1978/10/5 1978/11/5 ～ 11/9 （6 日間）	ウッタル・プラデーシュ州 アリーガル市	"ムスリムがヒンドゥーを殺害した"	大	27
4	1980/8/13 ～ 8/18 （6 日間）	ウッタル・プラデーシュ州 モラダーバード市	"奉仕活動を行うムスリムが，武装している。彼らは飲み水に毒を盛り，ヒンドゥー寺院を破壊し，僧侶を殺害した"	大	112
5	1981/4/30 （7 日間）	ビハール州 ビハールシャリーフ市	"ムスリム居住地区でヒンドゥーが200 人殺害された"	大	53
6	1984/5/17 ～ 5/23 （7 日間）	マハーラーシュトラ州 ビワンディー市	"ヒンドゥーがムスリムに虐殺された"	大	109
7	1990/11/1 （3 日間）	ウッタル・プラデーシュ州 ビジョール市	"ヒンドゥー組織のリーダーが誘拐され殺害された。ムスリムの医師がヒンドゥー女性たちを誘拐した"	大	30
8	1992/12/6 ～ 12/16 1993/1/5 ～ 1/25 （23 日間）	マハーラーシュトラ州 ムンバイー市	"パーキスターン人が武装した船に乗って海上からムンバイーにやってきている"	大	900

出典）〔Horowitz 2001: 75-76; Ghosh 1987: 118-226; Wilkinson 2005: 406-444〕より筆者が作成。

（4）暴動ベクトルにおける暴動の位置づけ

　本書の導出する暴動ベクトルのうち，暴動の段階について，インド刑法および先行研究における論点から検討する。ここではまず，暴動の取締りを行う上での法的根拠となるインド刑法においての暴動状況（rioting）の定義を検討する。暴動に関連した条項は，第 141 条および第 146 条である。

　インド刑法第 146 条は，「暴行や暴力が不法な集団，そのメンバーの共通した目的遂行のために行使される時には，関与したすべてのメンバーはすべて暴

動の罪で罰せられる」と規定している[13]。この文脈での不法な集団（unlawful assembly）とは，第141条において，「(1) 犯罪による威嚇，脅迫する者，(2) 法執行および法のプロセスへの抵抗する者，(3) 危害や不法侵害といった犯罪行為を行う者，(4) 犯罪や脅迫によって，財産を得ようとする者，権利を強奪しようとする者，取水権，著作権を強奪しようとする者，(5) 犯罪力やその誇示によって他者に義務のないことを強要する者の，以上5つの目的を持った，5人を超える集団」と示している[14]。

　この刑法上の規定を踏まえた上で，インド政府による暴動への理解を確認しておく。連邦内務省は2007年に刊行した『テロリストおよびコミュナル暴力による犠牲者のための支援についての中央政府の計画』（*Central Scheme for Assistance to Victims of Terrorist and Communal Violence*）のなかで，「悪意や憎悪をもたらし，それを表現し，そして生命の喪失もしくは人体の負傷を引き起こす目的で，あるコミュニティが他のコミュニティに対して行う，計画的かつ組織的な暴力行為」と定義づけた［Ministry of Home Affairs 2007][15]。つまり，インド政府は，ヒンドゥーとムスリムの間の暴動が，突発的ではなく，組織的かつ意図的に引き起こされてきたと認識し，抑止を講じてきたわけである。

　ブラスはヒンドゥーとムスリムの間の暴動の特徴として，棒やナイフで武装し，時には爆弾や小火器，灯油を用いた群衆行動，警察による殴打や発砲，そして，個々の住民同士の間で繰り広げられる暴力の応酬を挙げる［Brass 2003: 65]。ヒンドゥーとムスリムの間の暴動とは，群衆行動，個々人での暴力，かつそこに機能不全に陥った警察が加担するという3つの動きが絡まった状態であると理解できよう。

　暴動ベクトルで設定した小規模暴動と大規模暴動の差異は，発生期間，範囲，

13　インド刑法第146条（Article146. Rioting）Ministry of Home Affairs, Government of India. "The Indian Penal Code1860". n.d..

14　インド刑法第141条（Article141.Unlawful assembly）
　　Ministry of Home Affairs, Government of India."The Indian Penal Code1860". n.d..

15　このガイドラインは，2010年1月25日に "*Central Scheme for Assistance to Civilian Victims of Terrorists, Communal and Naxal Violence*" として，改訂された。この改訂は，ジャールカンド州ラーンチーを中心に発生しているナクサライト運動への対応について付記している［Ministry of Home Affairs, Government of India."Revised Guidelines of Central Scheme For Assistance to Civilians Victims / Family of Victims of Terrorist, Communal and Naxal Violence". 2010]。

制圧に従事するアクターそして死者数に拠る。本書は、暴動が多発してきたウッタル・プラデーシュ州に配置されたインド警察職のラーイ（V.N. Rai）の見解を発展させて、小規模と大規模として差異化する。ラーイによれば、地元警察が真摯に対応すれば、24時間以内に制圧されない暴動事件は存在せず、ゆえに準軍隊の派遣は必須ではない。[16] ラーイの見解に基づくと、本来1日間で制圧可能な暴動が準軍隊の派遣を要する大規模暴動までに悪化する過程には、地元警察による不作為、住民への不当逮捕や無差別発砲といった機能不全が存在しているわけである。

　本書の提示する暴動ベクトルでは、発生から1日間で制圧され、その範囲を暴動が発生した都市や農村内で留まった状態を小規模暴動とし、突発的、無計画的に発生する場合も含む。小規模暴動が発生地点から県内に、さらには州を越境して拡大した状態を大規模暴動とする。大規模暴動は2日間から数か月間まで継続し、制圧にあたるアクターとして州警察に加えて、準軍隊が派遣される。また事件の収束後に調査が行われることが多く、のちに加害者が周到な計画を立てて暴動を引き起こしていたことが判明する。

　暴動時の警察の対応については、事例分析を行う第3章と第4章にて、具体的な問題点を交えながら後述する。繰り返しになるが、暴動ベクトルにおいて準軍隊が派遣される過程は最も悪化した状況にあるため、武力制圧後に必ずしも安全に回帰するわけではない。例えば、1992年12月にマハーラーシュトラ州ムンバイー市で発生した暴動では、準軍隊の制圧でいったん鎮静化したものの、翌1993年1月から再び住民間の諍いを契機に刺殺事件や放火事件が続発して、大規模暴動へと悪化した。さらに、1992年12月の暴動時に市警察からの発砲で負傷したムスリム住民が報復のためにテロリスト・グループに加担し、翌1993年3月にムンバイー市内で連続爆弾テロ事件を引き起こす事態を招いている。

　ここまでの議論を踏まえると、暴動が準軍隊の派遣を要する大規模化に至る以前の段階で、警察と住民によるコミュニティ・ポリシング活動が機能して、諍い、憎悪犯罪、小規模暴動に介入し、状況を好転させる取り組みが肝要とな

16　"No riot can last for more than 24 hours unless the State wants it to continue". Interview with Teesta Setalvad on *Communalism Combat*, February 1995.

ると導き出すことができる。監視，巡回を行って住民間の諍いを早期発見し，また会合を開催して住民からの要望を聞き取り，諍いに関する情報を収集して生活改善を図り，かつ住民に秩序維持の行動を遵守するように働きかける取り組みが求められる。

第3節　コミュニティ・ポリシングに関する先行研究

　コミュニティ・ポリシングは1980年代にアメリカの犯罪研究において生成された概念である。ここではコミュニティ・ポリシング活動による暴動予防との分析枠組みを構築するために，先行研究を検討して，主な概念の変遷をまとめる。その上で，インドの事例に適合し，かつ地域や形態の異なる活動を比較するために，コミュニティ・ポリシング活動の構成要素を抽出する。

(1) コミュニティ・ポリシング概念をめぐる研究潮流

犯罪予防研究の発展

　コミュニティ・ポリシングは犯罪予防の概念から派生してきたことから，まずその定義を確認しておきたい。多くの研究者が依拠してきたアメリカ犯罪予防連合（Crime Prevention Coalition of America）の定義によると，犯罪予防とは「我々の社会における生活の質に影響を与え，かつ犯罪が増加しない状況を促すために，犯罪の脅威を減じ，かつ安全であるという認識を拡大する行動」と提示している［Peak and Glensor 2012: 84］。アメリカから発信されてきたコミュニティ・ポリシングに関する先行研究と同様に，本書でもこの定義を採用することは妥当と考える。

　犯罪予防研究のなかでも犯罪発生状況を操作・管理する必要性を提唱したブランティンガムによる環境犯罪学(environmental criminology)はコミュニティ・ポリシングに繋がる系譜の最初期に位置づけられる。環境犯罪学とは，目に見えない潜在的な犯罪者を対象とし，物理的にその犯罪を阻止する状況的犯罪予防を起点としている［Brantingham and Brantingham 1981］。

　この状況的犯罪予防の発展に一石を投じたのが，1982年に発表されたウィルソンとケリングによる割れ窓理論（Broken Windows Theory）である。ウィ

ルソンとケリングは，犯罪を発生させる状況として，割れた窓の存在に注目する。この理論は，市中にたたずむビルの窓が割られたまま放置されると，それ自体が管理や監視の行き届かない場所であることを示す存在となり，いずれ残りの窓も全て割られてしまうという見地に立っている。割れた窓は住民の無関心と当該地点の孤立を象徴しており，さらなる荒廃を引き起こし，犯罪を招くとの考えである。1980 年代に犯罪増加をたどっていたニューヨーク市で割れ窓理論に基づく犯罪予防対策が採用されると，一気に国際的な関心を集めることとなった。ニューヨーク市警察は割れ窓理論の実践として，監視のために徒歩巡回を行う警察官を増員し，軽犯罪の取り締まり強化を盛り込んだ計画を履行した。すると，1990 年代になってニューヨーク市での犯罪発生件数は劇的に減少した [Kelling and Cole 1996]。割れ窓理論の導入は，巡回を基として犯罪が発生しうる状況を監視し，軽犯罪を取り締まって凶悪化を予防することにつながったという点で，一定の効果を発揮した。同時に，警察が監視と統制を強化することは，不当逮捕や人権侵害につながる恐れもあり，住民の間に警察不信を深化させかねない。割れ窓理論の運用には十分な議論と配慮が尽くされるべきであろう。

問題解決型ポリシングの登場

　1979 年にゴールドステインが発表した問題解決型ポリシング（Problem-Oriented Policing）は，割れ窓理論に代表される状況的犯罪予防に，住民の生活改善を盛り込んだ，いわばコミュニティ・ポリシングの骨子となる概念と言えよう。ゴールドステインは通報を受けて出動する従来の事件志向型（Incident-Oriented）の警察サービスを改善することを目的として，問題解決志向型の概念を提唱した。この背景として，ゴールドステインは住民が複数回にわたり，警察に通報した地点には，犯罪の発生につながる原因が存在しており，警察がその原因を把握し，積極的に対応しなければ，根本的な犯罪解決には至らないと指摘する。問題解決型ポリシングをつうじて，警察が犯罪発生の原因を追究するようになれば，自ずと事件対応の態勢も変わり，警察組織の改革につながると主張した [Goldstein 1979: 236-258]。問題解決志向型ポリシングとは，警察が住民を取り巻く犯罪につながる潜在的な要因を発見し，その解決を通じて，

犯罪予防に帰結する取り組みと理解できる。ただし，犯罪予防に参画するアクターはあくまで警察であり，住民の参画を想定していないという点では，コミュニティ・ポリシングとは異なるものであった。

コミュニティ・ポリシング概念の誕生と変遷

　1983年にコミュニティ・ポリシングの概念を発表し，犯罪研究の学問体系に位置づけたトロジャノヴィッチは「警察と地域住民が，住民の生活改善を目標として，地域における犯罪の防止，秩序維持のために，ともに活動すること」と定義した［Trojanawicz and Bucqueroux 1994: 2］。この概念が画期的なのは，警察と住民が，住民の生活改善を掲げて，犯罪予防と秩序維持のために連携して活動すると打ち出した点である［Eck and Rosenbaum 1994: 4］。

　トロジャノヴィッチによる概念化以降，膨大な研究が積み重ねられてきたなかで，1988年に発表されたスコルニックとベイリーの研究は，アメリカ連邦司法省管轄の国立司法機構（National Institute of Justice）から公刊され，重要度が高い。スコルニックとベイリーは，コミュニティ・ポリシングが住民の安全を確保し，犯罪発生率を低下させることに成功し，犯罪の恐怖を減退させると評価している。加えて，不信が深まって，疎遠となっている住民と警察を結び付け，かつ警察の倫理を向上させて説明責任を負うように仕向ける方策との理解を提起した。その上で，警察組織が一丸となってコミュニティ・ポリシング活動に取り組み，同時に個々の警察官が住民の人種，教育，収入で選別せずに，真摯に協力していけば，犯罪予防，説明責任，指揮の分権化を可能とすると捉えていた［Skolnick and Bayley 1988: 89; 92］。スコルニックとベイリーはコミュニティ・ポリシング活動を通じて，警察と住民の協力関係が構築され，犯罪予防，事前対応型の警察サービス，警察の説明責任，警察組織の指揮の分権化がもたらされうると考えていた。

　1994年に連邦司法省は暴力犯罪のコントロールと法執行法を制定し，コミュニティ・ポリシング活動を法制度化した。コミュニティ・ポリシング活動に関連する条項は，セクション10003「住民の安全とポリシング」（Public Safety and Policing）を挙げることができる。この条項では，巡回警察官を中心とした住民とのコミュニティ・ポリシング活動の遂行，活動に従事する警察官の訓練

施設の設置，連邦政府による予算策定と調整が規定されている。[17]

　連邦司法省は合わせて，コミュニティ・ポリシング活動の拡大と理解を促進させる目的で，1994年に『コミュニティ・ポリシング活動への理解，行動にむけた枠組み』(*Understanding Community Policing, A Framework for Action*) とのタイトルで手引書を公刊した。連邦司法省はこの手引書において，コミュニティ・ポリシングを住民との協力関係と問題解決の相互補完によって形成される活動との見解を提示した。

　第一に，警察はコミュニティ・ポリシング活動を通じて住民との協力関係を発展させ，住民が犯罪の抑止と予防に関与するように促し，かつ住民が抱える喫緊の問題に取り組む能力を高めなければならないと主張する。具体的には，事故や犯罪での被害者支援，救急医療サービスの提供，家庭内暴力や住民間の諍いへの介入，地域の生活改善，交通整理，家出や路上生活，薬物中毒者の保護，住民の権利の保護，住民に対して敬意と公平を持って接することなどを挙げており，秩序維持の行動と住民の福利享受に寄与する活動を通じて，構築されるとみなしている [U. S. Department of Justice 1994: 13-14]。

　第二に，コミュニティ・ポリシング活動への参画を警察と住民の双方に働きかけることで，信頼関係が生まれ，情報の交換が促されると，問題解決の過程が機能するとみなしている [U. S. Department of Justice 1994: 16-20]。連邦司法省の見解で特徴的なのは，警察と住民との信頼構築を中核に据える点であり，本書は住民の警察不信が深化してきたインドの事例に対しても適用可能と考える。

　ピークとグレンソールは，従来の事件志向型の伝統的ポリシングとの比較からコミュニティ・ポリシングの特徴を浮き彫りにしている（表1-7）。

　表1-7において，伝統的ポリシングとコミュニティ・ポリシングの違いがはっきりと表れているのは，警察機関の位置づけ，警察の役割，警察が対応すべき対象，警察が専門的に対応する事案の4項目と言える。伝統的ポリシングが警察を「法執行機関」と捉えているのに対し，コミュニティ・ポリシングは「住民の代表者である警察がすべての住民に対して注意を払う職責を負う」とみなしている。警察は自らも住民の代表と認識することで，住民に注意を払う責務

17　U.S.Government Publishing Office."Violent Crime Control and Law Enforcement Act". n.d..

表1-7　伝統的ポリシングとコミュニティ・ポリシングの相違点

比較項目	伝統的ポリシング	コミュニティ・ポリシング
警察機関の位置づけ	法執行機関	住民の代表である警察は全住民に対する職責を負う
他の行政機関との関係性	解決すべき事案をめぐる駆け引き	警察は，生活の質の改善に対して，責務を負う政府機関
警察の役割	犯罪解決への注力	広範な問題解決
評価すべきポイント	犯罪発見率および検挙率	犯罪と無秩序状態の解消
最優先事項	銀行強盗などの強度な凶悪犯罪	住民の生活を妨害する全ての事案
警察が対応すべき対象	事件	住民の抱える問題
警察の効力の指標	通報への応答回数	住民による協力の広がり
緊急性が低い要請への対応	他に職務がない場合のみ対応	住民の状況を把握する上で，重要な機会
警察が専門的に対応すべき事案	重大犯罪への迅速かつ効果的な対処	住民との密接な関係の維持
最重視される情報	犯罪に関する情報	犯罪者に関する情報（個々およびグループによる犯罪活動）
警察の説明責任	集権化，法および規制の支配，政策による指示，説明責任	住民の要請に応じた説明責任
警察機関の役割	政策に沿った指示の発令	組織における価値の共有
広報局の役割	警察官の職務遂行に対するプレッシャーを無くすこと	住民との重要な架け橋となること
起訴についての理解	重要な目的	数ある手法のなかの一つ

出典）［Peak and Glensor 2012: 48］より筆者作成。

を負うと捉えている。こうした理解は警察の役割や専門的に対応する事案の項目でも共通している。伝統的ポリシングでは銀行強盗などの凶悪犯罪に焦点を当てる一方で，コミュニティ・ポリシングは住民生活の妨げとなる広範な問題を重視している。伝統的ポリシングが事件志向であるのに対し，コミュニティ・ポリシングは住民の抱える問題を解決するアプローチを採ってきたと捉えられよう。

　ムケルジーは，西ベンガル州コルカタ市での事例検証を通じて，インドにおいてコミュニティ・ポリシングが，犯罪，薬物，社会的無秩序に対峙し，住民の生活向上を目的とした対等なパートナーシップを構築する組織的戦略と主張した［Mukherjee 2006: 25-38］。

　留意すべきは，コミュニティ・ポリシングの概念と手法は，住民が日常的に

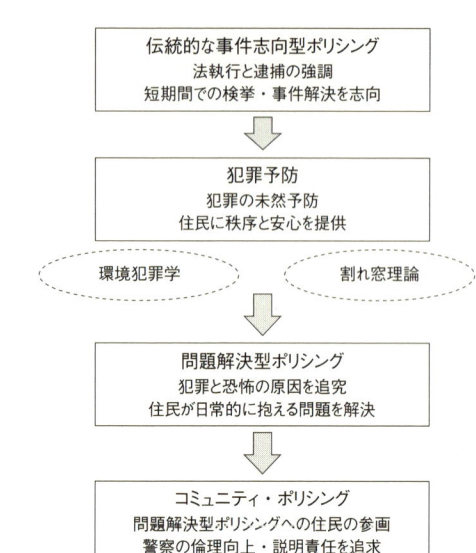

図 1-3　コミュニティ・ポリシング概念の変遷
出典）［Peak and Glensor 2012: 49］を参考に筆者作成。

図の内容：
伝統的な事件志向型ポリシング
法執行と逮捕の強調
短期間での検挙・事件解決を志向
↓
犯罪予防
犯罪の未然予防
住民に秩序と安心を提供
環境犯罪学　　割れ窓理論
↓
問題解決型ポリシング
犯罪と恐怖の原因を追究
住民が日常的に抱える問題を解決
↓
コミュニティ・ポリシング
問題解決型ポリシングへの住民の参画
警察の倫理向上・説明責任を追求

抱える問題が犯罪を誘発するとみなし，その解決に焦点を当てる取り組みであり，住民に警察力を付与することを目的としていない点である。

ここまで論じてきた先行研究におけるコミュニティ・ポリシングに関連した概念の変遷を相関すると，以下のようにまとめることができる（図 1-3）。

犯罪研究において，コミュニティ・ポリシング概念の派生する過程は 3 段階に分けることができる。第一に，従来の事件志向型ポリシングに対して，犯罪を予防するという前提に立ち，犯罪発生の状況を取り除く環境犯罪学や監視・巡回を通じて犯罪の温床を見つけ出す割れ窓理論によるアプローチが生み出された。第二に，住民が日常的に抱える問題が犯罪の誘因となっているとして，その解決に焦点を当てた問題解決型ポリシングが登場した。そして，第三に問題解決型ポリシングに，住民との協力関係を重視した活動がコミュニティ・ポリシングである。コミュニティ・ポリシングは，犯罪予防のみならず，警察の倫理向上と説明責任につながることも期待されてきた。

(2) コミュニティ・ポリシング活動の構成要素

アメリカにおけるコミュニティ・ポリシング活動の構成要素

本書は，アメリカで生成されたコミュニティ・ポリシングの概念と活動を，インドの事例に適合するために，先行研究で分析されてきた活動実践をまとめ，構成 6 要素を導出する。その上で，コミュニティ・ポリシング活動による暴動予防との分析枠組みを構築する。

スコルニックとベイリーは，コミュニティ・ポリシング活動の実践には，犯

罪予防，巡回サービス，住民が参画した防犯計画と警察による法執行活動への監視，下級警察官への分権化という4要素が結びつくと説明する [Skolnick and Bayley 1988: 90]。

またトロジャノヴィッチは，コミュニティ・ポリシングの10原則として，1) 哲学と組織的戦略，2) コミュニティの地位向上への貢献，3) 分権化かつ個人化されたポリシング，4) 迅速かつ長期的な問題解決，5) 倫理・合法性・責務・信頼，6) 警察による権力委任の拡大，7) 特別な要望への配慮，8) 草の根レベルでの創造的な支援，9) 警察の内部改革，10) 将来的な活動の拡充を挙げた [Trojanowicz and Bucqueroux 1994: 4-6]。トロジャノヴィッチの10の原則のなかでも，特筆すべきは，コミュニティ・ポリシングが警察と住民の協力関係に留まらず，監視や巡回を通じた警察と住民との法執行活動の分権化と問題解決力の付与，そして警察の内部改革に寄与するとみなしていた点であろう。

スコーガンとハートネットは，コミュニティ・ポリシング活動に組織的な分権化，問題志向型ポリシング，住民からの要請への対応，警察による状況把握という4つの要素を見いだす。その上で，イリノイ州シカゴ市警察への調査に基づいて，コミュニティ・ポリシング活動の実践には，1) 近隣監視グループの組織化，2) 住民との会合や犯罪予防セミナーの開催，3) 警察による戸別訪問，4) 活動内容をまとめたニューズレターの発行，5) 薬物乱用防止教育，6) メディアを通じてのキャンペーン，7) 馬や自転車での巡回，8) 派出所の設置といった8点の特徴を挙げた[Skogan and Hartnett 1997: 6-9]。スコーガンとハートネットはコミュニティ・ポリシング活動において，住民参画の促進と情報公開を通じた活動の可視化，警察不信の回復を重視していた。

以上のようにアメリカで先駆的にコミュニティ・ポリシングに関する研究に取り組んできた研究者たちは，共通の構成要素として，住民との協力による問題解決，住民からの要請に応じた法執行活動，警察と住民による法執行活動の分権化，活動の可視化，警察による組織的な支援と警察組織の内部改革を挙げている。

インドにおけるコミュニティ・ポリシング活動の6つの構成要素
アメリカとインドはともに多文化主義的な国家であるものの，コミュニ

ティ・ポリシング活動の遂行に際し，住民間の諍いおよび犯罪をめぐる社会的背景，警察の位置づけ，特定コミュニティによる警察官の寡占において，明確な差異が生じてきた。

第一に，アメリカとインドでは住民間の諍いおよび犯罪を引き起こす社会的背景が異なっている。特にコミュニティ間の対立に注目してみると，アメリカでは主に人種の差異が対立へと悪化してきた。例えば1991年3月にカリフォルニア州ロサンゼルス市（Los Angeles, State of Calfornia）で発生したロドニー・キング（Rodney King）暴行事件を発端とした暴動であったり，2014年8月にミズーリ州ファーガソン市（Ferguson, State of Missouri）で発生したマイケル・ブラウン（Michael Brown）射殺事件への抗議が暴動へと悪化した事例などが挙げられる［Reinhold 1992; Davey and Bosman 2014］[18]。アメリカでは白人警察によるアフリカ系住民への暴行や射殺が発端となって，その事件に抗議した住民が暴徒化し，暴動へと悪化するという人種間対立が長期的に深刻化してきた。そこで，連邦政府はアフリカ系をはじめとするマイノリティ・コミュニティを警察官に採用する留保措置を講じ，対立を減じようと試行してきた。

他方，インドでの対立の争点は宗教，カースト，言語，民族など複相的であるがゆえに，より根深く，危機的である。特に，1980年代以降になると，ヒンドゥー・ナショナリストが住民間の憎悪を煽り，また政治権力を掌握する道具として宗教を利用してきたことは，対立を悪化させる要因となってきた。ヒンドゥーとムスリムの対立が先鋭化した結果，宗教施設の破壊や大規模暴動が全国で連鎖し，また同一の地域において頻発してきた。インドでは組織による動員を通じて諍いや憎悪犯罪から意図的に暴動を引き起こす状況が常態化してきたと理解できる。したがって，インドではコミュニティ・ポリシング活動によって諍いと憎悪犯罪を予防することが暴動予防に帰結するとの視点を骨子に据えた議論が求められる。

第二に，社会における警察の位置づけの違いが挙げられる。アメリカでは，警察の使命とは「警察は住民であり，住民が警察の一員となる。警察は住民の

18　"What Happened in Ferguson?". *The New York Times*（電子版）. August 10, 2015；"Mike Brown notched a hard-fought victory just days before he was shot: A diploma". *The Washington Post*（電子版）. August 12, 2014.

一員であるため，住民の利益を考慮した職務に従事する」とみなされてきた[Sloan 2013: 277]。アメリカでは，警察は住民の代表者であると自覚し，かつ住民側も警察が安全というサービスを提供する行政機関のアクターと理解してきた。他方，インド警察はイギリス植民地支配下で権威主義的な組織として創設されて以降，治安維持に重点が置かれており，住民を武力で抑圧してきた。当時に制定された1861年インド警察法が現行法であることから，住民に抑圧的な対応を繰り返し，批判の矛先となってきた。特に暴動時には無差別発砲や不当逮捕といった過度の武力行使による法執行活動が展開されてきたため，警察を畏怖と嫌悪の対象とみなす傾向にあった。したがって，住民を代弁し，行政サービスを提供する組織とみなされてきたアメリカの警察と，植民地支配下で培われた抑圧的な体質を引き継ぐインドの警察には，社会的な位置づけが明らかに異なっている点を考慮しなければならない。

　第三に，警察官採用における所属コミュニティごとの留保措置の有無である。具体的には，人口比率を考慮して採用されているのか，もしくは特定コミュニティに寡占されているかという点である。アメリカでは1987年以降，警察官の採用に際して，アフリカ系，ヒスパニック系，その他という区分に沿ったマイノリティ・コミュニティへの留保制度が講じられてきた。連邦司法省の管轄下にある司法統計局（Bureau of Justice Statistics）が公開した全米での警察官の所属コミュニティごとのデータによると，1987年にはアフリカ系は9.3%，ヒスパニック系は4.5%に留まっていたが，2013年になるとアフリカ系は12.2%，ヒスパニック系は11.6%にまで増加していた。さらに，その他のカテゴリーを加えると，マイノリティ・コミュニティに属する警察官は全体の27.3%を占めるまでに増加していた[Reaves 2015: 19]。アメリカでは，マイノリティ・コミュニティに属する警察官を採用し，人種間の軋轢や憎悪を解消しようと取り組んできた。対して，インドでは全国の警察組織において，ムスリムの占める割合は2001年には8.39%，2011年には6.53%と減少傾向にあり，宗教マイノリティへの人口規模に応じた留保措置は講じられていない[National Crime Records Bureau 2011]。結果として，ヒンドゥーの警察官の寡占という状況が生まれ，ヒンドゥー・ナショナリスト組織に共感したり，ムスリムへの襲撃に加わるといった機能不全につながってきた。翻ると，インドでは警察の

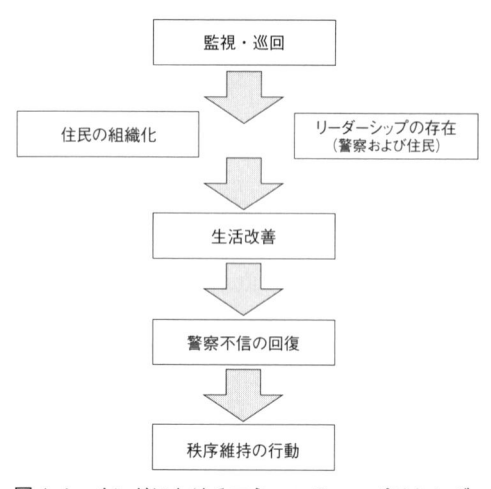

```
┌─────────────────┐
│    監視・巡回    │
└─────────────────┘
        ↓
┌──────────────┐     ┌──────────────────┐
│ 住民の組織化 │     │ リーダーシップの存在 │
└──────────────┘     │ （警察および住民） │
                     └──────────────────┘
        ↓
┌─────────────────┐
│    生活改善    │
└─────────────────┘
        ↓
┌─────────────────┐
│  警察不信の回復  │
└─────────────────┘
        ↓
┌─────────────────┐
│  秩序維持の行動  │
└─────────────────┘
```

図 1-4 インドにおけるコミュニティ・ポリシング
　　　　活動の構成要素

出典）筆者作成。

採用に宗教マイノリティの留保措置が講じられていないために，コミュニティ・ポリシング活動には異なる宗教に属する住民の参画が求められ，彼らの要望を組み込んだ活動こそが多文化主義的な共生の促進に帰結すると言えよう。

　ここまで論じてきたように，アメリカで生成されたコミュニティ・ポリシングの概念と手法を，インドの事例にもそのまま適合するには，いくつかの制約が生じることになる。したがって，インドにおける暴動の頻発と警察による過度の武力行使という実態を鑑みて，コミュニティ・ポリシングの概念の再構築が必要となる。そこで，本書はインドのコミュニティ・ポリシング活動について，a）監視・巡回，b）リーダーシップの存在（警察／住民），c）住民の組織化，d）生活改善，e）警察不信の回復，f）秩序維持の行動の6構成要素を導出する。これら6要素がすべて機能している状態をコミュニティ・ポリシング活動の結実とみなす（図1-4）。これら6要素は，本書の提起するコミュニティ・ポリシング活動の拡充という政策的含意に基づいて導出しており，他地域での導入も考慮している。

　インドの社会的背景を考慮した結果，コミュニティ・ポリシング活動とは，a）監視・巡回を通じて，住民の諍いから憎悪犯罪を招いて暴動へと悪化する状況を見いだし，かつ住民の抱える問題を把握して，d）生活改善に帰結する。さらに，警察の抑圧的な住民への対応を鑑みて，e）警察不信の回復を組み込んでいる。また，警察官をヒンドゥーが寡占してきた状況を踏まえ，異なる宗教に属する住民の参画を重視して，b）リーダーシップの存在（警察／住民）と c）住民の組織化を組み込んでいる。ここまでの段階を経ると，警察と住民はともに秩序維持の行動を遵守し，コミュニティ・ポリシング活動が結実した状態と

みなすことができよう。

コミュニティ・ポリシング活動の6つの構成要素は，図1-2で示した暴動ベクトルと連動している。諍いと憎悪犯罪に作用し，また小規模暴動の段階で食い止められることで，ヒンドゥーとムスリムの対立が解消されることは，多文化主義的な共生を意味する。

ここからは，主にアメリカ，東南アジア，インドの先行研究を通じて，本書におけるコミュニティ・ポリシング活動の6要素の定義を提示する。

a）監視・巡回

監視・巡回は，コミュニティ・ポリシング活動が展開される以前から警察が遂行してきた法執行活動のひとつである。巡回を行うことで，警察官の存在が可視化され，住民に広まった犯罪への恐怖心を軽減し，また住民の抱える日常的な問題を発露させる。この問題を把握した警察官が介入し，住民の生活改善を図ることで，警察不信の回復，警察と住民の信頼醸成につながる。従前より遂行してきた監視・巡回が，住民の生活改善と警察不信の回復にもつながるという点で，コミュニティ・ポリシング活動の根幹をなしていると言えよう。

アメリカ連邦司法省は，巡回を行う警察官が，住民と最も多く接触する機会を有することから，住民間の問題解決を担う仲介者として，その役割を重視してきた。しかも警察官が割り当てられた担当区域を巡回することで，住民との対話から生活状況を認識し，注意を払うようになるため，自ずと信頼関係を構築することになる。住民からの要望を把握し，対処方法を見いだすための機会を創出するとみなしていた［U. S. Department of Justice 1994: 14］。巡回の手段も，車両と徒歩でその効果に変化が生じてくる。マスカリーは住民が徒歩で巡回する警察官を目にすることで，その存在に安心するようになり，犯罪への恐怖を軽減させるに至ったと主張する。加えて，徒歩巡回の結果，犯罪発生の場所は転移し，かつその規模も縮小していたと指摘する［Maskaly 2013: 169-171］。徒歩は，車両と比べて監視範囲が限定的であるものの，担当区域を歩き回りながら住民と対面することで，彼らの抱える問題の把握を可能にし，犯罪への恐怖を減退させる。警察の可視化がより鮮明となって，犯罪規模の縮小につながっていると理解できよう。

本書は，警察と住民による共同の監視・徒歩巡回こそが，住民の抱える問題を解決して生活改善を図り，同時に暴動発生の予兆を察知し，警察不信の回復に寄与するとみなす。警察が従来の法執行活動で培ってきた手法を踏襲するため，コミュニティ・ポリシング活動の端緒として早期に展開できる一方で，住民への監視が強化されれば，逆に警察不信の高まりや社会統制を招きかねない点に留意しなければならないだろう。

　b）リーダーシップの存在（警察／住民）
　警察および住民のリーダーシップはコミュニティ・ポリシング活動を創設，展開する上で，不可欠な構成要素である。
　ゲイニーズ（Cody Gaines）は警察リーダーが人間性，技術的，概念的な手法を備え，コミュニティ・ポリシング活動の核となる必要があると主張する。ここで示された人間性の手法とは，良好な関係を核とした動機づけである。さらに，技術的な手法とは，警察当局での方針と手続き，住民の関係性と問題解決型のメカニズムを理解することを示す。そして，概念的な手法とは，責務を負った状況と領域を監視し，そこで発生する問題を理解し，効果的な解決策や対抗策を概念化するための指揮官の能力である。ゲイニーズは，これら3つの手法を会得した警察官が，問題解決に一定の見通しをつけ，住民からの通報に応じながら，自らも優れた情報発信源として機能することが求められると論じた［Gaines 2013: 364-365］。本書は，ゲイニーズの説明を首肯し，特に活動を創設する段階における警察リーダーの役割を重視している。したがって，コミュニティ・ポリシング活動を遂行する上で，警察リーダーには，第一に良好な関係を構築し，部下および住民にコミュニティ・ポリシング活動へ参画する動機づけを行うこと，第二に所属する警察組織での方針と手続きを踏みつつ，住民同士の関係性と住民の抱える問題の解決方法を理解すること，第三に自ら責務を負った域内において監視を行って，住民の抱える問題を理解し，効果的な解決策を実行すること，以上3つの能力が求められるとまとめることができよう。
　他方，すでにスコルニックとベイリー，ピークとグレンソールの先行研究で示されたように，住民のリーダーシップも欠かすことのできない要素と言える。1982年にテキサス州ヒューストンでアフリカ系アメリカ人として初めて警察

長（police chief）に任命されたブラウン（Lee P. Brown）は，住民のリーダーシップが発揮されることで，警察を信頼し，犯罪予防への責務の負担につながるとみなした。特に，住民リーダーが警察リーダーとともに住民の組織化に着手する段階から参画する必要性を主張した［Brown 1985: 73-75］。住民が主体的にコミュニティ・ポリシング活動への責務を警察と共有し，住民の組織化や計画立案の段階から参画することが肝要と導き出せよう。

c）住民の組織化

　住民の組織化は，コミュニティ・ポリシング活動の展開および拡充には不可欠である。しかも活動の持続には，限定的な住民リーダーのみならず，多様な背景を持った住民からの要望を組み込むことが望ましい。ブラウンはヒューストン警察当局で取り組んできた実践に基づいて，住民の組織化を図る上で，以下5つの段階を踏むことを提起した。第一に計画の着手以前に警察当局全体からの総意を得ること，第二に住民に関する情報を収集すること，第三に住民と警察とのオープンな交流の場を構築すること，第四に住民との協議によって彼らが抱える問題や地域内の無秩序なスポットを特定すること，第五に会合の場で意見の一致を図り，解決すべき問題を焦点化すること。ブラウンはこれら5段階を経ることで，住民の組織化が奏功すると主張した［Brown 1985: 79-82］。ブラウンの見解をまとめると，住民の組織化には当該地域の警察の総意を得た上で警察と住民による協議の場を設定し，情報共有と問題解決を図る段階を踏まえていくことが必要であると導ける。

　留意すべきは，住民のリーダーシップの下にどのように住民を組織化し，参画を図るのかという点である。警察と住民の関係に焦点を当てたレイス（Albert J. Reiss）は，コミュニティ・ポリシング活動における住民参画を持続していくことの難しさを指摘する。活動に参画してきた住民メンバーが転居や関心の欠如などの要因によって，必ずしも固定せず，流動的となってきたために，彼らから表出される要望も一貫しているわけではないという背景が存在する。ゆえに，警察側は住民をめぐる社会変化を理解し，その対処を講じる必要があると主張した［Reiss 1985: 64-69］。レイスは参画する住民が流動的であるために，彼らの抱える問題も変容していく点を考慮しながら，臨機応変に住民参画を促

していく必要性を論じた。当然のことながら，様々な事情を抱えた住民が常に類似した要望を表出するわけではないために，警察と住民が闊達に意見と情報を交換しうる定例会合の開催が有効となると導き出される。

d）生活改善

生活改善は，住民の抱える問題の解決を図って，犯罪の誘因や温床，凶悪化するのを防ぐことを目的としている。生活改善の必要性は，監視・巡回を通じて発露したり，会合での住民からの要望として表出される。生活改善を図るべき案件は国や地域ごとに異なるために包括的な捉え方はできないが，アメリカ連邦司法省は先述の『コミュニティ・ポリシング活動への理解』のなかで，巡回によって生活改善が図られるべき項目を例示している。具体的には，巡回を担当する警察官が営業許可時間外に酒を提供するクラブの存在と顧客のアルコール中毒が家庭内暴力を招いている状況を把握するようになる。そこで，警察官は行政機関や住民とともにクラブの閉店を模索していく。またアルコール中毒を抱える住民にはリハビリ・プログラムへの参加を促し，暴行を受ける被害者とその家族には支援組織との連携の下に保護シェルターを提供し，カウンセリングを行う。警察官は担当域内に居住する住民の生活改善のために，警察当局，支援組織，YWCA，軍事施設，訴追者の事務所，新聞社，病院，社会機関といった多様な機関と連携することが望ましい [U. S. Department of Justice 1994: 21-22]。監視・巡回によって違法営業を行う店舗を発見し，そこから飲酒問題と家庭内暴力を浮き彫りにした。この事例からは，家庭内暴力と飲酒問題という事案に対して，警察だけで解決を図らず，他機関からの支援を活用して，域内社会全体で住民の生活改善に取り組む道筋が示されている。アメリカ連邦司法省の指針は，世界的広がりを見せてきたコミュニティ・ポリシング活動の礎を構築しており，これを発展してインドのコミュニティ・ポリシング活動を分析することは有用と言えよう。

マデンセン（Tamara Madensen）は住民による監視・巡回がもたらす生活改善の効果を主張する。住民による巡回は，地域社会における犯罪への恐怖感を減退させ，潜在的な犯罪行為を抑止しうる可視化された存在となる。交通規制，不在確認，高齢者や障害者を対象とした福祉サービスの実態，企業活動の状況

を確認することが可能となる。また治安の悪化する地域では住民が集中的に巡回を行い，未成年者から指紋を集めることで，犯罪の抑止に帰結する。住民による巡回が警察官の負担を軽減し，法執行活動における責務の共有につながると捉えていた［Madensen 2013: 17］。マデンセンによると，警察のみの巡回と異なり，住民が生活する空間だからこそ，より綿密な状況確認が可能となり，犯罪の誘因を見つけ出すことにつながる。したがって，警察と住民が監視・巡回を担うことは，犯罪予防および生活改善を図る上で，多くの利点が見いだされる。加えて，インドでは多くの場合，コミュニティ・ポリシング活動が制度化されていない現状を踏まえると，生活改善が持続的な住民参画を促す動機づけとなるだろう。

e) 警察不信の回復

警察不信は監視・巡回を通じた生活改善によって，徐々に回復していくこととなる。ここでは，どのように住民が警察に不信を抱き，また警察が住民から信頼を得ていくのかという観点から，警察不信の回復という要素を考えてみたい。紛争管理の見地から信頼とその修復について論じたレビスキー（Roy J. Lewicki）によると，そもそも信頼とは言葉，行動，他者の決定に対する個人の信念およびそれらに基づいて行動する意志と定義できる。信頼が相手の意図を善意的に解釈して，相手の行為に沿うように行動しようという意志を暗示する。対する不信は相手への恐れ，その意図を悪意あるものへと解釈する傾向があり，相手の影響から自身を守りたいという欲求を暗示するという［レビスキー 2009: 85; 89-90］。この定義に基づくと，信頼とは他者に向けられる個人による善意的な解釈，信念および意志として見いだされる一方，不信は相手を恐れ，悪意的に解釈して，その相手からの自衛欲求を含むと理解できる。警察と住民との関係性にこの理解を当てはめると，警察不信とは住民が警察を恐れ，警察の言動を悪意に解釈して自衛を欲する状態と捉えることができる。その上で，警察不信の回復は，住民が警察を恐れず，その言動を善意に解釈して，密接な関係を構築しようと欲する状態と導き出すことができる。

ピークとグレンソールは警察不信が生じる背景として，アメリカの警察とマイノリティ・コミュニティに属する住民との関係を例に，警察が人種を根拠に

マイノリティに集中的に職務質問を行い，取り締まるという偏った法執行活動を指摘する［Peak and Glensor 2012: 199-221］。インドの文脈では，警察不信が生じる要因として，警察による住民への抑圧的な言動や，ヒンドゥーの警察官がムスリムへの差別や偏見を露わにした法執行活動，暴動時には過度の武力行使，不当逮捕，無差別発砲が挙げられよう。

f) 秩序維持の行動

　秩序維持の行動とは，コミュニティ・ポリシング活動をつうじて，住民が地域社会内での秩序を維持することを目的として取る行動である。翻ると，警察と住民リーダーが遂行してきたコミュニティ・ポリシング活動が域内で住民に受容されてきたか否かを示す指標となり，監視・巡回から警察不信の回復に至る構成要素の着到点とみなすことができる。インドの事例では，例えば強盗，放火，殺人といった犯罪に直面した場合に即座に警察に通報して凶悪化を防ごうとする行為，また憎悪を掻き立てることを意図して行われる扇動からの挑発を受けることなく，多文化主義的な共生を維持しようと努める行為を列挙できよう。秩序維持の行動に関する具体的な例は，本書第3章から第5章の実際の事例部分において検討する。

　ここでは，インドと同様に途上国であるタイの事例から，コミュニティ・ポリシング活動における秩序維持の行動への理解を深めたい。タイでは1997年から「警察とコミュニティおよび大衆関係の強化計画」（Police-Community and Mass Relation Program）の下，全国の警察署にコミュニティ・ポリシング担当課が設置されてきた。タイ政府はコミュニティ・ポリシング活動を通じて警察の法執行活動への協力と理解を得ることが，犯罪や社会問題を解決する上で重要な役割を果たすと捉え，推し進めてきた。具体的には，若者を対象とした教育や訓練，ボランティアによる広報・啓発活動が挙げられ，犯罪や薬物への警戒心の育成，交通法規や災害救助に関する知識を会得し，警察の法執行活動を理解することにつながるとみなされた［江原 1999: 135-146］。タイの事例では，犯罪予防を目的にコミュニティ・ポリシング活動の遂行に特化した部署が全国の警察署に設置され，主に教育，訓練や啓発活動を展開していた。住民は犯罪，薬物乱用の危険性，交通法規の遵守，災害救助の方法を学びながら，警察の法

執行活動に対する理解を深めてきた。タイ政府は教育訓練や啓発活動を中心としたコミュニティ・ポリシング活動を通じて住民の抱えてきた警察不信を払拭し，秩序維持の行動を遵守する重要性を訴えていた。

多文化主義的な共生の促進

インドの地域社会は，宗教，カースト，言語，民族の異なるコミュニティが混在する多文化社会である。したがって，コミュニティ・ポリシング活動は多文化主義に基づいて遂行されなければ，十分にその効果をもたらさないと言える。本書は，コミュニティ・ポリシング活動の構成6要素が機能することで，予防の効果を発揮し，多文化主義的な共生を促進しうるとみなしている。すでに序章で述べたように，本書で論じる多文化主義的な共生は，言語，宗教，民族の差異を超え，相互の文化的差異を認め，尊重する価値を示している。コミュニティ・ポリシング活動に参画する警察と住民が共有することで，信頼の醸成と活動の拡充に寄与すると捉えている。

センプリーニは，アメリカを事例に多文化主義をめぐる問題について，その歴史的背景と思想的な意味合いについての理解を提示した。センプリーニは，「真に」多文化的な空間として，様々な集団が承認とアイデンティティの要求に満足し，エスニシティの範疇を超えての集団的次元を存続しながら，平等な対話を通じて民主的な諸制度を存在させ続ける空間を定義した［センプリーニ 2003: 143］。センプリーニの定義を検討すると，真の意味での多文化主義的な共生とは，人種，宗教，言語，民族といった異なる集団間が相互に承認と要求を交わすことで，越境した集団的次元を存続させ，かつその集団の成員に対して，平等で民主的な諸制度が存在しうる社会での並存であると導き出すことができる。

ピークとグレンソールは，多文化社会におけるコミュニティ・ポリシング活動には，警察が文化的相違への理解や文化的役割を認識することが十分でなければ，むしろ警察と住民の諍いに帰結しかねないと説明する。したがって，多文化社会では相違を争点として捉えるのではなく，理解して適応するものとみなす人道的なアプローチが求められる。そのためには，警察は人種や文化に対する偏見に基づいた法執行活動を一掃し，特に憎悪犯罪を追及しなければなら

ないと主張する［Peak and Glensor 2012: 212; 219-220］。

　またシュスタらは多文化社会における文化，人種，エスニックの差異を理解し，偏向のない法執行活動のために，以下の9点にわたる提言を行った。1）多様な背景を持った住民と前向きかつ公平に接触すること，2）住民との面談は可能な限り強制的に行わないこと，3）地域社会の全ての構成員に客観的かつ公正に対処すること，4）住民の中には悪しき者も，良き者もいると理解すること，5）マイノリティ・コミュニティに属する住民と穏やかに接するように努力すること，6）他の警察官や住民と人種や民族について言及する際には不快感を露わにしたり，忌避してはならない，7）住民に警察官の役割と法執行に関する手続きを継続して伝えること，8）警察と住民の関係を改善する際には，警察官の人事異動も視野に入れること，9）警察は法執行の歴史を学び，自らの行動が適切に機能してきたか自問を続けること，以上9項目を挙げていた［Shusta et al. 2014: 36-37］。シュスタらの提言に基づくと，多文化主義的な共生の促進には，警察による住民へのアプローチが核になる。警察は平常時から前向きかつ公平に住民との接触を図り，特にマイノリティに属する住民と接する際には，公正な態度で臨み，明瞭に警察の責務を伝えることが求められる。そして，差別のない法執行活動に従事していく上で，法執行を担う組織の一員として，自らの職務と言動を自省し続けることが必要と論じていた。

　本書はコミュニティ・ポリシング活動の結実ののちに形成される多文化主義的な共生を，言語，宗教，民族の差異を乗り超え，相互の文化的差異を認めて尊重する価値であり，活動に参画する警察と住民が共有することで，信頼の醸成と活動の拡充に寄与するものであると考える。

第 2 章

インドの警察が抱える問題点

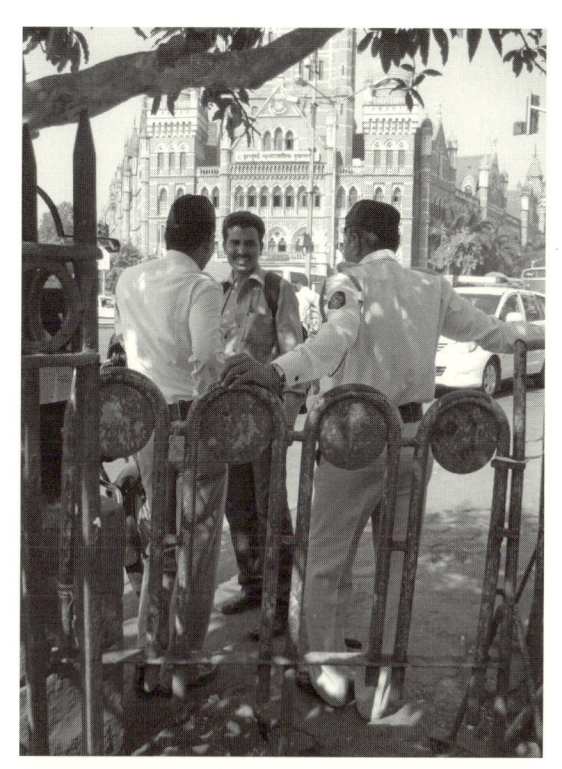

交通警察と言葉を交わす住民（2012 年 12 月 18 日，ムンバイー市フォート地区にて筆者撮影）

インド警察はヒンドゥーとムスリムの間の暴動を制圧し，また住民との協力の下にコミュニティ・ポリシング活動を遂行する上で，重要なアクターである。他方，ヒンドゥーの暴徒に加担して略奪や放火を繰り返し，ムスリム住民への不当逮捕および無差別発砲を行うなど，むしろ暴動を悪化，拡散させるアクターともなってきた。こうした機能不全に陥ってきた背景を理解するために，第2章ではインド警察の歴史と構造を分析し，警察行政が抱えてきた問題点を明らかにする。第1節では，創設から分離独立を経て，1950年1月に制定されたインド憲法下にその権限が規定される過程を概観する。第2節では，警察改革委員会の提言に基づいて，1861年インド警察法の法制上の問題，そしてヒンドゥーによる警察官の寡占という2つの構造的欠陥を指摘する。第3節では，ヒンドゥーの警察官がヒンドゥー住民に同調し，ムスリム住民に偏見を有してきた志向を指摘する。ヒンドゥーの警察官は，時にヒンドゥー・ナショナリズムからの影響を受け，ムスリムに対する差別を露わにして法執行活動を遂行してきた。第4節では，1970年代から連邦内務省が取り組んできた警察の構造改革が2000年代に入って新たに法案として策定されたことから，特にコミュニティ・ポリシング活動に関連する条項を検討する。

　第2章の目的は，植民地支配の遺産ともいうべき法制度を継承してきたインド警察の抱える抑圧的体質，構造的欠陥，機能不全という3つの問題点を検討する。その上で，旧来の警察による事後対応の法執行活動の限界とコミュニティ・ポリシング活動の意義を明示する。

第1節　インド警察の創設

　1857年に勃発したインド大反乱（Indian Rebellion of 1857）を受けて，1860年にイギリス植民地政府は自らの支配強化のためにインド警察を創設した。イギリスでは18世紀にはすでに警察を民主的な法執行活動を遂行する行政機関として位置づけていた。1829年にイギリス国務大臣のピール（Robert Peel）は産業革命の進展によって発言力を増す住民が貴族を中心とした為政階級への反発を表出することを回避するため，1829年に首都警察法（Metropolitan Police

Act）を制定した。この警察法に基づいた法執行活動を展開するために創設された	のが，ロンドン市首都警察（London Metropolitan Police Force）である。ピールは法秩序の維持のみならず，警察が住民の信頼と協力を得るために民主的な法執行活動を行う必要性を主張した［Mayor's Office for Policing and Crime；；Verma 2005: 5］。ロンドン市首都警察の警察活動はイギリス全土で採用されるようになって，警察の任務も交通整理，救急手当，消火活動，家出人捜索，屋台の開業やタクシーの認可手続き，家畜の疫病防止に及んでいた［Emsley 1991: 77-80; 吉田 2006: 149］。したがって，イギリスでは 19 世紀半ばの時点で，警察が交通，医療，消防，経済，衛生といった，いわばコミュニティ・ポリシング活動の祖型と言える住民サービスを提供していたわけである。

インド警察の起源は，1843 年にネイピア（Charles Napier）将軍が南西部シンド地方を併合後，[1] 王立アイルランド警察隊（Royal Irish Constabulary）をモデルとして，法と秩序の責務を遂行するために警察を創設したことに遡る。シンド州には 1 人の警視（Inspector of General of Police）が州行政の長として配置され，その下には 2,000 人の歩兵隊と騎兵隊が組織された［Verma 2005: 9-10］。シンド州の警察制度は，マドラス管区（Madras Presidency）とボンベイ管区（Bombay Presidency）にも踏襲され，次第に半独立状態にあった藩王国を除く英領インド全土に普及し，[2] これがインド警察の原型となった。イギリス植民地政府は支配の強化を目的としてインド警察を位置づけたため1861 年警察法には，監視や制圧といった治安維持活動に比重が置かれていた［Dhillon 2005: 40; Verma 2005: 10-11］。

イギリスはインド警察に軍隊的役割を担わせ，住民を抑圧し，管理する国家権力の末端組織として法制度化した。1861 年警察法には第 23 条の警察の任務として，犯罪の予防，公共秩序を乱す迷惑行為の取り締まり，被疑者の逮捕が

1　シンド（Sindh）州は，インダス川下流域，インド亜大陸の南西端の周辺に位置する。現在のパーキスターン南東部の州。州都カラーチーはパーキスターン経済の中枢となっている。インダス文明の故地として名高い［南アジアを知る事典：応地利明「シンド」の項：410 より筆者が抜粋］。

2　藩王国（Indian Princely States）は，植民地期にイギリスの宗主権の下，半独立した状態で存続を容認されていた領地で，1947 年の分離独立でインド，パーキスターンにそれぞれ併合された。ハイダラーバード藩王国は当時 600 近くあった藩王国のなかでも最大領土と権勢を誇り，藩王は併合に際して，強硬に反対したが 1948 年 9 月インド軍が侵攻して強制併合された。藩王国統合過程については，井坂理穂［1995］に詳しい。

明記されている。[3]インド警察に期待されていたのは，イギリスの支配を強化するための権威主義的な組織として，犯罪の予防と取り締まりを遂行することであった。

マハートマ・ガーンディー（Mahatma Gandhi）は，1930年から1933年にかけて自身が率いていた不服従運動への警察による度重なる武力制圧を目にし，植民地支配の象徴であり，抑圧的な存在として批判した［Arnold 1992: 43-44］。

1940年代以降，ムスリムによるパーキスターン要求を経て，国土の分割が不可避となると，各地でヒンドゥーとムスリムの間での暴動が頻発した。イギリス植民地政府はインド警察を展開して武力による制圧を試みたが，暴徒への不作為や現場からの逃走といった機能不全の状態に陥っていった［Godbole 2006: 83-88］。1947年8月15日にインドとパーキスターンは分離独立を果たしたが，インドでは植民地支配の下に制度化された1861年警察法が現行法として効力を有し，警察が抑圧的な体質を維持する所以となってきた。

独立後の1950年1月26日に施行されたインド憲法には，警察の権限が明記されている。憲法第246条「第1表連邦管轄事項」には州政府にインド警察の権限と裁量を委任および限定されること，第312条「全インド公務職」では連邦議会によって定めらえた職務を遂行するため，連邦内務省が採用するインド警察職を設置することが規定された。[4]かつて軍隊的役割を兼任していた警察は軍隊と別個の組織として再編された。また州政府が警察の権限を掌握しつつも，連邦政府の採用する国家公務員としてインド警察職が設置される体制に移行していった。

第2節　インド警察の構造的欠陥

独立後に再編されたインド警察には，組織の二重構造，抑圧的体質の根拠ともなってきた警察法，ヒンドゥーが寡占状態にある警察官の反ムスリム的な偏

3　1861年インド警察法「第23条 警察官の任務」（Duties of police-officers）. Ministry of Home Affairs, Government of India."The Police Act, 1861". n.d..

4　インド憲法第246条（80）「第1表連邦管轄事項」（Constitution of India Article 246（80））インド憲法第312条（2）インド公務職（Articile 312（2））. Ministry of Law and Justice, Governmnet of India."India Code, Constitute of India". n.d..

向という3点の構造的欠陥を見出すことができる。

（1）警察行政の二重構造——インド警察職と州警察

憲法下に再編されたインド警察は，連邦中央政府の管轄下にあるインド警察職と州政府管轄下にある州警察の二重構造を構築してきた。結果として，この二重構造が法執行活動の現場で警察官の間に少なからず溝を生み出し，コミュニティ・ポリシング活動の遂行に際して，障壁となってきた。

現行の警察行政は連邦内務省内の警察局（Police Division I，II）および警察の近代化部局（Police Modernisation Division）が担ってきた。警察局Iの役割はインド警察職の採用，訓練と任命である。警察局IIの役割は准軍隊の各部隊の採用，派遣，財政，管理である。警察の近代化部局は州警察の近代化，警察改革を担っている[5]。

インド警察職は連邦中央政府が実施する選抜試験の合格が必要であり，キャリアとして連邦と州警察の主要な上位ポストを占める。インド警察職の下位に置かれる州警察（state police）は州政府が独自に採用する。インド警察職はエリート集団として各州に配置され，そのキャリアも副警視（Assistant Superintendent of Police）から昇進し，州警察長官が頂点である。

連邦制であるインドの行政権限は県（District），人口100万人以上の都市自治体（Municipal Corporation），そして州に分けられる[6]。

インド警察職が県に配置された場合には警視（Superintendent of Police）が，都市自治体では市警察長官（Commissioner of Police）がそれぞれ行政区分における警察組織の長としての権限を掌握する［Commonwealth Human Rights Initiative 2002: 8-14; 31］。

図2-1「県および都市におけるインド警察の組織階層」は，マハーラーシュトラ州警察の組織構造に基づいて，インド警察職と州警察の職位を図示したも

---

5 Ministry of Home Affairs, Government of India."Divisions of Ministry of Home Affairs". n.d..

6 都市自治体とはインド憲法第243条Q（c)項「自治都市の構成」に定められる人口100万人以上の大都市圏の自治体である。都市自治体は独立財源を有し，その役割は道路整備，上下水道整備，路上清掃，病院施設および学校施設の拡充，出生・死亡の管理，路上の命名，消防・救急サービス，庭園および建築物の管理に及ぶ［孝忠・浅野 2006: 161-162; Nations Root. "Municipal Corporation in India". n.d.］。

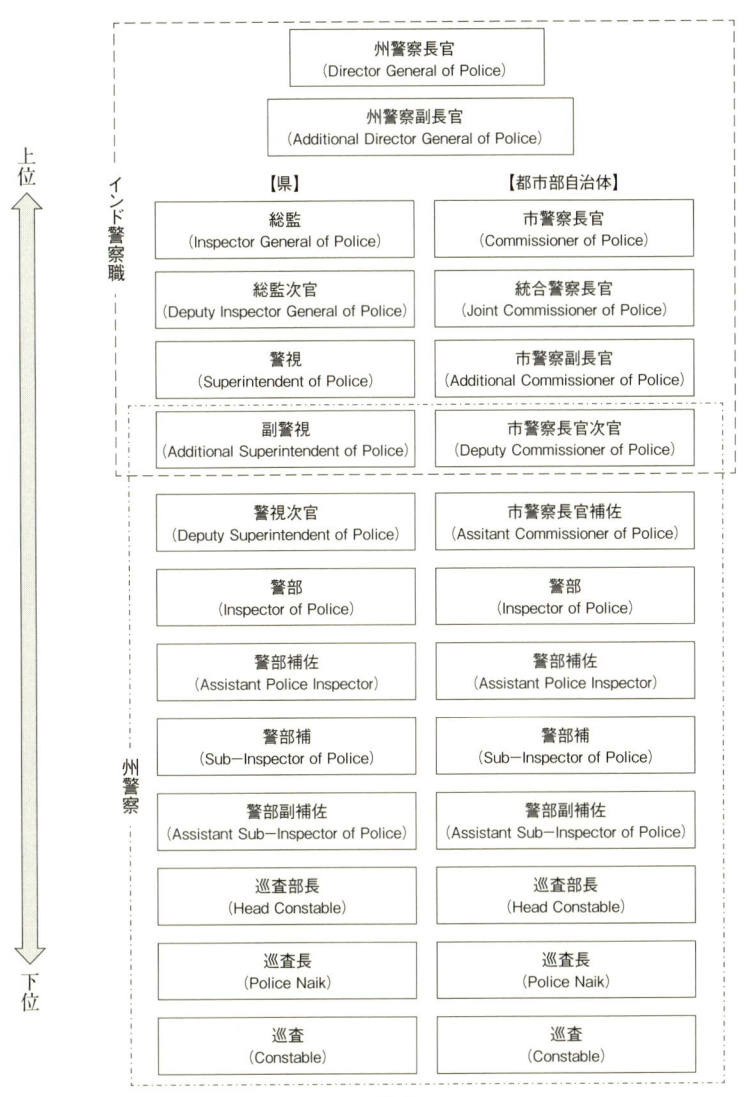

図2-1 県および都市におけるインド警察の組織階層

出典）［A Website of Maharashtra State Police."Organization Chart of Maharashtra State Police" n.d.; Mumbai Police."Organization"n.d.; Raghavan 1999: 49; 栗生 1994］をもとに筆者作成。

のである。州によっては職名が異なったり，細分化している場合もあるが，州警察行政を統括する州警察長官を頂点に，都市自治体および県に分かれていることが分かる。

　全国に配置された警察官の人数は 2010 年時点で，インド警察職が 4,720 人[7]，全 24 州と連邦中央直轄領内で採用された州警察は 206 万 4,370 人に及んでいた ［Bureau of Police Research & Development 2012: 22］。

　この二重構造が警察行政の分権化をもたらしてきた反面，インド警察職と州警察の関係が必ずしも良好ではない場合，法執行活動に弊害を生じさせてきた。連邦直轄領デリー市やマハーラーシュトラ州ビワンディー市で遂行されたコミュニティ・ポリシング活動では，インド警察職が活動の展開を提唱した際にも州警察が難色を示したり，創設者のインド警察職が転任後には州警察の関心が希薄となった状況を確認できる。インド警察職が連邦内務省の推奨するコミュニティ・ポリシング活動に着手しようと試行しても，現場の州警察が遂行に賛同し，迅速に展開するとは限らないのである。

（2）1861 年インド警察法──警察改革に向けた動き

　1861 年警察法は 150 余年にわたってインド警察を規定する法的効力を有している。独立後の 1950 年代にはボンベイ州（現マハーラーシュトラ州とグジャラート州）で，また 1970 年代には連邦直轄領デリーで，独自の警察法が制定されたものの，その内容は 1861 年警察法を踏襲したものである[8]。植民地支配体制を維持する上で制定された 1861 年警察法が，独立後もインド警察の組織と行動を規定してきたことは，警察による住民への抑圧的な対応や安直な武力行使を肯定してきた。

　ここでは連邦内務省が 1979 年から 2000 年まで設置した 3 つの警察改革委員会によって提出された報告書を検討することで，現行の警察組織が抱える問題

7　Ministry of Home Affairs, Government of India."Indian Police Service"．　n.d..

8　マハーラーシュトラ州は，隣接するグジャラート州とともにボンベイ州を構成しており，「1951 年ボンベイ警察法」（Bombay Police Act 1951）を制定した。1960 年 5 月に言語に基づいた州再編により，マハーラーシュトラ州とグジャラート州として再編された。グジャラート州では「2007 年グジャラート警察法」（Gujarat Police Act,2007）として修正された。連邦直轄領デリーでは，「1978 年デリー警察法」が制定された ［Commonwealth Human Rights Initiative 2001b］。

表 2-1　警察改革委員会による提言内容（1979 ～ 2000 年）

提出年月	報告書タイトル	主な提言内容
1979 年 2 月	国家警察委員会第 1 次報告書	警察組織は勾留中の暴行や警察による住民への発砲など対応について寄せられる苦情を精査し，法執行活動の改善に取り組むべきである。
1979 年 8 月	国家警察委員会第 2 次報告書	警察とは政府から発せられた指示に従い，住民に公平な行政サービスを行う法執行機関である。他機関との協力による予防的な巡回を推奨する。
1980 年 1 月	国家警察委員会第 3 次報告書	警察はマイノリティ住民を保護し，公正に対応にあたりながら，公共の秩序維持に従事すべきである。
1980 年 6 月	国家警察委員会第 4 次報告書	第一報告書の作成。証人証言の記録。盗難品の所有者への返還。勾留中の被疑者への虐待の禁止。
1980 年 11 月	国家警察委員会第 5 次報告書	県行政と警察組織の分権化。住民の犯罪被害救済を目的とした職務規定の改善。女性警察官の積極採用。
1981 年 3 月	国家警察委員会第 6 次報告書	都市部における 50 万人ごとの市警察長官管轄区の設定。州政府および警察による事件の捜査および被疑者起訴の徹底。多様な社会階層を反映した警察官の採用。
1981 年 5 月	国家警察委員会第 7 次報告書	150 キロごとの警察署の設置。都市部での住民 6 万人ごと警察署の設置。州武装警察部隊の創設。警察への助言と監視を行う中央警察委員会の設置。
1981 年 5 月	国家警察委員会第 8 次報告書	住民への説明責任の完遂。法の支配と秩序維持の行動を促進し，住民に公正なサービスを提供すること。
1998 年 10 月	リベイロ委員会第 1 次報告書	警察の法執行活動と説明責任を審査する州治安委員会および苦情受付部局の設置。警察による入念な捜査の徹底。
1999 年 3 月	リベイロ委員会第 2 次報告書	1861 年インド警察法の改正，捜査と法執行の担当部局の分業化，警察の行動を改善するための訓練施設の拡充。
2000 年 8 月	パドマナバーイー報告書	巡査から警部補までの若年層の採用枠拡大，警察の訓練を監査する評議会と犯罪予防局の設置，コミュニティ・ポリシング活動に関するハンドブック作成，訓練，予算策定。

出典）［Commonwealth Human Rights Initiative 2007］より筆者作成。

点を確認する。

　表 2-1「警察改革委員会による提言内容」（1979 ～ 2000 年）は，3 つの警察改革委員会が提出した 11 件の報告書のうち，警察による行政サービスと犯罪予防にかかわる項目をまとめたものである。それぞれの報告書の要点は，民間調査機関コモンウェルス・ヒューマンライツ・イニシアティヴ（Commonwealth Human Rights Initiative: 以下「CHRI」と略する）が刊行した『インドにおける

警察改革の議論』(Police reform debates in India)に基づいている。ニューデリーに本部を構える CHRI はインドの警察改革をめぐって複数回のワークショップを開催し，警察法案への提言を公表するなど長期的に注力してきたこともあり，分析上有用である。

1979 年から 1981 年まで 3 年間にわたって集中的に 8 件の報告書を提出した国家警察委員会（National Police Commission）の提言内容は，メンバーが元州知事，元判事，国境警備隊の元長官，中央予備警察隊の元長官，研究者，中央捜査部局局長であったため，1861 年警察法の改正に加え，警察の任務や法執行活動，組織改編，採用システムまで多岐にわたるものであった。

1979 年 2 月に提出された第 1 次報告書では，警察による発砲など法執行活動時の過度の武力行使，勾留中の容疑者への暴行などの対応を問題視している。続く 1979 年 8 月の第 2 次報告書では，犯罪予防と住民サービスを提供する旨を提言した。具体的には，抑圧的な対応の改善として，予防的な巡回と他機関との協力を推奨し，住民寄りの法執行活動への移行を提言した。合わせて，警察官による勾留中の容疑者への暴行を防ぐために，刑事司法手続きにおける住民の権利への説明責任を果たし，メディアを介した権利の普及も提言していた。第 2 次報告書で判明するように，連邦内務省は少なくとも 1979 年時点で犯罪予防を重視し，コミュニティ・ポリシング活動の着手を思案していたわけである。

第 3 次報告書では，ヒンドゥーの寡占状態にある警察官がヒンドゥー以外の住民には粗雑で暴力的になりがちな対応を問題視している。警察はマイノリティ・グループに属する住民を保護し，専ら公共の秩序維持に従事すべきであると提言した。

第 4 次報告書で主眼に置かれたのは，捜査方法の改善である。通報後に作成する第一報報告書（First Information Report）と証人証言記録の保管，盗難品の所有者への返還，勾留中の被疑者への虐待禁止を挙げた。

第 5 次報告書では，第 2 次報告書ですでに取り上げられた警察の抑圧的な対応の改善が再び強調された。また県行政長官が県警察の法執行活動に介入する事案が散見されたため，両者の分権化と，犯罪被害者の救済と女性の支援に向けた女性警察官の積極採用が挙げられた。

第 6 次報告書では，州政府による時機に応じた捜査への介入，宗教や民族を

考慮した警察官の採用システムの導入が提示された。従来，事件発生時には警察が捜査，被疑者の特定と起訴までの一連の法執行過程を遂行することが通例となっている。しかし，迅速に進行することなく，放置する事例が散見されたため，州政府が州警察に迅速な法執行を勧告することを求めた。また，宗教，言語，民族といったインド固有の多様な社会構成を考慮した採用システムへの移行を訴えた。

国家警察委員会は都市化と人口増加に伴った犯罪発生に着目し，1981年5月に提出された第7次報告書では警察署の増設を勧めている。具体的には150キロごとに警察署を設置し，かつ都市部では6万人ごとの警察署の設置が挙げられた。また人口増加による治安悪化に際して，州政府の管轄下で新たな治安維持組織として州武装警察部隊（Provincial Armed Constabulary）の創設を求めた[9]。

最終報告となった第8次報告書では，これまで7度にわたって訴えてきたインド警察法の改正と法執行活動の改善を求める内容が繰り返された。過度な武力行使からの脱却を図ること，住民に公正な行政サービスを提供すること，法の支配と秩序維持の行動に基づいて法執行活動を展開すること，法執行活動における説明責任を自覚することを強調した。

国家警察委員会は2年間にわたって集中的に8度の報告書を刊行して，警察の制度改革を訴えたが，警察法の改正は棚上げとなり，警察による住民への抑圧的な対応，ヒンドゥー警察官の寡占といった問題は残存していた。

そこで，連邦内務省は1998年にリベイロ委員会（Ribeiro Committee）を設置して，再び警察の制度改革を志向した。委員長のジュリオ・リベイロ（Julio Ribeiro）は，マハーラーシュトラ州ムンバイー市でモハッラー・コミッティ・ムーブメント・トラストを創設した警察リーダーの1人である[10]。リベイロが

9　州武装警察隊は，ウッタル・プラデーシュ州，マディヤ・プラデーシュ州，ビハール州，ケーララ州，オリッサ州，パンジャーブ州，ラージャスターン州，西ベンガル州，ミゾラム州に設置されている。その役割は宗教コミュニティ間，宗派間，カースト間および土地所有をめぐる騒乱への対応，反テロリスト掃討作戦，要人警護，洪水・地震・事故といった災害時の救援が挙げられる［Uttar Pradesh Stae Police."Provincial Armed Constabulary". n.d.]。

10　リベイロは1953年にインド警察職に採用された後，1982〜85年にムンバイー市警察長官を，1985〜86年にグジャラート州警察長官を，そして1986〜88年にパンジャーブ州警察長官を歴任した。インド警察職を退職後，1989〜93年まで在ルーマニア大使を務めた。1991年8月，首都ブカレストで2人のスィク過激派による暗殺未遂事件で軽傷を負った［Ribeiro 1998］。

委員長となったことは，コミュニティ・ポリシング活動で培った経験に基づき，法制度と警察行政の改革に乗り出したと言える。

リベイロ委員会は，第1次報告書で州ごとに警察の法執行活動と説明責任を審査することを目的とした治安委員会を設置し，さらに県ごとには住民から寄せられる苦情を受け付ける部局を設置することを提言した。警察による事件捜査期間を最低5年に設定することで，入念な事件捜査に取り組むことも付加された。翌1999年3月に提出された第2次報告書では，警察組織内で事件捜査と法執行を分担して業務の効率化を図ること，法執行活動の改善を目的とした警察の訓練施設の拡充を求めていた。

リベイロ委員会の提言を引き継ぎ，翌2000年に設置されたパドマナバーイー委員会（Padmanabhaiah Committee）も報告書を提出している。過去の委員会と異なり，パドマナバーイー委員会はコミュニティ・ポリシング活動を提言に盛り込んだという点で独自である。パドマナバーイー委員会のメンバーはいずれも退職したインド警察職出身であったため，インド警察法改正だけでなく，若い世代を警察官に採用すること，犯罪予防の取り組みや訓練施設の拡充など，具体的な改革案を提示している。注目すべきは，県ごとに犯罪予防局を設置して，連邦中央政府が主導したコミュニティ・ポリシング活動の遂行を訴えた点である。報告書では，連邦中央政府にハンドブックの作成，活動に従事する警察官への訓練，活動に特化した予算策定を求めており，コミュニティ・ポリシング活動の制度化が明示されている。

1979年から2000年まで断続的に提出されてきた3つの改革委員会による提言内容は，2006年10月に設置された警察法草案委員会（Police Act Drafting Committee），いわゆるソラブジー（Sorabjee）委員会の2006年警察法案として統合された。2006年警察法案の内容は，第2章第4節にて後述する。

(3) ヒンドゥーの警察官の寡占

ヒンドゥーが警察官を寡占してきたという状況は，ヒンドゥーの暴徒への不作為や加担につながり，法執行活動の機能不全をもたらしてきた。ここでは，警察官をヒンドゥーが多くを占めてきた状況を確認するため，連邦内務省管轄下の国家犯罪統計局（National Crime Records Bureau）による年次報告書『イ

ンドにおける犯罪』（*Crime in India*）で公表されているムスリム警察官数を分析する。国家犯罪統計局は，1953 年から全国の州および県ごとに犯罪や警察に関するデータを集計してきた。1953 年から最新 2012 年までの年次報告書が公式ウェブサイト上で公開されており，刑法犯罪や警察の動態に関して長期的に分析することが可能である。情報公開を求める趨勢に伴って，1999 年から警察官の構成に関するデータに「警察部隊における指定カースト，指定部族，ムスリムの警察官数」（"Representation Of SCs/STs And Muslims In Police Force"）（原文まま）が加わり，マイノリティ・コミュニティに属する警察官数を公表してきた。[11] なお，ムスリムとともにマイノリティに挙げられている指定カーストおよび指定部族は，インド憲法第 46 条で教育的経済的な利益の促進を図ることが定められたコミュニティである。[12] 2011 年センサスでは，全国平均で指定カーストは 16.6 ％を，指定部族は 8.6％をそれぞれ占めている。[13] 人口比に応じた議会議席の割り当て，高等教育の入学枠，公務員を含む公的雇用において留保が講じられており，警察官の構成でも全国平均で指定カースト出身の警察官は 13.7％，指定部族出身は 10.0％を占め，それぞれ人口割合を反映して採用されていた。[14]

　表 2-2 の「2001 年および 2011 年のムスリムの警察官数と人口の比較」は，各州および連邦直轄領における 2001 年と 2011 年のムスリム警察官数とムスリム人口を比較している。ムスリム警察官数と割合は，ヒンドゥー，クリスチャン，指定カースト，指定部族が含まれる「全警察官数」（"TOTAL"）に占める数値から算出した。表 2-2 からは過去 10 年間での州と連邦直轄領のムスリムの警察官数と人口の変遷を把握できる。

11　国家犯罪統計局のウェブサイト上では 1998 年の当該データが全て欠落しているため，正確には 1998 年度ないし翌 99 年度から公表とみなすことが妥当だろう。2015 年 11 月，国家犯罪統計局局長のクマール（Akhilesh Kumar）は警察官の構成とその採用は行政上の事案であり，犯罪記録とは別個であると言及して，2013 年度以降のムスリム警察官数のデータ公表を行わないことを発表した。留保措置の対象である指定カーストおよび指定部族の警察官のデータは今後も公開される方針である［Sheikh 2015］。

12　Article 46: Promotion of educational and economic interests of Scheduled Castes, Scheduled Tribes and other weaker sections). Governmnet of India."India Code, Constitute of India". n.d..

13　［南アジアを知る事典 2012: 押川文子「留保制度」の項 : 848-849］。

14　［National Crime Records Bureau. *Crime in India 2011*（電子版)."TABLE 17.12 Representation Of SCs/STs And Muslims In Police Force During 2011". 2011］より筆者が算出。

表 2-2 2001 年および 2011 年のムスリム警察官数と人口の比較

州および連邦直轄領	2001 年 警察官 （人）	2001 年 ムスリム 警察官 （人） （%）	2001 年 ムスリム 人口 （人） （%）	2011 年 警察官 （人）	2011 年 ムスリム 警察官 （人） （%）	2011 年 ムスリム 人口 （人） （%）
アーンドラ・プラデーシュ	77,486	9,610 (12.4)	6,986,856 (9.16)	89,404	8,933 (9.99)	8,082,412 (9.55)
アルナチャル・プラデーシュ	5,398	63 (1.17)	20,675 (1.88)	7,455	85 (1.14)	27,045 (1.95)
アッサム	53,345	8,061 (15.1)	8,240,611 (30.9)	54,069	2,284 (4.22)	10,679,345 (34.2)
ビハール	45,404	3,186 (7.01)	13,722,048 (16.5)	67,546	3,084 (4.7)	17,557,809 (16.9)
チャッティースガル	12,212	1,133 (9.28)	409,615 (1.96)	31,100	405 (0.92)	514,998 (2.01)
ゴア	3,657	67 (1.83)	92,210 (6.84)	5,399	98 (1.82)	121,564 (8.33)
グジャラート	60,338	3,813 (6.31)	4,592,854 (9.06)	71,670	3,087 (4.31)	5,846,761 (9.67)
ハリヤーナー	31,807	837 (2.63)	1,222,916 (5.78)	50,365	415 (0.82)	1,781,342 (7.02)
ヒマチャル・プラデーシュ	12,130	188 (1.55)	119,512 (1.96)	14,634	191 (1.31)	149,881 (2.18)
ジャンムー・カシュミール	59,037	32,588 (55.2)	6,793,240 (66.9)	76,805	46,250 (60.2)	8,567,485 (68.3)
ジャールカンド	不明	不明	3,731,308 (13.8)	55,147	2,355 (4.27)	4,793,994 (14.53)
カルナータカ	50,374	4,195 (8.32)	6,463,127 (12.2)	74,699	4,796 (6.42)	7,893,065 (12.91)
ケーララ	43,512	4,898 (11.2)	7,863,842 (24.6)	45,003	3,567 (7.92)	8,873,472 (26.56)
マディヤ・プラデーシュ	97,303	3,090 (3.18)	3,841,449 (6.36)	72,505	2,583 (3.56)	4,774,695 (6.57)
マハーラーシュトラ	131,461	6,482 (4.93)	10,270,485 (10.6)	182,971	1,945 (1.06)	12,971,152 (11.54)
マニプル	14,547	1,420 (9.8)	190,939 (8.81)	23,861	2,575 (10.8)	239,836 (8.39)
メガラヤ	8,444	78 (0.92)	99,169 (4.27)	11,300	143 (1.27)	130,399 (4.39)

ミゾラム	不明	不明	10,099 (1.13)	10,861	42 (0.39)	14,832 (1.35)
ナガランド	11,583	84 (0.73)	35,005 (1.75)	10,003	110 (1.09)	48,963 (2.47)
オリッサ （オディーシャ）	34,886	567 (1.63)	761,985 (2.07)	45,976	915 (1.99)	911,670 (2.17)
パンジャーブ	0	0	382,045 (1.56)	67,106	263 (0.39)	535,489 (1.93)
ラージャスターン	63,387	2,311 (3.65)	4,788,227 (8.47)	76,356	954 (1.25)	6,215,377 (9.06)
シッキム	4,050	3 (0.07)	7,693 (1.42)	4,450	3 (0.07)	9,867 (1.61)
タミル・ナードゥ	80,245	4,180 (5.21)	3,470,647 (5.56)	95,745	3,061 (3.19)	4,229,479 (5.86)
トリプラ	14,891	2,000 (13.4)	254,442 (7.95)	24,259	1,024 (4.22)	316,042 (8.60)
ウッタラカンド	12,197	348 (2.85)	1,012,141 (11.9)	18,445	406 (2.20)	1,406,825 (13.94)
ウッタル・ プラデーシュ	156,233	6,663 (4.26)	30,740,158 (18.4)	187,425	9,166 (4.89)	38,483,967 (19.26)
西ベンガル	83,466	6,099 (7.31)	20,240,543 (25.2)	83,914	7,677 (9.15)	24,654,825 (27.01)
連邦直轄領アンダマン・ニコバル諸島	2,792	265 (9.49)	29,265 (8.21)	4,043	355 (8.78)	32,413 (8.50)
連邦直轄領チャンディガール	4,002	12 (0.29)	35,548 (3.94)	6,156	20 (0.32)	51,447 (4.87)
連邦直轄領ダドラ及びナガル・ハヴェリ	232	3 (1.29)	6,524 (2.95)	306	4 (1.31)	12,922 (3.75)
連邦直轄領ダマン及びディウ	不明	不明	12,281 (7.76)	351	8 (2.28)	19,277 (7.92)
連邦直轄領デリー	56,450	1,251 (2.22)	1,623,520 (11.7)	75,117	1,521 (2.02)	2,158,684 (12.85)
連邦直轄領ラクシャディープ諸島	324	3 (0.93)	57,903 (95.4)	422	3 (0.71)	62,268 (96.57)
連邦直轄領ポンディシェリー	1,604	47 (2.93)	59,358 (6.09)	2,276	61 (0.26)	75,556 (6.05)
計	1,233,157	103,554 (8.39)	138,188,240 (13.4)	1,660,151	108,389 (6.53)	172,245,158 (14.23)

出典）［National Crime Records Bureau 2001; Census of India 2001; National Crime Records Bureau 2011; Census of India 2011］より作成。

注）名称の統一のため，再編された州および連邦直轄領も 2001 年時点の行政区分を用いている。

表 2-2 を検討すると，全国規模でムスリムの警察官の比率が少ないという状況が確認できる。2001 年時点でのムスリム人口は 1 億 3,818 万 8,240 人で 13.4％を占め，また 2011 年になると 1 億 7,224 万 5,158 人で全人口の 14.2％と増加傾向にあった。一方，全国に配置されたムスリム警察官数は 2001 年には 10 万 3,554 人であり，全警察官の 8.39％に過ぎない。同様に 2011 年時点でも，ムスリムの警察官数は 10 万 8,389 人，6.53％で減少している。ここにムスリムの警察官数が人口比に見合っていないという状況が浮き彫りになる。

　州ごとの状況についても確認しておきたい。ムスリムが多く居住する州でも，ムスリムの警察官数は寡少という状況が見いだされる。2011 年センサスでムスリム人口が 2 割以上を占めたのは，ジャンムー・カシュミール州（68.3％），アッサム州（34.2％），西ベンガル州（27.0％），ケーララ州（26.6％）である。2011 年時点でのこれら 4 州のムスリム警察官の割合を見ると，最も高かったのはジャンムー・カシュミール州の 60.2％で，ムスリム警察官が人口比に見合った形で採用，配置されていたことが分かる。他方，人口に対してムスリムの警察官の割合が低かったのは，アッサム州の 4.22％，ケーララ州の 7.92％，そして西ベンガル州の 9.15％である。なかでも，ムスリムの警察官の採用が明らかに減少していたのはアッサム州である。ムスリムの警察官は 2001 年時点では 8,061 人で 15.1％を占めていたが，2011 年になると 2,284 人で 4.22％まで急激に減少していた。2011 年のアッサム州の全警察官数は 2001 年から 2011 年にかけては 724 人の増加が見られたため，ムスリムの警察官の採用数が著しく減少していたことになる。

　例外的にムスリムの警察官の割合が高い州も存在している。マニプル州とアーンドラ・プラデーシュ州のムスリムの警察官の割合は，いずれも 2011 年センサスでのムスリム人口比を超過していたことから，これらの地域では州政府がムスリムの採用枠を留保するなど，何らかの対策を講じていた蓋然性がある。

　それでは，第 1 章で先述した暴動州では，どのような傾向が見出されるだろうか。2011 年センサスでのムスリム人口はグジャラート州 9.67％，マハーラーシュトラ州 11.54％，ウッタル・プラデーシュ州 19.26％であった。2011 年のムスリムの警察官の割合は，グジャラート州が 4.31％，マハーラーシュトラ州

表 2-3　マハーラーシュトラ州におけるインド警察職および州警察の構成（2002 年）

職位	警察官数	ヒンドゥー	指定カースト	指定部族	クリスチャン	ムスリム	女性
警視以上の インド警察職	284	192 (67.6%)	56 (19.7%)	21 (7.3%)	3 (1.0%)	6 (2.1%)	6 (2.1%)
警視次官	652	438 (67.2%)	125 (19.1%)	59 (9.0%)	1 (0.1%)	14 (2.1%)	15 (2.3%)
警部	2,702	2,032 (75.2%)	353 (13.0%)	190 (7.0%)	16 (0.5%)	97 (3.5%)	14 (0.5%)
警部補佐	2,030	1,525 (75.1%)	233 (11.4%)	117 (5.7%)	9 (0.4%)	97 (4.7%)	49 (2.4%)
警部補	6,509	5,016 (77.1%)	727 (11.1%)	313 (4.8%)	24 (0.3%)	218 (3.3%)	211 (3.2%)
警部副補佐	13,740	10,274 (74.8%)	1,798 (13.0 %)	964 (7.0%)	68 (0.4%)	523 (3.8%)	113 (0.8%)
巡査部長	32,572	25,444 (78.1%)	3,541 (10.8%)	1,847 (5.6%)	195 (0.5%)	1,287 (3.9%)	258 (0.7%)
巡査長	22,643	17,156 (75.8%)	2,587 (11.4%)	1,536 (6.7%)	152 (0.6%)	993 (4.3%)	219 (0.9%)
巡査	69,007	48,459 (70.2%)	8,112 (11.7%)	6,397 (9.2%)	450 (0.6%)	2,523 (3.6%)	3,066 (4.4%)
計	150,139	110,536 (73.6%)	17,532 (11.6%)	11,444 (7.6%)	918 (0.6%)	5,758 (3.8%)	3,951 (2.6%)

出典）［Khalidi 2003：86；栗生 1994］より作成。

　が 1.06％，ウッタル・プラデーシュ州は 4.89％である。ムスリム人口比での警察官の数がきわめて低い状況，つまり本書の論じてきた警察官におけるヒンドゥーの寡占状態が，暴徒への加担や不作為，暴動の頻発に影響を及ぼすとの議論に妥当性があることが確認できる。

　さらに，マハーラーシュトラ州の事例から，職位に占める割合でもムスリムの警察官が寡少という状況を検討しておく。インド警察職と州警察の出身に関するデータは，一般的には非公開で，入手困難である。そこで，マハーラーシュトラ州内務省が保管していた州警察の内部資料を入手し，また 2002 年 8 月に聞き取り調査を行ったハリディ（Omar Khalidi）の研究を活用する。なお，2001 年の国家犯罪統計局のデータを用いた表 2-2 の数値とは誤差があるものの，職位ごとに細分化されていることから，警察組織の実態を把握する上で有用である。表 2-3 の「マハーラーシュトラ州におけるインド警察職および州警察の構成（2002 年）」では，警視以上のインド警察職，副警視／警視補，そして州警察採用の警部から巡査にいたる職位ごとに，ヒンドゥー，指定カースト，

指定部族，クリスチャン，ムスリム，女性の占める人数と割合をまとめている。先述のように，警視以上は連邦採用のインド警察職に属し，警部以下は州政府採用の州警察に属している。

　まず確認できるのは全警察官 150,139 人のうち，ヒンドゥーの警察官が 73.6％を占め，指定カーストは 11.6％で，指定部族は 7.6％を占めていた点である。このヒンドゥーが寡占状態にあり，かつ指定カーストと指定部族が留保措置に従って採用されていたという結果は，先に検討した表 2-2 と同様の結果である。ヒンドゥー以外のインド警察職と州警察の割合は，ムスリムが 3.8％で，女性が 2.6％であり，クリスチャンが 0.6％であった。2001 年時点でのムスリム人口は 1,027 万 485 人で 10.6％を占めており，州政府が州警察の採用と異動を担ってきたため，その時々の州政権の意向が警察人事に反映されることは必然である。翻ると，州警察は州，県，市のレベルにおいて常に州政治の影響を受けており，ヒンドゥー・ナショナリスト政党が政権を掌握した場合には，それに同調していく。ゆえに反ムスリムという偏見を持ったヒンドゥーの警察官による暴徒への不作為，加担といった機能不全の状態を生み出す要因にもなりうるわけである。

　ラーイは，アメリカやイギリスでアフリカ系，アジア系，アイルランド系といったマイノリティに属するコミュニティの採用を増加したところ，警察官によるマイノリティ住民への対応が改善した例を挙げる。インドでも同様にムスリム，クリスチャン，スィクの採用枠を 10％まで増加させることで，異なる宗教に属する警察官が同じ宿舎で過ごし，任務を遂行するなかで，徐々に偏見を払拭し，団結できると提言した［Rai 2008: 134-135］。

　ムスリムの警察官の寡少という状況について，リベイロは州の公用語をめぐる課題を挙げる。例えば，マハーラーシュトラ州では住民の多数派を占めるのは，マラーティー語話者のヒンドゥーであり，警察官は彼らとコミュニケーションを図ることが必須となる。ウルドゥー語を学んできたムスリムにとって，マラーティー語の採用試験に合格することは容易ではなく，採用されにくいとみなしていた。一方，ハリディはマハーラーシュトラ州でクリスチャンの警察官が占める割合は 0.6％であったが，実はインド警察職のリベイロ，アルメイダ（H.C. Almeida），ロボ（John Lobo），メンドンサ（Ronnie H. Mendonca）といっ

た名高い警察官がムンバイー市警察長官を歴任してきたことに注目する。数として少ないものの，クリスチャンがインド警察職の要職を務めてきたことから，彼らの教育レベルの高さが反映されていると指摘した［Khalidi 2003: 85-87］。

筆者は，2010年4月にムンバイー市警察長官シヴァナンダーン（Dhanushyakodi Sivanandhan）にムスリムの警察官の寡少について聞き取りを行った。シヴァナンダーンは2010年6月から翌年2月までマハーラーシュトラ州警察長官に昇進したため，彼の発言を州警察組織をまとめる長としての見解とみなすことができる。シヴァナンダーンもムスリムの教育レベルの低さとマラーティー語習得の難しさを指摘した。その上でムスリムを積極的に採用していきたいとの意欲をにじませていたが，[15] 州警察長官の任期中に採用枠の拡大や増員に着手する動きは見られなかった。

確かに言語習得の障壁は高く，ムスリムの学習意欲の低さがヒンドゥーの寡占の根拠とみなす向きもあるかもしれない。だが，前述のように警察の採用と人事には州政府の意向が強く反映されており，必ずしもムスリムの意欲の低さに依るわけではない。例えば，グジャラート州では1998年3月に発足したインド人民党のケシュバーイ・パテール（Keshubhai Patel）州政権以降，州内に配置されたインド警察職のうち，市警察長官次官以上の職位にムスリムを配置していない。州警察でも同様で，巡査部長以上のムスリムは極めて少ない状況であった［Concerned Citizens Tribunal 2002, Vol.2: 89-90］。

グジャラート州で2002年に発生した虐殺事件時には，世界ヒンドゥー協会やヒンドゥーの暴徒を逮捕した27人の警察官が事件後に異動を命じられていた。彼らは適切な暴動対応を遂行したにすぎないわけであったが，インド人民党の掌握する州政権には不利益とみなされ，意図的に排除されていた［Indian Social Institute 2002: 138］。グジャラート州は暴動州であり，かつ1998年以降，インド人民党が長期的に政権を掌握してきた。警察行政に注目すると，ムスリムの警察官数は少なく，また要職にも配置されていない。したがって，ムスリムの警察官の寡少を一概にムスリムの意欲の低さに求めてしまえば，その背景

15　2010年4月19日，ムンバイー市警察長官執務室にて行った筆者によるシヴァナンダーン市　警察長官への聞き取り。聞き取りはシヴァナンダーンが州警察長官に就任する以前に行っ　たが，すでに2010年6月からの昇進が決定していたことから，州警察長官の発言とみなし　ている。

に絡む州政権の反ムスリムという偏向を看過してしまうことになる。

　ここまで検討してきたように，全国的に見れば，ヒンドゥーの警察官が多く，ムスリムはきわめて少ない状態にあった。ムスリムの留保措置といった積極採用が取り入れられない限り，ヒンドゥーの警察官はムスリムへの差別と偏見を募らせ，ムスリムへの不当な武力行使が留まることはないだろう。ただし，ムスリムの警察官の採用には言語教育という障壁が存在し，また州政府が警察の人事権を掌握していることも相まって，即座に現状を改善することは容易ではない。特に，2014 年 5 月の第 16 次連邦下院議会選挙で，インド人民党が連邦中央政府の政権を掌握して以降，インド人民党による州政権が全国で成立している[16]。こうした状況下で，連邦中央政府の指揮の下に，全国の州政府が足並みをそろえ，ムスリムの警察官の採用増を断行することはきわめて困難であると言えよう。

第 3 節　暴動時の機能不全

　インド警察が植民地支配の遺産とも言うべき 1861 年警察法で制度化され，住民に対して抑圧的な法執行活動を展開しており，かつヒンドゥーの警察官の寡占という構造的欠陥を抱えていることは指摘したとおりである。その上で，ヒンドゥーの警察官が有してきたムスリムへの偏見について検討を加える。

　暴動時に警察が機能不全に陥ってきたことは，警察から警棒で殴打されたり，無差別発砲が繰り返されたり，はたまた不当逮捕が行われてきたといった住民の証言からも明らかである ［D. P. Madon Commission 1974, Vol.VI: 76; B. N. Srikrishna Commission 1998: 18]。

　ブラスは 1980 年代にヒンドゥーの警察官によって記された匿名文書『コミュナル暴動とマイノリティ』（Communal Riots and Minorities）を基に，ムスリムへの偏見についてまとめている。この文書によると，暴動はムスリムが一定数

表 2-4　暴動被害者による警察への評価
質問事項：暴動時の警察の対応をどのように感じたか？
(How do you find police during communal riots ？)

	ヒンドゥー（人）	ムスリム（人）	合計（人）
友好的	143（71.5%）	3（1.5%）	146（36.5%）
敵対的	13（6.5%）	194（97.0%）	207（51.7%）
中立的	44（22.0%）	3（1.5%）	47（11.7%）

出典）［Rai 2008：100］より筆者が作成。

以上居住する地域で発生しており，他のコミュニティや警察に攻撃を加えて，損害をもたらしてきたという。ムスリムは攻撃的であるため，武力で制圧して逮捕しなければならないとの主張を繰り返している［Brass 2003: 330-331］。特徴的なのは，暴動の責任をムスリムに負わせ，ムスリムへの武力行使を正当化していた点である。こうした警察官が有する偏見は，反ムスリムを掲げたヒンドゥー・ナショナリストのイデオロギーに同調して，暴動を引き起こす彼らへの不作為や加担につながった状況を裏付けるものである。

　それでは，警察は暴動発生時の自らの任務をどのように評価していたのだろうか。ラーイは，それぞれ 200 人のヒンドゥーとムスリムの暴動被害者を対象に法執行活動に関する聞き取りを行っている[17]［Rai 2008: 13-15］。表 2-4「暴動被害者による警察への評価」は，暴動時の警察の対応が友好的（Friend）であったか，敵対的（Enemy）であったか，それとも中立的（Neutral）であったかについて，暴動被害者の評価をまとめたものである。

　表 2-4 では，ムスリムの 97% が暴動時の警察の対応が敵対的であったと評価していたのに対して，ヒンドゥーの 71.5% は友好的と評価していたことが判明する。その上で，警察の法執行活動が中立的と評価していたのは，ヒンドゥーが 22.0%，ムスリムが 1.5% であった。したがって，警察は暴動発生時にヒンドゥーには友好的であったとヒンドゥー自身も感じていたが，ムスリムには明らかに敵対的に対応していた状況が明白となったのである。

　続いて，表 2-5「暴動被害者による警察への信頼度」は，暴動発生時に今後も警察に救援を求めるかどうかを質問した結果である。

　表 2-5 で判明したのは，93.0% のヒンドゥーは今後暴動が発生した場合にも，

17　ラーイは「警察の中立性」とは，法の適用及び執行における公正さ，と定義づけている［Rai 2008: 16］。

表2-5 暴動被害者による警察への信頼度
質問事項：暴動発生時に警察に救援を求めるか？
（Will you approach police for help during communal riots ?）

	ヒンドゥー（人）	ムスリム（人）	合計（人）
はい	186（93.0%）	32（16.0%）	218（54.5%）
いいえ	4（2%）	147（73.5%）	151（37.7%）
無回答	10（5%）	21（10.5%）	31（7.7%）

出典）［Rai 2008：101］より筆者が作成。

警察に救援を求めると回答したのに対して，ムスリムの73.5%は救援を求めないと回答していた。つまり，ムスリムは暴動発生時において，過去の経験から警察の法執行活動が敵対的であると予期しており，はなから救援を求めないと考えていたのである。

　上記2つの表から確認できたのは，暴動被害者であったとしてもヒンドゥーとムスリムでは，警察への評価が二分していた点である。ヒンドゥーが警察を友好的とみなして救援を求めるとの回答が多かった一方，ムスリムは敵対的な対応を行う警察には今後救援を求めないとの回答が多かった。ここに，ヒンドゥーとムスリムの双方の暴動被害者への聞き取りから，ヒンドゥーが寡占状態にある警察官が，暴動時にヒンドゥーには友好的に接し，ムスリムには敵対的であった状況が浮き彫りになる。警察官がムスリムに無差別発砲や不当逮捕を行い，時にヒンドゥーの暴徒を放任し，共に略奪，放火，殺害に加担してきた状況が裏付けられたわけである。

　ヒンドゥーとムスリムの暴動被害者の400人に聞き取りを実施したラーイの調査は，暴動発生時の警察の対応というセンシティヴな事象の実態を明らかにしており，意義深い。一方で，調査にはいくつかの問題点を指摘できる。一点目として暴動被害者とする回答者について，どのような被害を受けたのか，負傷，略奪，放火，親族が殺害された等，その内容や程度に応じた定義づけがされていない。二点目として，警察を友好的もしくは中立的と感じた根拠が述べられていない。友好的と感じたとすれば，例えば自らの通報で即座に救援にやって来たとか，警察署内に保護されたといった経験であったり，逆に敵対的であるならば，警察から殴打や略奪被害を受けたり，本人もしくは近親者が不当逮捕されたといった経験に基づくものである。被害者が有するはずの具体的な経験に関して言及されておらず，曖昧模糊な内容となってしまっている。三点目

に対象者の選定が有意なのか，それとも無作為なのか明記されていないことである。またいつどこで発生した暴動の被害者なのか，直近の体験なのか，過去10年程度にさかのぼった体験なのか，基本情報の著しい欠落が見られる。

ラーイの調査からヒンドゥーの警察官とヒンドゥー住民が親密であり，暴動発生時にはヒンドゥーの暴徒を放任し，また略奪，放火，殺害に加担してきた状況が裏付けられた。暴動時におけるヒンドゥーの警察官の言動，ムスリムへの暴力，機能不全に陥った状況については，本書第3章および第4章で取り上げるマハーラーシュトラ州の事例で後述する。

第4節　インド警察の構造改革の動き

前述のように，連邦内務省は1970年代後半から断続的ながらも警察改革委員会を設置し，1861年インド警察法の改正，犯罪と暴動の予防，そしてコミュニティ・ポリシング活動の制度化を志向してきた。2000年代に入って，その取り組みは2006年警察法案と2011年コミュナル暴力予防法案の提出という形で明文化された。

（1）2006年警察法案による改革の動き

2006年10月，ソリ・ソラブジー（Soli J. Sorabjee）を長とした6人から構成される委員会（以下，「ソラブジー委員会」と略する）が，2006年警察法案（The Model Police Act, 2006: 以下「2006年法案」と略する）を提出した。

ソラブジー委員会は法案の提出時に，警察とは社会的責任を有し，マイノリティを含む弱者層の保護に配慮しつつ，公正と人権の行動規範に基づいて管理される機関であると主張した。[18]

2006年法案は，暴動，交戦状態，ナクサリズム（naxalism）といった国内治安のかく乱要因を盛り込み，[19] 多様化する犯罪に対峙するために，警察が住民

18　Ministry of Home Affairs, Government of India. Police Act Drafting Committee."A Brief Note on the Bill proposed for the Model Police Act, 2006". 2006.

19　インドの武装革命至上主義者の名称。1967年3月西ベンガル州ナクサルバーリーで土地なし農業労働者たちによる地主の土地占拠闘争が展開され，5月に警官隊と衝突したのちに武装闘争を開始した。同じ頃アーンドラ・プラデーシュ州の農民たちも武装闘争を開始，こ

による協力と支援を引き出すことを重視している[20]。特に，1861 年警察法との違いがはっきりと表れているのは，第 6 章 57 条で規定された警察の役割，機能，任務，責任である。警察は公共の秩序維持に加えて，1）国民の生命，自由，財産，人権，尊厳を守ること，2）テロ活動，コミュナル・ハーモニーの断絶[21]，軍事活動を予防し，制圧すること，3）住民に秩序維持の行動を定着させ，可能な限り暴動を予防し，住民との友好関係を促進すること，4）公共の安全に影響を及ぼす事案および社会犯罪，コミュナリズム，極端主義，テロリズム，その他の国内の治安に関する事象を含む犯罪についての情報を収集すること，がその任務として挙げられている[22]。

2006 年法案では，警察の任務として国民の人権および尊厳の尊重，公共の安全，宗教コミュニティ間の多文化主義的な共生といった項目が加えられている。注目すべきは，テロや軍事活動とならんで，宗教コミュニティ間の対立を回避し，予防することが挙げられている点である。さらに，住民に秩序維持の行動を定着させ，暴動を予防し，住民との友好関係を促進するというコミュニティ・ポリシング活動の方針が明記されている。過去の警察改革委員会で議論されてきた提言に基づいて，インド国内で遂行されてきたコミュニティ・ポリシング活動の実践が反映される形で，活動の制度化が見いだされるのである。

(2) 2011 年コミュナル暴力予防法案による改革の動き

連邦内務省は，2006 年警察法案と並行して，2005 年から暴動の予防，抑止，

れ以後武装革命路線を取る活動家はナクサライトと称される。彼らは毛沢東思想に基づく中国共産党革命路線を受け入れた［南アジアを知る事典 2012: 内藤雅雄「ナクサライト」の項：562 より筆者が編集］。マオイストは毛沢東主義を信奉する極左武装集団。ナクサライトとも呼ばれている。インド東部地域を中心に一部のマオイストが現在もなお武装闘争を続けており，治安上の深刻な問題となっている［南アジアを知る事典 2012: 三輪博樹「マオイスト」の項：749 より筆者が編集］。

20　Ministry of Home Affairs, Government of India."Constitution of Committee to draft a new Police Act". n.d..

21　ここでは，原文の "communal harmony" をそのまま訳した。インドでは，主にヒンドゥーとムスリムが協調関係にあることを「コミュナル・ハーモニー」と表現する。本書の分析では，コミュナル・ハーモニーを「宗教コミュニティ間の多文化主義的な共生」として概念化し，表記する。

22　The Model Police Article 57. The role and functions of the police). Ministry of Home Affairs, Government of India."PADC proposed Bill of the MODEL POLICE ACT, 2006". n.d..

暴動被害者への救済，宗教コミュニティの多文化主義的な共生に特化した法案を策定した。それは2005年に「コミュナル暴力（予防，制圧，被害者の回復）法案」（Communal Violence (Prevention, Control and Rehabilitation of Victims) Bill, 2005）の名称で提出され，その後2010年に「コミュナルおよび宗派による暴力法案」（Communal and Sectarian Violence Bill, 2010）に修正され，そして最終的に「コミュナルおよび攻撃対象を定めた暴力予防法案（正義と補償についての権利）(Prevention of Communal and Targeted Violence (Access to Justice and Reparations) Bill, 2011)」として提出された。2011年コミュナル暴力予防法案は，インド刑法およびインド刑事訴訟法（Code of Criminal Procedure, 1973）で規定された条項を踏襲しつつ，138条項にわたって暴力の予防と事件の被害者救済に踏み込み，明確化した法案である。

本法案の名称であるコミュナルおよび攻撃対象を定めた暴力とは，法案第3条（c）に「自発的，計画的であれ，特定の人物や財産を傷つけ，また特定集団に属する人物に対して向けられる世俗国家インドの基盤を破壊する行動」と規定されている。[23]

2011年暴力予防法案には，インド刑法第153A条「宗教，人種，生誕地，居住地，言語を争点として敵意を促し，害をもたらす行為」で規定される憎悪犯罪に焦点を当てた条項も定められている。第8条「ヘイト・プロパガンダ」(Hate Propaganda) の条項は，「特定人物や集団に対する憎悪を悪化させ，促す目的で，出版，伝達し，また言葉，記述，表示，掲示，その他特定の集団や人物に対する暴力の危険をもたらす行為，特定の情報を拡散もしくは放送し，また特定の広告や掲示を出版もしくは表示することは，ヘイト・プロパガンダとして有罪とみなす」と具体的な言動に踏み込んで規定している。[24] 過去の暴動事例で発生前後に見いだされた憎悪を掻き立てる扇動行為を検証し，ヘイト・プロパガンダとして刑罰に規定しているわけである。

加えて，過去の暴動で散見された警察による暴徒への不作為や加担に関する規定も見出される。第14条「責務を負う立場にある公務員による犯罪」(Offences

---

23 Prevention of Communal and Targeted Violence (Access to Justice and Reparations) Bill, 2011 Article 3 : Definitions, (c) "communal and targeted violence".

24 Prevention of Communal and Targeted Violence (Access to Justice and Reparations) Bill, 2011 Article 8: Hate propaganda.

by public servants for breach of command responsibility）では，「武装勢力，治安勢力による指揮，制圧，監視が失敗した場合には，職務違反として有罪と見なす。(a) 指揮，制圧，また監督する立場にある者が状況を認識もしくは認識すべき事案において怠った場合には，有罪とみなす。(b) 犯罪を予防し，抑制するための法執行を講じず，捜査や起訴に必要な手続きを怠った場合には，有罪とみなす」として，[25] 警察による不作為や法執行活動の怠慢を職務違反と見なし，懲罰を科している。

最も重要な条項は，予防について定めた第18条「コミュナルおよび攻撃対象を定めた暴力を予防するための職務」（Duty to prevent communal and targeted violence）であろう。第18条では，「(1) 刑事訴訟法の第129条および第144条の下に秩序維持の職務を負っている，すべての公務員はコミュナルおよび攻撃対象を定めた暴力を，その計画，発生，拡大から収束の段階までを含め，予防に必要な対策を講じること。(i) 敵意の創出や存在を含む，コミュナルおよび攻撃対象を定めた暴力の発生を示す力のパターンを認識するように取り組むこと。(ii) コミュナルおよび攻撃対象を定めた暴力の発生について必要な情報を収集すること。(iii) 自らの権力を行使し，コミュナルおよび攻撃対象を定めた暴力を予防する行動を講じること。(2) 全ての警察官は最善の行動を講じ，犯罪を予防すること。(3) 全ての公務員は公正，公平かつ偏見のない方法によって，遅延のない行動を取ること」と規定する。[26] 警察官を含めた秩序維持の職務を負う全て公務員に対して，暴動の計画，発生，拡大から収束までの過程で予防策を講じ，情報を収集することが定められている。

特徴的なのは，これまで不明瞭であった州政府による暴動対応の責任を，事件解決から被害者の保護と支援に至る具体的な項目を列挙して明示した点である。第53条の「州政府の機能」（Functions of the State Auhtority）と第54条の「州政府による任務遂行の監視および再検討」（Monitoring and review by State Authority of performance of duties）で，州政府に，事件報告の提出，被害者の収容キャンプの設営と補償金の支払，犯罪への刑罰執行までを義務付け，

25　Prevention of Communal and Targeted Violence（Access to Justice and Reparations）Bill, 2011 Article 14: Offences by public servants for breach of command responsibility.

26　Prevention of Communal and Targeted Violence（Access to Justice and Reparations）Bill, 2011 Article 18: Duty to prevent communal and targeted violence.

明文化している。

　加えて，第20条では，「組織的なコミュナルおよび攻撃対象を定めた暴力に対する連邦中央政府の権力」(Power of Central Government in relation to Organized Communal and Targeted Violence) として，「組織的なコミュナルおよび攻撃対象を定めた暴力の発生を憲法第355条に定めた『国内の騒乱』とみなし，連邦中央政府が必要に応じて，対策を講じること」と定めている[27]。連邦中央政府が州政府の権限を超越して介入し，早期に治安を回復することが挙げられる。州政府と連邦中央政府の双方が事態収束のために対策を講じ，一層の早期解決を図ることが定められている。

　2011年暴力予防法案は，既存の1860年インド刑法と刑事訴訟法を補強する形で，予防と迅速な制圧に焦点を当てているものの，未だ可決には至っていない。その背景には，世界ヒンドゥー協会やインド人民党をはじめとするヒンドゥー・ナショナリスト組織が，本法案に対してムスリムを擁護した反ヒンドゥー的な内容との異議を強く申し立ててきたためである[28]。

　インド警察は，イギリス植民地政府による支配強化のために1861年インド警察法で制度化され，現行法として効力を有してきたため，過度の武力行使など住民に抑圧的な対応を続けてきた。独立後のインド警察は連邦中央政府が採用するインド警察職と州政府が採用する州警察との二重構造で組織化されてきたため，両者の間には時に溝が生じてきた。またヒンドゥーの警察官が寡占状態にあることで，暴動発生時には反ムスリム的な偏向を持った警察官によるムスリムへの不当逮捕，無差別発砲，ヒンドゥーの暴徒との共謀といった機能不全の状況が露呈してきた。しかしながら，連邦内務省は1970年代後半から警察改革に取り組み，植民地支配の遺産とも言うべき構造的欠陥を有するインド

27　Prevention of Communal and Targeted Violence (Access to Justice and Reparations) Bill, 2011 Article 20: Power of Central Government in relation to Organised Communal and Targeted Violence; Constitution of India Article 355: Duty of the Union to protect States against external aggression and internal disturbance. Ministry of Home Affairs, Governmnet of India."India Code, Constitute of India". n.d..

28　世界ヒンドゥー協会はウェブサイト上で反対意見を表明した［Vishwa Hindu Parishad. "VHP for uplifting the marginalized in society"2011］。インド人民党は2011年7月に法案に反対するために，『会議派がさらけ出したコミュナルな局面』(Communal Face of Congress Exposed)とのタイトルでブックレットを刊行した［http://www.bjp.org/images/publications/communal % 20violance % 20bill_booklet % 20e % 20part % 202.pdf（2017年6月22日閲覧)］。

警察の組織改革を志向してきた。2000年代に入って策定された2006年インド警察法案と2011年暴力予防法案は，住民寄りの対応，暴動の予防とコミュニティ・ポリシング活動を盛り込んでおり，本書の提示する暴動ベクトルとコミュニティ・ポリシング活動の概念に合致する内容である。

第3章

住民参画型の成功

ムンバイー市のモハッラー・
コミッティ・ムーブメント・トラストの事例

モハッラー・コミッティ・ムーブメント・トラストによる地区会合の様子（2011年1月30日，ムンバイー
市シヴァージー・ナガル地区にて筆者撮影）

第3章は，インドのコミュニティ・ポリシング活動の事例検証を行う。ここでは，マハーラーシュトラ州ムンバイー市で1993年から活動を継続しているモハッラー・コミッティ・ムーブメント・トラストについて，現地での聞き取り調査と参与観察での知見を盛り込み，住民参画型のコミュニティ・ポリシング活動の成功事例として分析する。

第1節　ムンバイーにおける暴動の発生

　1992年12月6日にウッタル・プラデーシュ州アヨーディヤーで勃発したバーブル・モスク破壊事件の衝撃は即座に全国に波及し，マハーラーシュトラ州ムンバイー市を含む全国13州で暴動が連鎖した。バーブル・モスク破壊とラーム寺院の再建をめぐる係争は19世紀にまでさかのぼり，その地名からアヨーディヤー問題と呼称されてきた。

（1）1992年12月バーブル・モスク破壊事件

アヨーディヤー問題の変遷

　ウッタル・プラデーシュ州アヨーディヤーにあるバーブル・モスクは，1529年にイスラーム王朝ムガル帝国の創設者バーブル（Bābur）に仕えた武将バールミーキによって建造された。ヒンドゥー教のラーム神の生誕した聖地でもあるアヨーディヤーでは，バーブル・モスクの敷地にラーム神の祭壇も設置され，ヒンドゥーとムスリムはともにこの町を神聖視してきた。アヨーディヤーが係争化するのは，イギリスの植民地支配が確立した19世紀半ば以降のことである。

　表3-1「アヨーディヤー問題の歴史的変遷」は，アヨーディヤー問題をめぐる展開を時系列的にまとめたものである［田中 1995: 375; Engineer and Puniyani 2011: 235-240］。

　バーブル・モスクをめぐってヒンドゥーとムスリムの対立が顕在化したのは，1859年に英領インド政府がモスクの周辺を鉄柵で囲み，ムスリムとヒンドゥーとの往来を遮断して以降である。ヒンドゥー・ナショナリスト組織による牝牛保護運動を契機に，アヨーディヤーで1934年にヒンドゥーとムスリムの間で

暴動が発生すると，ムスリムが殺害され，モスクの一部も破壊された。さらに1949年12月には，何者かが廃墟化していたバーブル・モスク内にラーム神像を設置したため，住民の間に不穏な緊張をもたらした。ネール率いる会議派連邦中央政権は，この神像を撤去すれば暴動が再発しかねないとみなし，モスクの門扉を閉鎖するという措置を取った。しかし，ラーム神像を撤去しなかったため，次第にヒンドゥーがバーブル・モスクの門扉の前で礼拝を行うようになった。ウッタル・プラデーシュ州のアラーハーバード地方裁判所は，ラーム神像の撤去が暴動を引き起こすとの連邦政府の判断を踏襲し，現状の維持を決定した。この頃からアヨーディヤー問題は次第にヒンドゥーとムスリムの対立を煽るシンボル化していく。1950年にヒンドゥーとムスリムの双方がバーブル・モスクの所有権をめぐって法廷闘争を巻き起こした。アラーハーバード高等裁判所は1951年および1955年のいずれもモスク内部にラーム神像の設置を維持するとの判決を下した。

世界ヒンドゥー協会が1983年にバーブル・モスクにラーム寺院を再建するキャンペーンを開始して，インド各地で運動を展開すると，ヒンドゥーとムスリムの間で暴動が続発するようになった。1989年11月に会議派のラジヴ・ガーンディー（Rajiv Gandhi）首相は事態の収束を図って，ラーム寺院の定礎式の開催を許可した。ヒンドゥー・ナショナリスト組織は，国政のトップレベルがラーム寺院再建を公認したと捉え，バーブル・モスクの破壊を声高に叫ぶようになった［田中 1995: 375; Engineer and Puniyani 2011: 235-240］。会議派連邦政権が問題の沈静化のために講じた策が，アヨーディヤー問題を顕現化させ，結果としてラーム寺院再建運動を後押しする形となったのは皮肉である。

1992年12月6日，ヒンドゥー・ナショナリストに動員され，アヨーディヤーに集結した20万人超のカール・セヴァ（kar sevaks）と呼ばれる支持者のうち，数千人が暴徒化してダイナマイト，ハンマー，ツルハシを持ち，6時間足らずでモスクの3つのドームを完全に破壊した［Awasthi 1992: 14-27］。写真3-1は，モスクのドームにヒンドゥーのカール・セヴァが登って破壊を行っていた状況を収めたものである。

報道を通じて瞬く間にインド全土に波及すると，モスク破壊に抗議したムスリムとヒンドゥーとの諍い，その制圧を目的とした警察による発砲という暴力

表 3-1　アヨーディヤー問題の歴史的変遷（1528 〜 2010 年）

年	出来事
1528	ムガル帝国初代皇帝バーブルの命により，臣下バールミーキがアヨーディヤーにモスクを建造
1856	イギリスがアワド地域を併合
1859	ヒンドゥーとムスリムの対立を回避するため，英領インド政府はバーブル・モスクの周辺を鉄柵で囲むと，礼拝に訪れたムスリムとヒンドゥーとの往来が遮断されるようになる ヒンドゥーはモスクの外側にあった基壇に神像を安置し，礼拝を行うようになる
1885	ヒンドゥーは敷地内に寺院を立てる許可を訴えたが，モスクに接近しすぎるとの理由から却下
1912	モスクの存在と寺院再建の要求をめぐって，ヒンドゥーとムスリムの間で暴動が発生
1934	牝牛保護運動を契機に暴動が発生 ムスリムが殺害され，モスクの一部が破壊されたものの，後に修復
1936	アヨーディヤーでのムスリムの人口減少に伴い，バーブル・モスクが宗教施設として使用されないようになり，廃墟化が進む
1949	12 月　モスク内部に何者かがラーム神像を設置すると，ネール会議派連邦政権は事態を危惧してバーブル・モスクの門扉を閉鎖したが，モスク内のラーム神像はそのまま放置となる ヒンドゥーが閉鎖されたバーブル・モスクの門扉の前で礼拝を行うようになる アラーハーバード地方裁判所は「ラーム神像を撤去すれば，暴動が再発する」との恐れから神像をそのまま放置するとの方針が決定
1950	バーブル・モスクの所有権をめぐってヒンドゥーとムスリムがそれぞれ裁判所に提訴する
1951	ファイザーバード地方裁判所は現状維持との判決を下す
1955	アラーハーバード高等裁判所は1951年と同様に現状維持との判決を下す
1983	世界ヒンドゥー協会がバーブル・モスクにラーム寺院を再建するキャンペーン（Ramjanmabhumi movement）を開始する
1984	世界ヒンドゥー協会が「ラーム生誕地を開放するための供犠委員会」（Committee for Sarcrifice to Liberate Rama's Birth Place）を組織する
1986	2 月　ファイザーバード地方裁判所がモスク解放の判決下すが，所有権に関する係争は未解決 4 月　世界ヒンドゥー協会によるラーム寺院再建の行進が実行される
1989	11 月　ラジヴ・ガーンディー会議派連邦政権はラーム寺院の定礎式の開催を許可する
1990	9 月　インド人民党がアヨーディヤーへのラーム寺院再建を訴えた行進を全国的に組織する 11 月　警察の発砲により行進の参加者が死亡 インド人民党連立政権が瓦解する
1992	7 月　ラーム寺院の再建のための工事が着工される 12 月　全国から支持者30万人が集結，暴徒化したヒンドゥーがバーブル・モスクを破壊 連邦中央政府はバーブル・モスク破壊事件の調査のためリベルハーン委員会を設置し，6か月以内に事件の調査報告書を公刊することを命じる
1996	アラーハーバード高等裁判所はモスク破壊に関連する全ての民事訴訟について審理を開始
2002	アラーハーバード高等裁判所は，ラーム寺院が破壊されてバーブル・モスクが建立されたとする言説を確認するため，遺構調査の開始を指示
2003	インド考古学統計局はバーブル・モスクが建てられていた場所にラーム寺院の存在を裏付けるヒンドゥーの寺院群の遺構を発見
2005	イスラーム過激派がバーブル・モスクの跡地を襲撃して，監視中の治安部隊によって排除される
2009	事件発生から17年を経て，リベルハーン委員会調査報告書が公刊される インド人民党の指導者がモスク破壊事件において，主導的な役割を担っていたことを明らかにする
2010	アラーハーバード高等裁判所は係争地を三分割し，ヒンドゥーとムスリムの宗教組織に対して敷地を分配するとの判決

出典）［田中 1995: 375; Engineer and Puniyani 2011: 235-240］より筆者が作成。

写真 3-1　バーブル・モスクを破壊するヒンドゥーの暴徒
出典）Carvalho 2014.

の応酬が巻き起こった。同年12月中に発生した12州での暴動による犠牲者数は，グジャラート州246人，マディヤ・プラデーシュ州120人，マハーラーシュトラ州259人，アッサム州100人，西ベンガル州32人，ウッタル・プラデーシュ州201人，ラージャスターン州48人，ビハール州24人，ケーララ州12人，アーンドラ・プラデーシュ州12人，カルナータカ州60人，タミル・ナードゥ州2人であった。[1]

　衛星放送を介して伝えられたバーブル・モスク破壊事件の状況は世界中を驚愕させた。1992年12月8日付のニューヨーク・タイムズ紙（*The New York Times*）は，近隣諸国での憤りや抗議行動の様子を伝えている。パーキスターンの首都イスラマバード（Islamabad）では報復としてヒンドゥー寺院が襲撃され，またパーキスターン政府は国内全ての学校と役所を一斉に閉鎖して，モスク破壊の抗議の意を表した。ラホール（Lahore）やカラーチー（Karachi）では，数千の群衆が廃墟化したヒンドゥー寺院の前に集結し，ブルドーザーで破壊し，火を放った。市中では，憎悪を表した人びとの間で「インドを破壊せよ！ヒンディズムに死を！」（Crush India! Death to Hinduism!）とのスローガンが叫ばれた。またバングラデシュの首都ダカ（Dhaka）でもエア・インディア社の支社が放火被害に遭った。イランでは，最高指導者のハーメネイー（Alī Khāmeneʻī）師が，インドのムスリムに何らかの抗議行動を起こすように呼びかけ，またインド政府にはムスリムの権利の保護を求め，非難声明を発表した。[2]

1　"Nation's Shame". *India today*. December 31, 1992, 40-43.
2　"Pakistanis Attack 30 Hindu Temples". *The New York Times*（電子版）. December 8, 1992.

会議派のナラシンハ・ラーオ（P.V. Narasimha Rao）首相は，モスク破壊から 10 日後となる 1992 年 12 月 16 日に元高等裁判所判事のリベルハーン（M.S.Liberhan）を長としたリベルハーン調査委員会を設置し，事件の原因，政治家の役割，そして治安維持部隊の機能不全について調査することを命じた［Ministry of Home Affairs 2009: 4-5］。当初は報告書を 6 か月以内に公刊することが求められていたが，48 回に及ぶ調査の延長を経て，事件から 17 年余りを経た 2009 年 11 月に 1,000 ページにわたる『リベルハーン・アヨーディヤー調査委員会報告書』（*Report of the Liberhan Ayodhya Commission of Inquiry*）（以下，「リベルハーン報告書」と略する）の刊行に至った［Engineer and Puniyani 2011: 239-240］。報告書の刊行まで 17 年を要したことは，政治的，宗教的影響が複相的に絡んだ事件の大きさを物語っている。

事件の翌年である 1993 年 2 月に，ラーオ政権は『アヨーディヤーをめぐる白書』（*White Paper on Ayodhya*）を，同年 4 月になるとインド人民党が『インド人民党によるアヨーディヤーとラーム寺院再建運動についての白書』（*BJP's white paper on Ayodhya & the Rama Temple movement*）を続けざまに刊行して，双方の見解を公表した。連邦政府は，インド人民党が政権掌握していたウッタル・プラデーシュ州政府がモスク破壊に関与しており，さらに世界ヒンドゥー協会，インド人民党，民族奉仕団，バジラン・ダルといったヒンドゥー・ナショナリスト組織がヒンドゥーの支持者を扇動して，モスク破壊に至ったと説明した。その上で，連邦政府がいかにして対処し，事態の収束に至ったかを主張した［Government of India 1993］。対するインド人民党は 1989 年 11 月にラーム寺院の定礎式を許可したラジヴ・ガーンディー政権をはじめ，会議派側にもアヨーディヤー問題を深化させた責任があるにも関わらず，言及されていないことを指摘した。会議派の連邦中央政府による報告書はヒンドゥー・ナショナリスト組織への強い偏見に満ちており，ラーム寺院再建運動の実態を軽視していると主張した［Bharatiya Janata Party 1993: 139-150］。連邦中央政府とインド人民党による 2 つの報告書は，事件に関与したアクターや当時の状況の分析というよりも自らの立場を擁護するための釈明に終始し，原因の追究には至らなかった。

1992 年 12 月以降，その跡地の所有権やラーム寺院の再建をめぐって，アヨー

ディヤー問題は長期化してきた。2002 年 4 月にアラーハーバード高等裁判所は，ヒンドゥー・ナショナリスト組織が主張するラーム寺院が破壊されてバーブル・モスクが建立されたとの言説を確認するため，考古学者に遺構調査を指示して科学的根拠から問題の収束を図った。2003 年 8 月にインド考古学統計局はモスクの跡地に 10 世紀前後に建てられたヒンドゥー寺院の痕跡となる柱や台座が見つかったことを『考古学的統計報告書』（Archaeological Survey of India's Report）にまとめ，アラーハーバード高等裁判所ラクナウ支局に提出した〔Srinivasan 2003〕。この報告書はヒンドゥー・ナショナリスト側の主張を認める内容であったが，発掘されたヒンドゥー寺院の痕跡が果たしていつ破壊されたのか，それとも廃墟化したのか，具体的な年代と状況の特定には及ばず，アヨーディヤー問題の解決には至らなかった〔Suryamurthy 2003〕。

　2010 年 9 月にアラーハーバード高等裁判所は長年争われてきたモスク跡地の所有権をイスラームのスンニー・ワクフ（Sunni Waqf），ヒンドゥーのニルモヒ・アカーラー（Nirmohi Akhara）とラーム・ラッラー（Ram Lalla）の 3 つの宗教組織に等分するとの判決を下した〔Engineer and Puniyani 2011: 240〕。司法はバーブル・モスクの跡地をムスリムとヒンドゥーに所有権を与えることで，いずれの宗教コミュニティにも配慮を示し，決着を図った。

モスク破壊事件時の治安部隊の機能不全

　リベルハーン委員会は，インド人民党のカルヤーン・シン（Kalyan Singh）州首相，プラカーシャ・シン（Prakash Singh）州警察長官を含む 100 名への聞き取り調査を行い，当時の州政府と治安維持部隊が機能不全に陥っていた状況を浮き彫りにしている。調査報告書によると，1992 年 12 月 6 日には，アヨーディヤーには 35 の州警察部隊，4 の中央予備警察隊，催涙ガスを装備した 15 の鎮圧部隊，警視 15 人，警部補 30 人，巡査 2,300 人，爆発物撤去チーム，警察犬部隊，消防隊，救急車が配備されていたという。しかしながら，モスク周辺に 30 万人に及ぶカール・セヴァの大群衆が集結するなかで，すでに治安部隊が割って入ること自体が困難な状況であった。さらに緊急招集されていた現場の治安部隊には指令室との統一した連絡手段を有していなかった。そのため，モスクへの破壊行為が始まった時にも治安部隊は一致して対峙する命令を受けて

いないままであった。モスクを破壊した後，暴徒はアヨーディヤー市内にあるムスリムの家屋へ次々と火を放った。プラカーシャ・シン州警察長官は，カルヤーン・シン州首相に暴徒の制圧のための発砲許可を求めたが，制圧行動を一切取らないようにとの命令が下されるのみであった［Ministry of Home Affairs 2009: 234-237; 251-255; 261-264］。アヨーディヤーでは，モスク破壊事件の当日に相当数の州警察および準軍隊が駐留し，また州警察は暴徒の制圧のために発砲の許可を州政府に求めていたが，明確な対応が講じられなかった。結果として，暴徒化したカール・セヴァはモスクを破壊後，ムスリムの家屋を放火して回るなど放埒に振る舞っていた。

　リベルハーン委員会は，モスク破壊を引き起こすまでの扇動を行ったアクターとして，世界ヒンドゥー協会，バジラン・ダル，民族奉仕団に属する活動家，インド人民党やシヴ・セーナーの政治指導者，そしてカルヤーン・シン州首相を挙げた。その上で，シン州首相がインド人民党の公約として当初より掲げてきたアヨーディヤーでのラーム寺院再建を優先していたと指摘する。また州行政においても，インド人民党の支持者が州警察の上官や行政官を占めており，こうした状況が重なって，必然的に警察の不作為からモスク破壊を招いたと非難した［Ministry of Home Affairs 2009: 958-962］。リベルハーン報告書からは，州警察長官から州首相への再三にわたる暴徒への発砲命令の許可は黙過されていたことが明らかになった。暴動制圧の責任を負うはずの州首相は支持団体である世界ヒンドゥー協会や民族奉仕団の意向を受けて，ラーム寺院再建の実現を企図してきた。ウッタル・プラデーシュ州において指揮系統の混乱に陥った州警察と，適切な暴動対応を行わなかった州政府がバーブル・モスク破壊事件を誘発し，全国に暴動を波及させたわけである。バーブル・モスク破壊事件は，ヒンドゥー・ナショナリスト組織の憎悪犯罪と州政府による不作為が引き起こしたインドの宗教対立を象徴した出来事と捉えられる。

(2) 1992 年 12 月〜 1993 年 1 月の暴動事件

　ムンバイー市での暴動は，1992 年 12 月および翌 1993 年 1 月の 2 つの段階に分かれて発生した。第 1 段階の事件は市警察によるムスリムへの発砲を端緒に，第 2 段階の事件はムスリムを対象にしたヒンドゥー・ナショナリストによ

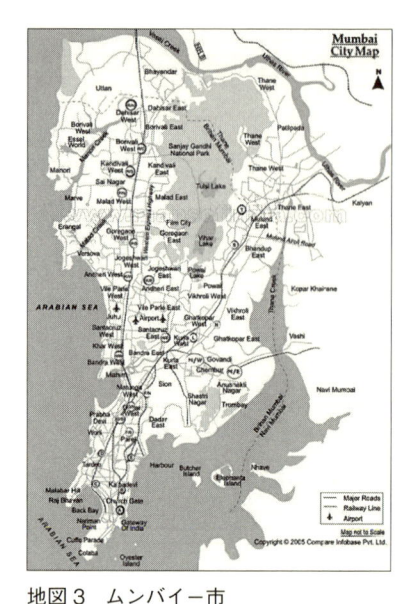

地図3　ムンバイー市

る攻撃を契機として，それぞれ発生したと位置づけることができる。

　マハーラーシュトラ州の州都ムンバイー市の人口は1991年センサスによると，992万5,891人で，インド最大の商都として栄えてきた（地図3参照）。

　ムンバイー市ではムスリムが16.8％を占め，全インドおよびマハーラーシュトラ州と比較して，人口割合が高いことが分かる（表3-2）。したがって，ムンバイー市ではムスリムが地域社会で一定の影響力を有してきたと言える。

1992年12月のムンバイー暴動事件の発生

　1992年12月6日，バーブル・モスク破壊事件の一報が伝えられると，ムンバイー市内では，シヴ・セーナーとインド人民党がモスク破壊を祝うために儀礼マハー・アールティー（Maha Aarti）を敢行した。アジア最大のスラムとして知られてきたダーラヴィー（Dharavi）地区では，モスク破壊と儀礼に憤怒したムスリム住民が抗議運動を展開した。すると，ムスリム住民を制圧するために市警察が無差別に発砲を行ったため，抗議運動は暴動へと悪化し，拡散していった［B. N. Srikrishna Commission 1998: 9］。

　翌7日，会議派のスダーカルラーオ・ナイク（Sudhakarrao Naik）州首相は，連邦中央政府に準軍隊の派遣を要請するとともに，ムンバイー市内に夜間外出禁止令を発令した。しかし，ダーラヴィー地区で前日に行われた警察による発砲への報復としてムスリム住民が1,000人規模で市警察署を襲撃するという事態に発展した［Sharma 1995: 276-277］。1992年12月の暴動は，ムスリムと市警察間の暴力の応酬であった。事実，ババット（Shrikant Bapat）市警察長官は，のちにこの時期の暴動がムスリムと市警察の暴力的衝突で，市警察の発砲に

表 3-2　ムンバイー市における宗教人口（1991 年）（人）

	全インド（%）	マハーラーシュトラ（%）	ムンバイー市（%）
全人口	838,567,936 (100.0)	78,921,135 (100.0)	9,925,891 (100.0)
ヒンドゥー	687,646,721　(82.0)	64,033,213　(81.1)	6,747,676　(67.9)
ムスリム	101,596,057　(12.1)	7,628,755　(9.6)	1,670,170　(16.8)
クリスチャン	19,640,284　(2.3)	885,030　(1.1)	441,338　(4.4)
スィク	16,259,744　(1.9)	161,184　(0.2)	76,892　(0.8)
ブッディスト	6,387,500　(0.7)	5,040,785　(6.4)	557,089　(5.6)
ジャイナ	3,352,706　(0.4)	965,840　(1.2)	353,613　(3.6)
その他	3,269,355　(0.4)	99,768　(0.1)	60,165　(0.6)
明言なし	415,569　(0.04)	106,560　(0.1)	18,948　(0.2)

出典）［Banthia 1994：5-7；108-111］より筆者が作成。
注）ムンバイー市とは 1991 年センサスでの "Greater Bombay"（ボンベイ管区）の行政区分を示す。

よってムスリムが命を落としていたこと認めた。[3]

　モスク破壊を祝ったシヴ・セーナーは，反ムスリム的なプロパガンダを発して，暴動の拡大を企図していた。1992 年 12 月 8 日付の党機関紙サームナ紙面では，モスク破壊事件はヒンドゥーにとって幸運であるとタイトルの下，ミニ・パーキスターン（mini-Pakistans）と化したムスリムの居住するスラム地区でヒンドゥー寺院が破壊されているとの記事を掲載した。実際には，ムスリムがヒンドゥー寺院を破壊したとの事実はなく，虚偽の情報を流布してヒンドゥーの扇動を策していた［D'souza 1993; Swami and Katakam 2001］。準軍隊による制圧までに 10 日間を要し，死者数は 227 人に達した［Sharma 1995: 276-277; 282］。インド人民党とシヴ・セーナーは，反ムスリム的な儀礼を執り行い，また情報を操作するなどの憎悪犯罪を展開し，これが引き金となってムスリム住民と市警察官の間で暴力の応酬が巻き起こった。

1993 年 1 月の暴動事件の再発

　ムンバイー市では，1993 年 1 月 5 日にドーングリー（Dongri）地区において，ムスリム男性が刺殺され，またダーラヴィー地区で武装したヒンドゥーがムスリムを襲撃する事件を契機に，暴動が再発した［Srikrishna Commission 1998: 18］。

3　"Nation's Shame". *India today*. December 31, 1992, 41.

1993 年 1 月の暴動には，シヴ・セーナーが組織化したムスリムへの攻撃，市警察の暴徒への不作為とムスリムへの発砲という特徴が見いだされる。具体的には，ヒンドゥーがムスリムを待ち伏せし，「ラーム神万歳」(Jai Siyaram) と叫びながら 2 時間にわたって暴行を加え，その遺体に灯油をかけて燃やすという事例が確認される〔Punwani 2003: 238〕。

　会議派のナイク州首相は再び連邦中央政府に準軍隊の派遣を要請，市警察と準軍隊を含めた 30 万人の治安維持部隊が駐留したが，その指揮系統は混乱をきわめた。結果として，ムンバイー市での暴動は発生から 3 週間を経た 1 月 25 日まで断続した〔B. N. Srikrishna Commission 1998: 18; 238〕。

　1993 年 1 月 25 日に州政府はボンベイ高等裁判所判事の B・N・シュリクリシュナ（B. N. Srikrishna）を長とした調査委員会を設置，暴動の規模，状況，原因を調査し，予防策を検討するように命じた。当初は，事件後 6 か月以内の報告書の提出が予定されていたが，1995 年 3 月に誕生したシヴ・セーナーとインド人民党の連立州政権下で，調査が中断され，最終的に 1998 年になって報告書が刊行された〔Sharma 1995: 281; Fernandez and Fernandes 1993: 98〕。

　シュリクリシュナ委員会によると，市警察はヒンドゥーの暴徒を検挙しないばかりか，シヴ・セーナーの党員や活動家とともにムスリムを襲って無差別発砲を繰り返し，略奪に加わっていたという。シュリクリシュナ委員会は，不法行為を行なった 31 名の市警察官の所属，階級，氏名，罪状を列挙し，州政府による厳正な処置を求めていた〔B. N. Srikrishna Commission 1998: 40-42〕。さらには，市警察の指令室の警察官が現場に急行していたヒンドゥーの巡査に向けて，ムスリム住民の所有する家屋や店舗を見つけ次第，火を放つように無線で教唆していた〔Fernandes 1993: 219-220〕。また市警察が作成した事件供述書には，暴動に加わったヒンドゥーに共感を示す記述が散見し，ムスリム住民を「原理主義者」と書き込んでいた〔Sharma 1995: 285; Punwani 2003: 247〕。

　暴動時の市警察の機能不全を象徴した一例として，サルマン・ベーカリー（Suleman Bakery）で発生した発砲事件が挙げられる。1993 年 1 月 9 日，ティーヤギー（Ram Deo Tyagi）市警察統合長官（Joint Commissioner of Police）は，ドーングリー地区のムハンマド・アリー・ロード（Mohammed Ali Road）沿いにあるパン屋で 9 名のムスリムを射殺した。のちに周辺住民の証言から明らかに

なったのは，市警察が主張する店舗内からの銃器や空き瓶での攻撃は行われておらず，負傷した警察官もいなかったこと，発砲前に市警察が屋内への状況確認を行っていなかったこと，そして市警察の言動がきわめて暴力的で差別的であったことである。また事件の当事者であるティーヤギーはバパット市警察長官に被害者遺族への補償金の支払いが，ムスリムに温情を施す悪い前例となるために不要だと主張していた [B. N. Srikrishna Commission 1998: 113-117; 199-200]。このサルマン・ベーカリー事件は，ムスリムに対する偏見と暴力に満ちた警察官の法執行の姿を体現している。

　特筆すべきは，発砲を指示したティーヤギー市警察統合長官の動向である。マハーラーシュトラ州では，1995 年 3 月に実施された州議会選挙の結果，シヴ・セーナーとインド人民党による連立州政権が成立した。同年 10 月にシヴ・セーナーのマノーハル・ジョシー（Manohar Joshi）州首相はティーヤギーを市警察長官に任命し，さらにシヴ・セーナーの党首バル・タークレーの推薦で州警察行政のトップである州警察長官に昇進した。1997 年になるとインド警察職を退職，シヴ・セーナーに入党して，翌 98 年には連邦上院議会（Rajya Sabha）の選挙に立候補し，落選した [Engineer 2001a; Hansen 2000: 46]。ティーヤギーにはサルマン・ベーカリー事件の責任を追及する声が挙がっていたにもかかわららず，政権交代後には州政権を掌握したシヴ・セーナーからの庇護の下に，州警察長官に就任した。その上，シヴ・セーナーの政治家に転身して立候補したという事実は，インド警察職在任中からヒンドゥー・ナショナリズムに傾倒していたことを容易に推察させる。

　1999 年 10 月に州政権を奪回した会議派は，2001 年 8 月に 9 人のムスリムの殺害を指示した容疑でティーヤギーの身柄を拘束するように命じた [Lakdwala 2001]。2003 年 4 月の一審でティーヤギーは無罪との判決が下され，また 2009 年 10 月のボンベイ高等裁判所でもムスリムの意図的な殺害に関する証拠が不十分とし，無罪判決を下した [Punwani 2009]。2011 年 7 月，最高裁判所は市警察による発砲行為に対する警察側の主張を認め，無罪判決を下した。[4]事件発生から 18 年を経て，サルマン・ベーカリー事件はティーヤギーの無罪とい

4　"Noorul Huda Maqbool Ahmed vs Ram Deo Tyagi And Others on 4 July, 2011". n.d..

う形で一つの終着を迎えた。

2度の暴動による被害状況

ムンバイー市は 1992 年 12 月から 1993 年 1 月までのおよそ 2 週間にわたって断続的に発生した暴動によって先例のない被害を負った。死者数はムスリム 575 人，ヒンドゥー 275 人，身元不明 45 人，その他 5 人の，合計で 900 人に達した。主な死因は，警察による発砲が 356 人，ついで刺殺 347 人，放火 91 人，群衆行動による撲殺 80 人，住民間の発砲 22 人，その他 4 人であった。負傷者数はムスリム 1,105 人，ヒンドゥー 893 人，その他 38 人で，2,036 人にのぼった ［B. N. Srikrishna Commission 1998: 18］。注目すべきは，市警察による発砲が死因の 4 割を占めていた点である。本来，住民の生命と財産を保護する責務を負うはずの市警察が，住民に向けて即座に無差別な実弾発砲を行い，適切な法執行能力を失っていた状況が浮き彫りになる。

（3）暴動への武力制圧の限界

1992 年 12 月から翌 93 年 1 月に発生した暴動は，住民と警察の双方に不信と禍根を残した。この不穏な状況に拍車をかけたのが，連続爆弾テロ事件の発生である。1993 年 3 月 12 日午後 1 時 30 分，フォート（Fort）地区にあるボンベイ証券取引所付近で 1 発目の爆発が起きると，ナリマン・ポイント（Nariman Point）地区にあるエア・インディア社付近，ウォーリー（Worli）地区，ダーダル（Dadar）地区，バンドラ（Bandra）地区，ジュフー（Juhu）地区，サンタクルズ（Santa Cruz）地区，そして空港周辺地区の市内計 13 か所で連続発生した。一連の事件で，死者 257 人，負傷者 713 人，損失被害額 27 万ルピーに及んだ。中東のドバイに拠点を置くテロ組織に属するムスリムのタイガー・メモン（Tiger Memon）が事件の首謀者として特定されたことから，ヒンドゥー住民のムスリムに対する嫌疑は一層加速していった。さらに，テロリストの中に前年 1992 年 12 月の暴動時に市警察の無差別発砲で負傷した 2 人のムスリムが含まれていた ［B. N. Srikrishna Commission 1998: 44-45］。ムンバイー市では，暴動収束後 2 か月を経たず，爆弾テロが発生した。しかも，ムスリムに偏向した市警察による暴力が，報復として爆弾テロを行うという凶行に駆り立てた。ム

ンバイー市で立て続けに発生した暴動とテロ事件から明らかになったのは，警察の武力制圧が住民に憎悪を抱かせ，さらなる暴力の応酬を招いたことである。

　暴動後のムンバイー市ではヒンドゥーとムスリムは，心情のみならず，物理的にも対峙していった。ムスリム住民の多くが，州政府による暴動対応に不信を募らせ，生命の安全を求めて転居していた [Punwani 2003: 248]。具体的には，ナグパーダー（Nagpada）地区，ドーングリー地区，ピードニー（Pydhoni）地区，バイキューラー（Byculla）地区，クルラ（Kurla）地区，ソーナプル（Sonapur）地区，ミラ・ナガール（Millat Nagar）地区，チーター・キャンプ（Cheeta Camp）地区といった地域に，ムスリムのゲットー化という動きが見られるようになった [Shaban 2012: 218-222]。また最も被害が大きかった地域のひとつであるダーラヴィー地区では，ヒンドゥーとムスリムが分かれて居住するようになり，「インド・パーキスターン境界線」（India Pakistan Border）が形成された [Contractor 2012: 25-26]。

第 2 節　モハッラー・コミッティ・ムーブメント・トラストの創設

（1）暴動予防活動の導入

　暴動の収束後も，家族，財産，家屋を失った住民は，市警察に憎悪と疑念を抱いていた。市警察は適切な法執行活動の回復に早急に取り掛かる必要があった。

　1993 年 2 月にムンバイー市長官（Sheriff）で[5]，ムスリムのコラキワーラー（Fakruddin.T. Khorakiwala）は，住民の過半数をムスリムが占めるビワンディー市では，同時期に暴動が発生していなかった状況に注目した。[6]コラキワーラー

5　ムンバイー市の長官（Sheriff）とは，ムンバイー市長職の下に位置づけられ，任期 1 年の非政治的な名誉職である。ムンバイー市高等裁判所内にオフィスを有するが，権力は持たず，その職務は主に外国からの来賓を空港内で出迎えることである。ムンバイー市在住の著名人に対して，その功績を称えるもので，これまでに学校長，弁護士，企業家，歯科医師，俳優，映画監督，ジャーナリスト，クリケット選手などが長官に任命されてきた。ムンバイー市の他，コルカタ市に「長官職」が置かれている。ムンバイー市自治体（Municipal Corporation of Greater Mumbai）の行政の長は，市長（Mayor）であり，名誉職の市長官職とは異なる [Law and Judiciary Department, Government of Maharashtra. n.d.]。

6　ファクルッディーン・コラキワーラーは，ボーホラ・ムスリム（Bohra Muslim）コミュニティ出身として著名な企業家で，アカバラーリー・デパート（Akabarallys departmental stores）の創業者である。また 2000 年から 2011 年までニューデリーにある国立イスラーム大学（Jamia

は独自に調査委員会をビワンディー市に派遣し，暴動が発生しなかった要因を調査した。調査結果として，以下5点の見解が公表された。第一に，1970年5月の1984年5月の2度にわたって暴動が発生したビワンディー市では，1990年にコープデー市警察次官がヒンドゥーとムスリムの住民間の協議の場としてモハッラー・コミッティを創設していた。第二に，ビワンディー市警察と住民は，犯罪情報を共有するために，定期的に会合を開催していた。第三に，ビワンディー市警察は市中を車両で巡回し，多文化主義的な共生を訴えるメッセージを標榜しながら，住民間の対立を煽る噂が流布していないかどうか常に監視に当たっていた。第四に，バーブル・モスク破壊事件後，グラブラーオ・ポール（Gulabrao Pol）市警察次官の指揮下にモハッラー・コミッティのメンバーと市警察が監視・巡回を強化していた。第五に，市警察は十分な防御や装備もままならず，市警察署内にはトイレすら設置されていない劣悪な労働環境下にもかかわらず，暴動の再発を予兆して，迅速な対応を行った結果，予防に奏功していた［Singh 1993］。コラキワーラーは，ビワンディー市では市警察と住民による暴動予防を目的としたコミュニティ・ポリシング活動が展開されていたことを究明した。

この調査結果を受けて，コラキワーラーは1993年3月に会議派のパワール（Alexander Sharad Pawar）州首相に，ビワンディー市のモハッラー・コミッティをムンバイー市で採用するように提案した。パワール州首相の賛同が得られた後，同年6月からジョーゲシュワーリー（Jogeshwari）地区，マヒーム（Mahim）地区，ガトコパール（Ghatkopar）地区，コラバ（Colaba）地区の4地域を選定し，モハッラー・コミッティを模倣する形で段階的にコミュニティ・ポリシング活動に着手していった［Barve 2003: 169-170］。コラキワーラーは，暴動が収束した後，即座に近隣地域の状況を把握し，暴動が再発しなかったビワンディー市へ調査委員会を派遣した。暴動発生から5か月後には，調査結果を州首相に報告した後，市内4地点でモハッラー・コミッティによるコミュニティ・ポリシング活動に着手した。特筆すべきは，州首相が暴動時に憎悪を向けられる側であったムスリムのリーダーによるコミュニティ・ポリシング活動の導入を受け

Millia Islamia）の総長を務めた。2011年7月5日，93歳で死去した［Datta 2011］。

入れ，即座に創設を認めたことである。暴動後の復興に取り組む上で，住民からの不信と不満の矛先となった州政府とムンバイー市警察の信頼回復に努めようとした姿勢の表れと言えよう。

　ムンバイー市のモハッラー・コミッティの活動目的は，第一に市警察と住民との交流を促進して良好な関係を構築し，第二に多文化主義的な共生を維持することと設定された。[7]ムンバイー市全域で市警察署の管轄区分ごとに支部を興しながら，徐々に展開していったが，創設当初から住民に歓迎されたわけではない。暴動とテロで傷心した住民にとって，市警察との協力によって機能するコミュニティ・ポリシング活動への参画は容易に受け入れられるものではなかった。そこで，1994 年 6 月には，ムスリムが多く住むマヒーム地区において，クリスチャンのリベイロ元市警察長官，ヒンドゥーのサハネイ（Satish Sahney）市警察長官，そして社会活動家でヒンドゥーのバールヴェーが参加し，住民の代表者と複数回にわたる会合を開催して，住民をめぐる状況，警察不信の実態について協議した。この会合で，市警察のトップは住民と直に面談して，住民の持つ警察不信がいかに根強いものか，実感したという［Barve 2003: 171-190］。

　また警察リーダーのサハネイは，この会合で警察の対応に激高した住民から罵声や怒りの言葉をぶつけられた。[8]丹念に面談を繰り返していくと，市警察が無実のムスリム青年を予防拘禁の名のもとに勾留していたことが判明した。サハネイは犯罪歴のない住民には不当な法執行を行わないように指示を下すことを確約した［Singh 2002b］。会合に参加することで，2 人の警察リーダーはムスリム住民の生活状況や不満を理解し，また住民側にとっても面会が容易ではないムンバイー市警察長官と直接対話し，自らの意見を表出する機会を得た。このマヒーム地区での会合を経て，この地域はモハッラー・コミッティのコミュニティ・ポリシング活動における中核地点の一つとなった。

　創設当初，ムンバイー市のモハッラー・コミッティは，ムスリムのコラキワーラー市長官，クリスチャンのリベイロ，ヒンドゥーのサハネイという 2 人の著

7　2010 年 3 月から 4 月，2011 年 1 月から 2 月にムンバイー市内にて筆者が行った MCMT メンバー 22 名への聞き取り。

8　2010 年 4 月 13 日，サティーシュ・サハネイへの聞き取り。

名な市警察長官，ヒンドゥーの社会活動家バールヴェーという所属宗教も職業も異なったリーダーたちが携わっていた。彼らの存在こそが，モハッラー・コミッティの訴える宗教の差異を超えた多文化主義的な共生を具現化していたと言えよう。

(2) 活動拠点の設置

ムンバイー市のモハッラー・コミッティは市長官と市警察のリーダーが創設を担ったが，徐々に住民の参画が拡大すると，住民のリーダーシップの下に住民の組織化が進められていった。1996年10月2日には1950年ボンベイ・パブリック・トラスト法（the Bombay Public Trust Act）の下にリベイロを組織の長としたモハッラー・コミッティ・ムーブメント・トラスト（以下「MCMT」と略する）との名称で活動が公認された[9]。

MCMTの活動範囲は，市警察の管轄区に基づいている。表3-3「ムンバイー市警察署の一覧」は，2014年2月時点での市警察署を列挙している。市警察の管轄区は，北部地域（North Region），中央地域（Central Region），東部地域（East Region），西部地域（West Region），南部地域（South Region）の5地域に分かれ，さらにゾーン1から12，および港湾ゾーン（Port Zone）の13区域に細分されて，市内には計88か所の警察署が設置されていた[10]。例えば，市警察官が自らの担当区域を言及する際には，「中部地域，ゾーン5のマヒーム市警察署」となる[11]（表3-3）。

活動拠点として，元市警察長官であるリベイロとサハネイがゾーン3のウォーリー地区にそれぞれ所有するオフィスが設置されている。MCMTのメンバーには，ファシリテーターと呼ばれ，担当区域の意見を集約し，市警察との連絡を担う中核的な住民リーダーと，彼らを補佐し，活動に協力する居住区メンバーの2つの参加形態が確認できる。1つの担当区域には最大で4名程度

9　"Mohalla Committee Movement Trust". n.d.. http://ccbtindia.org/page1.html（2011年10月21日閲覧）.

10　本書では住民生活に直結して法執行活動に従事するという点で88か所の市警察署を挙げている。加えてムンバイー市警察ゾーン8にはサイバー犯罪に特化したサイバー警察署（cyber police station），国際および国内空港内の法執行活動を担う空港警察署（Airport）の2か所が設置されていた［Mumbai Police."Police Station Maps". n.d.］。

11　2010年4月8日，サダナンド・ダーテへの聞き取り。

表 3-3　ムンバイー市警察署の一覧（2014 年 2 月時点）

所属ゾーン・地域	管轄内の警察署
ゾーン1：南部地域 （7 警察署）	コラバ（Colaba），クフェ・パラデ（Cuffe Parade），マリーン・ドライブ（Marine Drive），アザード・メイデン（Azad Maidan），M.R.A. マルグ（M.R.A. Marg），ドーングリー（Dongri），J.J. マルグ（J.J. Marg）
ゾーン2：南部地域 （6 警察署）	フィドニー（Pydhonie），L.T. マルグ（L.T. Marg），V.P. ロード（V.P. Road），D.B. マルグ（D.B. Marg），ガンデヴィ（Gamdevi），マルバール・ヒル（Malbar Hill）
ゾーン3：中央地域 （6 警察署）	タルデーオ（Tardeo），ナグパーダー（Nagpada），アグリパーダー（Agripada），バイキューラー（Byculla），ウォーリー（Worli），N.M. ジョッシー（N.M. Joshi）
ゾーン4：中央地域 （7 警察署）	ボーイワーダー（Bhoiwada），カラチョーキー（Kalachowkey），マトゥンガ（Matunga），R.A.K（R.A.K.），サイオン（Sion），アントップ・ヒル（Antop Hill），ワーダーラー・トラック・ターミナル（Wadala Truck Terminal）
ゾーン5：中央地域 （7 警察署）	シヴァージー・パーク（Shivaji Park），マヒーム（Mahim），シャフー・ナガル（Shahu Nagar），クルラ（Kurla），ダーラヴィー（Dharavi），ダーダル（Dadar），ヴィノバ・バーヴ・ナガル（Vinoba Bhave Nagar）
ゾーン6：東部地域 （10 警察署）	チェンブール（Chembur），ネルー・ナガル（Nehru Nagar），トロンベイ（Trombay），R.C.F. コロニー（R.C.F.），デオナール（Deonar），シヴァージー・ナガル（Shivaji Nagar），ティラク・ナガル（Tilak Nagar），マンクルド（Mankhurd），チュナバッティ（Chunabhatti），ゴヴァンディ（Govandi）
ゾーン7：東部地域 （8 警察署）	ガトコパール（Ghatkopar），パント・ナガル（Pant Nagar），ヴィクローリー（Vikhroli），パークサイト（Parksite），バンドアップ（Bhandup），カンジュールルマルグ（Kanjurmarg），ムルーンド（Mulund），ナヴガール（Navghar）
ゾーン8：西部地域 （4 警察署）	ヴァコラー（Vakola），ヴィレパレ（Vileparle），ケールワーディ（Kherwadi），バンドラ・クルラ・コンプレックス（Bandra Kurla Complex）
ゾーン9：西部地域 （7 警察署）	バンドラ（Bandra），カール（Khar），サンタクルズ（Santacruz），ジュフー（Juhu），D.N. ナガル（D.N. Nagar），ヴァルソヴァ（Versova），オシワラー（Oshiwara）
ゾーン10：西部地域 （6 警察署）	メゲワディー（Meghwadi），ジョーゲシュワーリー（Jogeshwari），サキナカ（Sakinaka），ポワイ（Powai），アンデーリー（Andheri），MIDC（MIDC）
ゾーン11：北部地域 （9 警察署）	ゴレガーオン（Goregaon），マラド（Malad），マルワーニー（Malwani），カンディヴァリ（Kandivali），チャールコプ（Charkop），M.H.B コロニー（M.H.B. Colony），ゴライ（Gorai），バングル・ナガル（Bangur Nagar），ボリヴァリ（Borivali）
ゾーン12：北部地域 （7 警察署）	アーレイ・サブ（Aarey Sub），ディンドシー（Dindoshi），クラール（Kurar），サンタ・ナガル（Samta Nagar），カストゥールバ（Kasturba），ヴァンライ（Vanrai），ダヒサール（Dahisar）
港湾ゾーン：南部地域 （4 警察署）	イエロー・ゲート（Yellow Gate），ワーダラー（Wadala），セウリー（Sewree），ムンバイー・サガリ（Mumbai Sagari）

出典）［Mumbai Police."Police Station Maps". n.d.］より筆者が作成。

注）MIDC は，アンデーリー地区に隣接する居住区で，マハーラーシュトラ産業開発特区（Maharashtra Industrial Development Corporation）の略である。本書では，現地での MIDC との表記および呼称に従う。

のファシリテーターがおり，教員，医師，弁護士，商店主，社会活動家といった住民と接触する機会が多い職業に就き，担当区域の状況を把握しうる人びとであった。ファシリテーターの役割は個々の担当区域の状況によるが，居住区メンバーを組織化することに加え，MCMT が主催するイベントの広報と参加の呼びかけ，住民間の諍いの介入，生活改善の聞き取りが挙げられる。ファシリテーターは定期的に担当区域内にある警察署に出向いて，市警察副長官と面会し，解決策を協議する。諍いに対しては，市警察による介入の有無について判断する。生活改善が求められる場合には，ゴミや廃棄物の処理を行うチームを組織化し，道路，橋梁，水道，電線などインフラ整備が必要であれば，ファシリテーターが代表して市行政の担当者に申請する[12]。

　ファシリテーターには，さらに 20 名から 30 名ほどの居住民メンバーが補佐役となって，コミュニティ・ポリシング活動に参画している。入会規約は設けられていないが，居住区メンバーになるには，事前に MCMT の主催する会合やイベントに参加し，ファシリテーターに書面で加入申請を提出する。特定政党との関係を持たず，また犯罪歴がないことが求められる。MCMT の居住区メンバーは所属宗教ごとの人数の割り当てが定められておらず，個人の主体性に依っている[13]。

　リベイロのオフィスではファシリテーターは資金源となる寄付金を募り，それに基づいた活動の周知と情報公開のために年次報告書の作成を行っている。

　州政府からの公認を受けたとはいえ，MCMT の活動を支えてきたのは，活動に賛同した企業や著名人からの寄付金のみである。年間の活動資金は年次報告書に明記され，寄付者を対象に使途が公開されていた。例えば，2009 年 3 月 31 日付の収支報告書には年間 135 万 6,000 ルピーの寄付が集まっていた［The Mohalla Committee Movement Trust 2010: 14-15］。MCMT のコミュニティ・ポリシング活動は，行政からの財政支援を受けておらず，また市警察官の参画もあくまで主体的であった。翻れば，行政からの財政支援を受けてこなかったゆ

---

12 ゾーン 5 のファシリテーター，アーリフ・アーリー・サイード（Arif Ali Syed）との私信（2009 年 7 月 13 日および 2009 年 9 月 7 日）。

13 ヴィクローリー地区のファシリテーター，ジェニー・シン（Jenny Singh）提供の MCMT 作成の資料より（2011 年 1 月 20 日）。

えに，活動への介入の度合いが低く，住民がリーダーシップを発揮して，主体的かつ柔軟にコミュニティ・ポリシング活動を展開することが可能となったわけである。

ファシリテーターは，毎月第3木曜日にゾーン3のウォーリー地区のネルー・センター（Nehru Centre）内にある警察リーダーのサハネイが所有するオフィスで開催される会合に出席することが慣行となってきた。筆者は2010年10月と2015年1月の2度にわたって，このファシリテーター会合への参与観察を行った。ファシリテーター会合には，リベイロ，サハネイ，メンドンサといった退職した警察リーダーに加えて，毎回異なるゾーンに属する現職の市警察副長官が出席してきた。会合ではリベイロが議長を務め，担当地域ごとに41管轄区のファシリテーターが住民間の諍いや犯罪発生に関する状況を報告し，対応を協議する。2010年10月29日に行われたファシリテーター会合では，各地域の状況報告，市警察と共催するイベント「コミュナル・ハーモニー・ウィーク」（Communal Harmony Week）の計画立案，翌2011年1月から市内全域で開催する「ピース・クリケット大会」（Peace Cricket Match）の，以上三項目が話し合われた。[14] また2015年1月17日のファシリテーター会合では，ダーラヴィー地区のファシリテーターと市警察が協力して違法薬物の売人を検挙した成果など，それぞれのファシリテーターが担当区域の状況を報告した。さらに会合に出席していたゾーン3の中央地域を管轄する2名の市警察副長官が自身の所有する携帯電話番号を出席者全員に口頭で周知し，犯罪情報の提供とともに，警察リーダーの介入が必要な場合には，いつでも遠慮なく連絡するように伝えていた。[15] ファシリテーター会合は，警察リーダーの臨席の下に，ファシリテーターがそれぞれの状況報告を行い，また行事の開催計画を協議するなど，警察と住民が情報を共有し，対等に対話する場として機能していた。

(3) 多文化主義的な参画の状況

MCMTのファシリテーターは，ヒンドゥー，ムスリム，クリスチャンの住民で構成されている。筆者が入手したデータによると，2014年6月時点で，

14　ウォーリー地区で開催されたファシリテーター会合での参与観察より（2011年10月29日）。
15　ウォーリー地区で開催されたファシリテーター会合での参与観察より（2015年1月17日）。

表 3-4　担当地区ごとのファシリテーターの所属宗教および性別（2014 年 6 月）

担当ゾーン・地域 ※1	担当地区の市警察署 ※2	ファシリテーターのイニシャル ※3	所属宗教	性別
ゾーン 1：南部地域（2/7 警察署）	コラバ	F・S	ムスリム	男
		G・K	ヒンドゥー	男
	クフェ・パラデ	M・B・S	ムスリム	男
ゾーン 2：南部地域（1/6 警察署）	D. B. マルグ	S・A・G	ムスリム	男
		N・S	ムスリム	男
		Q・A	ムスリム	男
ゾーン 3：中央地域（4/6 警察署）	ナグパーダー	Y・S	ムスリム	女
		Z・Q	ムスリム	男
	アグリパーダー	Y・S	ムスリム	女
		Z・Q	ムスリム	男
	バイキューラー	S・H	ヒンドゥー	男
	ウォーリー	V・P	ヒンドゥー	女
		L・F	クリスチャン	女
ゾーン 4：中央地域（1/7 警察署）	アントップ・ヒル	S・P	ヒンドゥー	男
ゾーン 5：中央地域（5/7 警察署）	シヴァージー・パーク	B・P	ムスリム	男
		A・K	ムスリム	男
		U・D	ヒンドゥー	男
	マヒーム	B・P	ムスリム	男
		A・K	ムスリム	男
	シャフー・ナガル	A・M	ムスリム	男
	ダーラヴィー	B・K	ヒンドゥー	男
		P・R	クリスチャン	男
		P・R	ヒンドゥー	男
		G・K	ムスリム	男
	ダーダル	V・P	ヒンドゥー	女
		S・P	ヒンドゥー	男
		L・F	クリスチャン	女
ゾーン 6：東部地域（3/10 警察署）	チェンブール	V・R	ヒンドゥー	男
	シヴァージー・ナガル	A・R	ヒンドゥー	男
		A・A	ムスリム	男
	ゴヴァンディ	A・R	ヒンドゥー	男
		A・A	ムスリム	男
ゾーン 7：東部地域（2/8 警察署）	ヴィクローリー	J・R・S	クリスチャン	女
	カンナワールナガル	C・D	クリスチャン	女
	パークサイト	M・A	ムスリム	女
ゾーン 8：西部地域（3/4 警察署）	ヴァコラー	D・A	ヒンドゥー	男
		N・V	ヒンドゥー	男
	ケールワーディ	N・K	ムスリム	女
	バンドラ・クルラ・コンプレックス	K・S	ムスリム	女
		F・Q	ムスリム	女
		I・M	ムスリム	男

出典）[MCMT ファシリテーターのマリア・イシュワラーおよびサントーシュ・パールカール（Santosh Palkar）から提供の資料 "List of Facilitators, police stationwise and zonewise"（2014 年 6 月 3 日入手）] より筆者が作成。

ゾーン	地区	氏名	宗教	性別
ゾーン 9： 西部地域 （4/7 警察署）	バンドラ	S・D	ヒンドゥー	男
		I・S	ムスリム	男
	カール	A・T	ヒンドゥー	女
		I・S	ムスリム	男
	サンタクルズ	A・T	ヒンドゥー	女
	ヴァルソヴァ	A・K	ヒンドゥー	男
		S・M	ヒンドゥー	女
ゾーン 10： 西部地域 （6/6 警察署）	メゲワディー	L・M	ムスリム	男
		D・M	ヒンドゥー	女
		F・S	ムスリム	女
		M・I	クリスチャン	女
	ジョーゲシュワーリー	M・I	クリスチャン	女
	サキナカ	A・S	ムスリム	男
		J・H	クリスチャン	女
	ポワイ	A・P	ヒンドゥー	男
	アンデーリー	H・P	ムスリム	男
		M・I	クリスチャン	女
	MIDC	M・I	クリスチャン	女
ゾーン 11： 北部地域 （3/9 警察署）	マラド	P・S	ヒンドゥー	男
		S・G	ムスリム	男
		M・U・S	ヒンドゥー	男
	マルワーニー	P・S	ヒンドゥー	男
		S・G	ムスリム	男
		M・U・S	ヒンドゥー	男
	M.H.B コロニー	A・C	クリスチャン	男
		M・F	クリスチャン	女
ゾーン 12： 北部地域 （4/7 警察署）	ディンドシー	M・R	ヒンドゥー	男
	クラール	V・D	ヒンドゥー	男
		S・D・K	ヒンドゥー	男
	サンタ・ナガル	R・C	ヒンドゥー	男
	ダヒサール	J・P	ヒンドゥー	女
港湾ゾーン： 南部地域 （3/4 警察署）	イエロー・ゲート	V・S	ヒンドゥー	男
		R・L	クリスチャン	男
		S・I	ヒンドゥー	男
		M・I	ヒンドゥー	男
	ワーダラー	V・S	ヒンドゥー	男
		R・L	クリスチャン	男
		S・I	ヒンドゥー	男
		M・Z	ヒンドゥー	男
	セウリー	V・S	ヒンドゥー	男
		R・L	クリスチャン	男
		S・I	ヒンドゥー	男
		M・Z	ヒンドゥー	男

注※1）ゾーン，地域で示している（y/x 警察署）とは，そのゾーンおよび地区に属する管轄内のすべての警察署（x）のうち協力関係にあったとされる数（y）を示している。例えば（4/7 警察署）とした場合には管轄ゾーン内にある 7 か所のうち 4 か所の警察署と協力関係にあったことを示している。

※2）太字で示した警察署は，特にファシリテーターと親密な関係を構築（good rapport with police）していると報告があった地域である。

※3）警察署ごとに列挙されたファシリテーターの氏名を記載している。同一のファシリテーターが複数の警察署と協力して活動をまとめる場合も散見されたが，重複した場合も挙げている。

およそ4割にあたる41の市警察署がコミュニティ・ポリシング活動に参画していた。表3-4「担当地区ごとのファシリテーターの所属宗教および性別」は、参画する市警察署をゾーンと地区ごとに分け、それぞれの担当区域のファシリテーターのイニシャル、所属宗教および性別をまとめたものである。実際に入手したデータにはファシリテーターの氏名が明記されていたが、個人情報保護の観点からイニシャルで表記している。

2014年6月の時点で、61名のファシリテーターが参画しており、その内訳は男性45名、女性16名で、所属宗教ごとに分けると、ヒンドゥー28名、ムスリム24名、クリスチャン9名であった。さらに、地域によってはファシリテーターがヒンドゥーのみ、ムスリムのみ、ヒンドゥー、ムスリム、クリスチャンが混成していた場合も確認できる。所属宗教の異なる男女が主体的に参画してきたメンバー構成は、まさしくMCMTの掲げる多文化主義的な共生を体現していると言えよう。

第3節　コミュニティ・ポリシング活動への住民の参画

MCMTによるコミュニティ・ポリシング活動の特徴として挙げられるのは、活動目的として挙げる多文化主義的な共生を具現化するべく、所属宗教が異なる住民が主体的に参画してきたことである。

ムスリムによるシンボルの考案

MCMTの創設にはムスリムのコラキワーラー市長官の提言を州首相が公認したとの経緯があるため、その後もムスリムが住民リーダーとして主体的に参画する傾向にある。

2001年センサスでのムスリム人口が、マハーラーシュトラ州では10.6％（1,027万485人）に対し、ムンバイー市では22％（73万4,484人）を占めていた。人口の2割超を占め、暴動時に憎悪を向けられてきたムスリムが、主体的にコミュニティ・ポリシング活動に参画してきたという事実は、非常に意義深い。

第一に、MCMTの活動を特徴づける多文化主義的な共生の促進を訴えたメッセージを考案したのは、ダーラヴィー地区でファシリテーターを務めていたム

写真 3-2　MCMT のシンボルマークとスローガン

出典）2011 年 2 月，ムンバイー市にて筆者が入手したピース・クリケット大会の招待状。

注）4 人の少年のうち，写真左から，クリスチャン，スィク，ムスリム，ヒンドゥーの衣装を身に着けている。

スリムのワカール・ハーン（Waqar Khan）である。1996 年に，ハーンは住民に向けて，より明確な活動のアピールが必要と考え，ヒンディー語で「われわれはみな一つだ」(Ham Sab Ek Hain) とのスローガンとシンボルマークを考案した[16]（写真 3-2)。MCMT シンボルには横並びにクリスチャン，スィク，ムスリム，ヒンドゥーの宗教装束を纏った 4 人の子どもの姿が据えられ，宗教の差異を越えた多文化主義的な共生の促進を訴えている。

　ハーンが考案したシンボルとスローガンは，MCMT のポスター，バーナー広告，イベントへの招待状，ピース・クリケット大会のユニフォームに用いられてきた[17]。このシンボルとスローガンは，視覚的にも平明で，独自性もあるため，MCMT のコミュニティ・ポリシング活動を住民に普及する上で，有用なものとなってきた。

16　ハーンはダーラヴィー地区で長年にわたって多文化主義的な共生の促進に貢献してきたとして，2008 年 3 月にガーンディー記念国際財団（Gandhi Memorial International Foundation)から，ガーンディー平和賞を受賞した。翌 2009 年 4 月 10 日に心臓発作により 42 歳で急逝した [Hammed 2009]。

17　2010 年 4 月実施のムンバイー市での参与観察。

祝祭時の予防活動

2001 年センサスによると，ムンバイー市では 647 万 5,440 人，住民の 54.1％がスラムに居住しており，劣悪な環境や困窮した生活の改善に着目したコミュニティ・ポリシング活動が一層重要となる。

アジア最大のスラムと呼ばれたダーラヴィー地区では，ヒンドゥーのガネーシャ祝祭の期間中に，祭列者のヒンドゥーと祭列の通過ルートに面して居住するムスリム住民との間で諍いが頻発していた[18]。そこで，MCMT のファシリテーターと居住区メンバーはこの地域で開催される全ての宗教祝祭時に，宗教コミュニティの代表者を集め，祭列の通過ルート，音量の規制といったルールを策定していった。ルールに沿って祭列が開催されるようになると，ムスリム住民からヒンドゥーの祭列者に飲み水が提供されるなど，双方の関係が徐々に良好となっていった。ヒンドゥーの祭列者もムスリムが集住する地区で，祭列中に流す音楽のステレオ音量を下げたり，楽器演奏も一時中断するなど，配慮するようになった［Sharma 2000: 147-151］。過去の暴動事例を踏まえると，常態的に問題となってきた祝祭時の住民間の諍いは，憎悪犯罪を引き起こし，暴動に悪化することが危惧されてきた。そこで，ダーラヴィー地区の MCMT のムスリムのファシリテーターと居住区メンバーは祝祭を組織する代表者を集め，協議しながら，祭列のルールを決定し，住民間の諍いを予防していった。その結果，祭列に参加したヒンドゥーに対して，ムスリムが飲み水を提供するなど，相互理解と寛容，そして多文化主義的な共生の促進につながった。

同じくダーラヴィー地区で，1998 年から居住区メンバーとなったムハンマド・ハーン（Mohammad Ayub Khan）も祝祭時の諍いに介入していた。2010年 10 月に行われたガネーシャ祝祭では，ヒンドゥーの青年グループが泥酔し，ヒンドゥー寺院に乱入して暴れるなど，住民の間に不穏な空気が流れていた。ムハンマド・ハーンはダーラヴィー市警察署に所属する市警察官とともに，域内を巡回中にこの酔った青年たちの身柄を確保して，朝まで付き添って酔いを醒まし，解散させた[19]。宗教祝祭時には，事前に祭列にかかわるルールを決定

---

18 ガネーシャは人間の胴体に象の頭という知恵と富を司る神。ガネーシャ祝祭はボンベイでは 9 月から 10 月にかけて開催され，町中で多くの人びとが粘土で作ったガネーシャの像を担いで通りを練り歩き，川，海や湖に投げ込みに行く［斉藤 1977: 122-124］。

19 2012 年 12 月 22 日，ムハンマド・ハーンへの聞き取り。

したとしても，群衆が行き交い，とかく混乱や諍いが発生しやすい。ムスリムの居住区リーダーが市警察官とともに監視・巡回を行って，住民の諍いへの介入が効果を発揮したことが確認できる。

MCMT のファシリテーターは，所属宗教にかかわらず，断食明けに行われるムスリムの祝祭イード・ウル・フィトル，ヒンドゥーのガネーシャ祝祭，子どもを対象にしたクリスマスを開催し多くの住民を集めて多文化主義的な共生の理解を促そうと取り組んできた。[20] 祝祭時には市警察官と MCMT のメンバーがともに巡回を行い，祭列の安全な進行を監視していた。祝祭時に反ムスリムや反ヒンドゥーのスローガンを叫ぶ者や悪意ある噂を流す者を発見した場合には，身柄を確保し，排除していた。[21]

MCMT のコミュニティ・ポリシング活動のなかでも，住民間の諍いが発生する傾向にあった祝祭において，ムスリムのリーダーが中心となって祭列の安全な進行に向けたルール策定，市警察との監視・巡回，宗教祝祭の共同開催といった活動に着手したことは，直接的に暴動を予防する効果を発揮していた。

クリーン作戦の実施

かつて MCMT の創設当初，リベイロ，サハネイ，バールヴェーがムスリム住民と会合を開催したマヒーム地区では，1994 年からムスリムのパールカール（Burhan Parkar）がファシリテーターを務めてきた。パールカールを含め，3 人のファシリテーターの下に，居住区メンバー 35 人が参画してきた。彼らは毎月第 2 土曜日に住民との定例会合を開催し，情報交換や住民からの要望を聞き取ってきた。

近年，マヒーム地区で問題になってきたのは犯罪発生による治安の悪化である。特にこの地域は，マヒーミー（Makhdoom Fakih Ali Mahimi）聖者廟があることから，多くのムスリムが行き交い，また参拝客から施しを受けようと物乞いが路上にあふれていた（写真3-3）。

こうした物乞いが聖者廟の周辺で配布される無料の食糧配給チケットを受け

20　2011 年 1 月 20 日，ゾーン 11 のファシリテーター，メアリー・フェルナンデス（Mary Fernandes）への聞き取り。

21　2010 年 4 月 8 日，サダナンド・ダーテ（Sadanand Date）市警察副長官への聞き取り。

写真 3-3　マヒーム地区にある聖者廟と行き交う人々
出典）2016 年 1 月 19 日，マヒーム地区にて筆者撮影。

取り，それを売って得た金で，大麻草の一種であるガンジャーやハッシシといった違法薬物を乱用して，錯乱状態になって刃物を振り回すという事案も発生していた。夜間になると，マヒーム地区の通りには，薬物乱用者，薬物の売人，売春婦が徘徊しており，犯罪の温床となって荒廃していた。そこでパールカールは 2012 年 11 月にマヒーム地区で開催した会合に，ダーテ（Sadanand Date）市警察統合長官を招き，違法薬物の売買，売春婦の徘徊，駐車違反といった犯罪行為の横行について報告した。その後，同年 12 月にパールカールは他の MCMT ファシリテーターおよび居住区メンバーとともに徘徊していた路上の清掃に伴う，物乞い，薬物の売人，売春婦を一掃するクリーン作戦を決行した。このクリーン作戦の結果，不法分子の放逐が行われ，徐々に地域の安全が改善されるようになっていったという[22]（写真 3-4）。

　2012 年 12 月に実施されたクリーン作戦の効果が確認されたため，その後も定期的に実施されるようになり，範囲は居住スペースのみならず，マヒーム湾に面する海岸にまで及んでいる（写真 3-5）。

　マヒーム地区の MCMT は，創設当初の 1994 年に警察リーダーとムスリム住民との間で会合が催され，その後の活動の方針が決定した。マヒーム地区は，

22　2012 年 12 月 22 日，ブルハーン・パールカールへの聞き取り。

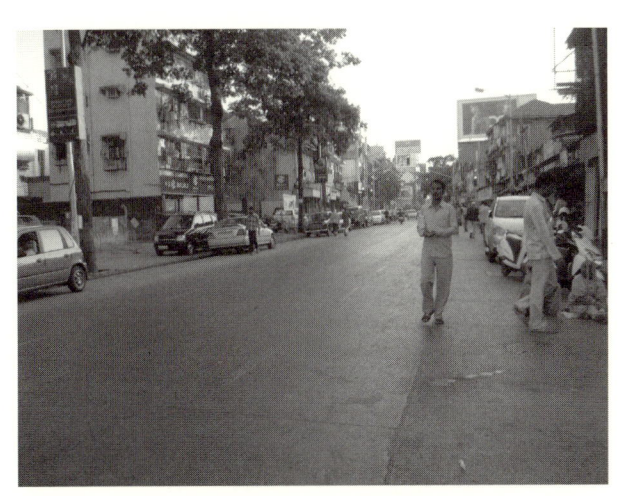

写真 3-4　クリーン作戦後のマヒーム地区（2012 年）
出典）2012 年 12 月 22 日，マヒーム地区にて筆者撮影。

写真 3-5　クリーン作戦後のマヒーム海岸（2016 年）
出典）2016 年 1 月 19 日，マヒーム地区にて筆者撮影。

言わば MCMT の範例とも言える地域である。地域全体の浄化を目的としたクリーン作戦と銘打って，薬物乱用に厳しい姿勢を示すことで，住民に秩序維持の行動を遵守するようにアピールしていた。また清掃と犯罪分子の放逐が住民の生活環境の改善につながっていた。諍いから犯罪が引き起こされ，そして暴動へと悪化しかねない状況を間接的に予防していたと言えよう。

技能習得による就職支援

　ムスリムが集住するイマームワーダー（Imamwada）地区では，インフラ整備が脆弱で，またヒンドゥーとムスリムの間で諍いが発生してきた。イマームワーダー地区では，築 100 年の共同アパートが有名で，歴史的にヒンドゥーとムスリムはそれぞれ分かれて生活してきた。子どもたちもヒンドゥーはマラーティー語の学校へ，ムスリムはウルドゥー語の学校に通い，意図的に交流することを避けてきた。1995 年 7 月に，清潔な水の確保と入手をめぐり，ヒンドゥーとムスリムの住民の間で諍いが発生した。この状況を察知した MCMT のファシリテーターは，双方の住民の代表者を集めて複数回にわたる会合を開催した。ファシリテーターは水道管の破裂が常態化し，清潔な水の入手が困難となっていたことを突き止めると，市行政に水道管修復工事の陳情を行った。合わせて，水の分配と問題解決に向けて，ヒンドゥー，ムスリムの代表が継続的に協議するように指示した。さらに，会合を重ねることで，住民間の諍いの遠因として，この地域の抱える失業問題が明らかになった。失業者の不満が凝集して，口論や小競り合いに発展していた。そこで，MCMT はイマームワーダー地区に失業者の就職支援を目的とした，電気工，配管工，大工の職業訓練所を開設し，また就業できるように工具一式を無償提供した。加えて，MCMT の警察リーダーのサハネイが中心となって，ヒンドゥーとムスリムの青年たちの交流を促進するために，バレーボールコートを設置した［Sharma n.d.: 7］（写真 3-6）。

　さらに，1997 年からは就職支援の拠点として，イマームワーダー・モハッラー・コミッティ・コンピューター・トレーニング・センター（Imamwada Mohalla Committee Computer Training Center，以下「PC センター」と略する）を開設した。PC センター内にはシティバンク社（Citi Bank）から寄付された中古のパソコンが 15 台設置され，また技能教習を行う専門の 1 名のムスリム

写真 3-6　イマームワーダー地区でバレーボールに興じる住民
出典）Sharma, n.d.: 7.

男性のアドミニストレーターが常駐していた［Barve 2003: 213］。筆者は 2010年 4 月に PC センターへの参与観察を行った。受講生は 13 歳以上で，基本コースとしてワード，エクセル，パワーポイント，ウェブサイトの閲覧を習得するコース，さらにウェブデザインを学ぶコースも開設されていた。センターでは，キャリアガイダンスとカウンセリングを受けることもでき，就職支援のための体制が整っていた。[23] PC センターの敷地に掲げられた看板には 1997 年の開設以来 15 年にわたって教育機会を提供しており，「受講生の成功のために力を尽くします」とのスローガンが掲げられ，就職相談に応じることが明記されている。また警察リーダーのリベイロ，サハネイが顧問として列挙されていた（写真 3-7）。

　PC センターのアドミニストレーターでムスリムのジャッバール（Shaikh Abdul Jabbar）によれば，受講生の多くが中間層に属する女性で，登録されていた 360 名のうち，ムスリムが 230 名，ヒンドゥーは 130 名であった[24]（写真3-8）。またイマームワーダー地区にいる市警察署配属の警察官もパソコン操作を学び，一般の受講生と講習内容について会話を交わし，さらにセンターで開催された多文化主義的な共生をテーマとした討論会に参加していた［Ghadially

---

23　イマームワーダー・モハッラー・コミッティ・コンピューター・トレーニング・センター配布のリーフレットより（2010 年 4 月 24 日入手）。

24　2010 年 4 月 24 日，シェイク・アブドゥル・ジャッバールへの聞き取り。

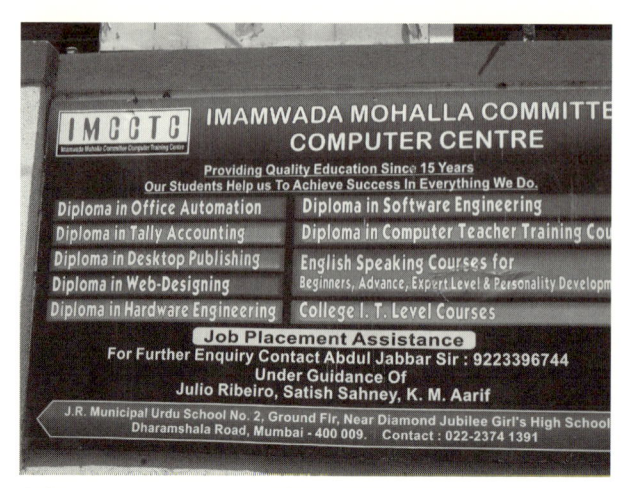

写真 3-7　イマームワーダー地区の PC センターの掲示板
出典）2010 年 4 月 24 日，イマームワーダー地区にて筆者撮影。

写真 3-8　イマームワーダー地区の PC センターにおける受講者
出典）2010 年 4 月 24 日，イマームワーダー地区にて筆者撮影。

2004: 10]。

　受講生のムスリム女性 S は，アドミニストレーターの教え方が分かりやすく，授業料も 1 コースにつき 300 ルピーと安価なため，パソコンの操作技術を学ぶことに満足していると回答した。そして MCMT が PC センターを開始して，イマームワーダー地区を中心としたネットワークを作り，住民の生活支援に従事してきたと述べた。[25] 受講生のムスリム女性は MCMT の取り組んできた就職支援を評価していた。また MCMT はムスリム女性のエンパワーメントを促し，生活改善を図っていた。加えて，市警察官も受講生として参加し，他の受講生と同じ教室で学びながら，交流する機会をもたらすなど，警察不信の回復を図っていたことが浮き彫りになる。

女性苦情相談所の開設

　MCMT は住民が抱えてきた警察不信を払拭し，主体的に警察署に訪れる機会を創出するために，1997 年から女性苦情相談所（Women's Grievances Redressal Cell）を設置してきた。女性苦情相談所はアンデーリー・イースト地区，MIDC 地区，ジョーゲシュワーリー地区，メゲワディー地区，ナグパーダー地区，ウォーリー地区，マンクールディ地区の，計 7 地区の市警察署内に開設され，女性を対象とした無料の法律相談を行う。相談員は MCMT のヒンドゥー，ムスリム，クリスチャンの女性の住民リーダーが務めてきた（写真 3-9）。7 拠点の女性苦情相談所の年間相談件数は，1997 年の開設当初の 60 件から，10 年後の 2007 年には 1,022 件にまで増加していた。相談件数の増加を受けて，2008 年にはヴェルソヴァ地区警察署内に，翌 2009 年にはサキナカ地区警察署内に相次いで相談所が開設され，市内 9 か所の市警察署内で運営されることとなった［The Mohalla Committee Movement Trust 2008: 9］。女性苦情相談所の開設された地域は，ゾーン 3 の中央地域に 2 か所，ゾーン 6 の東部地域に 1 か所，ゾーン 9 の西部地域に 1 か所，そしてゾーン 10 の西部地域に 5 か所である。1997 年の開設から 10 年間で相談件数が約 17 倍にまで増加しており，この数値は MCMT の女性法律相談所が住民に認知され，実際に相談を

25　2010 年 4 月 24 日，イマームワーダー地区在住 S（ムスリム，女性，10 代）への聞き取り。

写真 3-9　ジョーゲシュワーリー地区警察署内の女性苦情相談所
出典）2015 年 1 月 14 日，ジョーゲシュワーリー地区にて筆者が撮影。
注）相談員はクリスチャンとヒンドゥーで，手前の来談者はムスリムであった。

受けた効果が評価されてきたことの現れと言える。

　相談内容は，家庭内暴力，金銭トラブル，違法薬物の乱用，夫婦関係，嫁姑関係などが挙げられる。相談員を務めるファシリテーターは，その解決のために来談者の家族宛に市警察署内にある相談所への呼び出し文書を作成して，手渡す。この呼び出しに応じない場合や，事件化が想起されるなど事態の深刻度が高まった場合には，相談所が開設されている市警察署内に配属されている市警察官が介入することになる[26]。

　表 3-5「女性苦情相談所における相談件数と解決件数」は，2008 年 1 月から2009 年 3 月の 14 か月間の市内 9 か所の女性苦情相談所における相談件数と解決件数をまとめたものである。

　14 か月間での 9 か所の相談所における相談件数は計 1,391 件，解決まで至ったのは 824 件で，その解決率は 59.2% であった。特に相談件数と解決率がともに高かった地域は，訴訟代理人でムスリム女性のヤズミーン・シェイク（Yasmin Shaikh）が相談員を務めていたナグパーダー地区である。シェイクは住民から

26　2011 年 1 月 28 日，アンデーリー・イースト地区警察署および MIDC 地区警察署の女性苦情相談所の相談員を兼任するマリア・イシュワラーン（Maria Ishwalah）への聞き取り。

表 3-5　女性苦情相談所における相談件数と解決件数（2008 年 1 月〜2009 年 3 月）

女性苦情相談所の設置地区	相談件数	解決件数	解決率（%）
MIDC	245	146	59.5
アンデーリー	245	136	55.5
ジョーゲシュワーリー	134	85	63.4
メゲワディー	114	58	50.8
ナグパーダー	268	205	76.4
ウォーリー	230	121	52.6
マンクルド	108	54	50.0
ヴァルソヴァ（2008 年 10 月開設）	32	12	37.5
サキナカ（2009 年 2 月開設）	15	7	46.6
合計	1,391	824	59.2

出典）［The Mohalla Committee Movement Trust 2008：9］より筆者が作成。
注※ 1）解決率は相談件数に対する解決件数から算出した。

信頼を得るためには，秩序維持の遵守と多文化主義的な共生をアピールするだけでなく，日常的に住民の要望に沿ったサービスを提供していく必要があると主張した。[27] 暴動の危機が迫っていない時期に住民に対してその予防を訴え，コミュニティ・ポリシング活動への関心を喚起するのは容易ではない。シェイクの発言から，ファシリテーターは暴動予防を訴えるだけでなく，住民の生活改善に帰する活動を通じた信頼の獲得を重要視していたことが判明する。

　市警察署内で女性苦情相談所が運営されてきたことには，2 つの意味合いがある。第一に，女性にとって，市警察官は無差別発砲や不当逮捕を繰り返してきた畏怖の対象であり，市警察署へ立ち寄ることは長らく忌避されていた。そこで，市警察署内に相談所を開設して，定期的に訪れることができる仕組みを作り，女性が抱えてきた警察不信を払拭する機会を創出した点である。第二に，相談所が婚姻関係や家庭内暴力といった住民間の諍いに介入することで，市警察が暴力や殺傷に進展しかねない状況を事前に把握しうる手法を生み出した点である。

　スポーツを介した警察不信の回復

　MCMT の年間行事のなかでも，1997 年から開催されてきたピース・クリケット大会は比重が置かれてきたイベントである。南アジア地域で，国民的人気を

27　2010 年 4 月 24 日，ヤズミーン・シェイクへの聞き取り。

集めるクリケットはスポーツの域を超え，国際関係にも影響を及ぼしてきた。インドとパーキスターンの代表チームが国際試合を行った際には，ヒンドゥーとムスリムが小競り合いを起こす事件も発生していた。

　ピース・クリケット大会はトーナメント形式で市警察署の管轄区ごとに全88チームが参加する規模の大きい行事である。開催の目的は，スポーツを通じてヒンドゥー，ムスリム，クリスチャンの住民間の交流と，市警察と住民間の交流を促進することである。周辺住民も観戦するなど，住民にMCMTのコミュニティ・ポリシング活動をアピールする上で有益なイベントとなってきた。1チームは巡査と警部の2名の市警察官，それに2名以上のマイノリティ・コミュニティを含めた計16名から編成される。チームのキャプテンは警部が務め，選手には18歳から22歳までの年齢制限が課せられている。このイベントには若年層に向けて多文化主義的な共生をアピールするねらいがあるためである[28]。

　2011年1月20日にゾーン7のヴィクローリー（Vikroli）地区で行われたピース・クリケット大会準決勝の開会式では，全ての選手がMCMTの掲げる「われわれはみなひとつだ」のスローガンを宣誓していた（写真3-10）。宣誓時には，MCMTの多文化主義的な共生の促進という活動目的を視覚的にアピールするために，クリスチャン，ムスリム，ヒンドゥー，スィクの宗教装束を身に付けた4人の青年と1人の市警察官の5人が壇上に立っていた（写真3-11）。選手はMCMTのシンボルマークがプリントされた揃いのユニフォームと帽子をかぶり，市警察が支給したジャージを着用していた[29]。

　筆者は試合会場で選手として参加していたヒンドゥーおよびムスリムの住民にそれぞれ聞き取りを行った。2010年4月にゾーン7のムルーンド（Mulund）地区で行われた試合に参加していたヒンドゥーの選手Mは，チーム内では選手同士が自然に会話を交わすようになり，連絡先を交換して，ムスリムやクリスチャンの選手とも友人関係を築くようになったという。またMはクリケット大会に参加して以来，諍いや犯罪が発生した場合にも臆することなく警察署

28　2010年4月18日，ダニエル・シン（Daniel Singh）への聞き取り。

29　2010年4月18日実施，ヴィクローリー地区での参与観察。

写真 3-10　ピース・クリケット大会での選手宣誓 (1)
出典）2011 年 1 月 20 日，ヴィクローリー地区にて筆者撮影。

写真 3-11　ピース・クリケット大会での選手宣誓 (2)
出典）2011 年 1 月 20 日，ヴィクローリー地区にて筆者撮影。
注）写真は，左からムスリム，クリスチャン，ヒンドゥー，スィクを模している。

を訪れ，警察官に相談していると述べた[30]。M の発言はクリケットに参加することで，多文化主義的な共生が促され，警察不信の回復につながっていたことを表している。M の事例から，クリケット大会に選手として参加することで，住民が主体的に警察署を訪れ，諍いや犯罪に関する情報提供を行うようになるなど秩序維持の行動の遵守につながったと考えられる。

　ムスリムの選手からも同様の回答が得られた。2011 年 1 月 29 日にゾーン 6 のシヴァージー・ナガル地区で行われた決勝において，ムスリムの選手 K はヒンドゥーのチームメイトと連絡を取るようになり，徐々に友人関係を築くことができていると述べた[31]。またムスリムの選手 S は，警察車両で会場まで送迎されたことから，市警察が大会運営に責任を持って取り組んでいると評価していた[32]。ムスリムにとっても，クリケット大会への参加は多文化主義的な共生と警察不信の回復につながっていたことが確かめられた。

　この決勝戦では，この地域を管轄する市警察次官や警視が会場を訪れ，ヒンドゥー，ムスリム，クリスチャンの住民と同席し，試合を観戦していた。こうした警察官の行動は，住民の生活に関心を抱いていることを体現していた。住民にとっては畏怖と嫌悪の対象であった市警察官がクリケット大会に参加することで，不信を払拭しうる有用な機会をもたらしていたと言えよう（写真 3-12）[33]。

　2011 年 1 月 29 日の決勝戦後に開催された表彰式には，ダヤル（Sanjeev Dayal）市警察長官を筆頭に現職および退職した市警察官，ヒンドゥー，ムスリム，クリスチャン，スィクの住民たちが横並びに入り交じって，着席していた。この年次の優勝チームはゾーン 11 に属するゴレガーオン地区のチームで，40 代の警部がキャプテンを務め，選手全員と積極的にコミュニケーションを取りながら，チームを統制し，練習を入念に行っていた。ムスリムの選手 2 名をピッチャーとファーストに配置して活躍できる機会を与えた結果，彼らが大会の最優秀選手に選出された（写真 3-13）[34]。

30　2010 年 4 月 18 日，ムルーンド地区在住 M（ヒンドゥー，男，20 代）への聞き取り。
31　2011 年 1 月 29 日，ゴレガーオン地区在住 K（ムスリム，男，10 代）への聞き取り。
32　2011 年 1 月 29 日，ゴレガーオン地区在住 S（ムスリム，男，20 代）への聞き取り。
33　2011 年 1 月 29 日，シヴァージー・ナガル地区での参与観察より。
34　2011 年 1 月 29 日，シヴァージー・ナガル地区での参与観察より。

写真 3-12　ピース・クリケット大会を訪問した上級警察官
出典）2011 年 1 月 29 日，シヴァージー・ナガル地区にて筆者撮影。

写真 3-13　優勝したゴレガーオン地区の選手とダヤル市警察長官
出典）2011 年 1 月 29 日，シヴァージー・ナガル地区にて筆者撮影。

選手として参加した住民が MCMT のコミュニティ・ポリシング活動に賛同し，ファシリテーターとして参入した事例も確認できる。1997 年に開催されたクリケット大会に選手として参加したムスリム住民 H は翌年にファシリテーターとして参画し，2016 年 1 月時点でアンデーリー地区を担当していた。[35]こうした動きからも，MCMT が主催するクリケット大会が単なる娯楽としてだけでなく，コミュニティ・ポリシング活動を周知し，メンバーを募る場として機能していたことが判明する。

生活改善

MCMT のファシリテーターは地域の事情を把握し，住民の意見や要望を集約できる立場にある様々な職層のリーダーが担ってきた。医師がファシリテーターを務めていた地区では，無料で視力検査，血液検査，癌検診が受診できる健康診断キャンプを開催しており，1 度のキャンプでおよそ 300 人の住民が訪れていた。ファシリテーターのシンディは，困窮した生活に追われ，医療機関に赴くことが難しい貧困層からの反応が良かったと述べている。[36]MCMT は貧困層を取り巻く状況を思慮し，無料の医療サービスを提供して，住民の生活改善を試行していた。住民にとって，自分たちの生活改善を支援する MCMT の存在は，より親密になったと考えられる。

同様に貧困層を対象とした活動として，路上生活者の自立支援が挙げられる。ヴィクローリー地区のファシリテーターであるジェニー・シンはビーム・チャーヤー（Bhim Chhayya）と呼ばれる一画に住む路上生活者を支援していた。2011年 11 月 19 日にマハーラーシュトラ州政府はこの地区の住民を強制的に立ち退かせ，重機で全壊した。行き場を失った住民たちは路上生活を余儀なくされることとなった［Newzfirst Correspondent 2011］。筆者が訪問した 2012 年 12 月時点で，ビーム・チャーヤーでは 2,500 人ほどが簡易テントを作って生活していた。住民の多くが女性や子どもで，汚水に囲まれて劣悪な環境下で発病したり，幼児が排水の水たまりに落ちて事故死するなどの厳しい生活を強いられて

---

35 2016 年 1 月 19 日，アンデーリー（Andheri）地区在住 H（ムスリム，男，40 代）への聞き取り。

36 2010 年 4 月 18 日，ゾーン 7 のファシリテーター，ラーム・シンディ（Ram Shinde）への聞き取り。

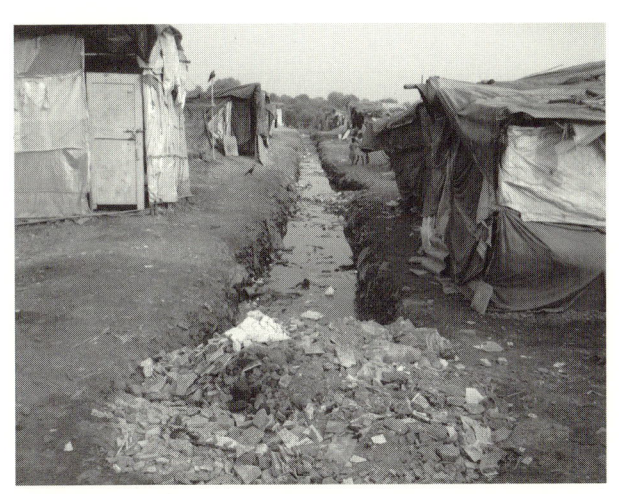

写真 3-14　ヴィクローリー地区のビーム・チャーヤー
出典）2012 年 12 月 23 日，ヴィクローリー地区にて筆者撮影。

いた[37]（写真 3-14）。

　ジェニー・シンは住民たちに定期的に食事と衣服を無償で提供し，就職幹旋を行っていた[38]。シンは食事や衣服といった現物支給を行い，また就職幹旋を行うことで，路上生活者の自立支援と生活改善を取り組んでいた。

　　映画『ボンベイ』をめぐる諍いへの介入

　ムンバイー市全域で MCMT のコミュニティ・ポリシング活動が注目されたのは，1995 年 4 月に映画『ボンベイ』（Bombay）の上映反対運動の気勢が上がり，諍いが発生した時期である。本作はヒンドゥーとムスリムの通婚に加えて，ムンバイー暴動事件を題材としていたため，公開以前より政治家から非難の声が挙がるなど，物議を醸し出していた。インド連合ムスリム連盟（Indian Union Muslim League）のバナトワーラー（G. M. Banatwalla）は，「作中ではムスリムが傲慢で，敵対する存在として描かれている」と批評した。一方，シヴ・セーナーのバル・タークレーは，作中で自らを模した人物が登場していたこと

37　2012 年 12 月 23 日，ビーム・チャーヤーの居住者 S（ムスリム，女性，30 代）への聞き取り。
38　2012 年 12 月 23 日，ジェニー・シンへの聞き取り。

を問題視し，「この作品を見ると，まるでムスリムの原理主義者が分離独立を再び果たすことを模索しているようだ。いまや，ムスリムを庇護してくれたネールもガーンディーもいないことをムスリムは悟るべきだ」と攻撃した［Ghosh 1999: 42-43］。暴動後3年を経ても，タークレーはムスリムを原理主義者と呼び，煽情的な主張を繰り返していた。

　映画の公開をめぐって，すでに各地で諍いが発生していた。ウッタル・プラデーシュ州アーグラー市では市警察官と自治体職員が鑑賞し，宗教対立を招きかねないと判断して，上映禁止を決定していた。またアーンドラ・プラデーシュ州ハイダラーバード市では，公開をめぐって暴動が発生していた。まして作品の舞台であるムンバイー市では映画に触発されて，暴動が再発するのではないかと騒然となり，一部の住民が上映反対運動を起こした。そこで，市警察長官のサハネイは8日間上映延期を命じて，MCMTのメンバーと今後の対策について協議した。MCMTのファシリテーターと居住区メンバーは作品を先行鑑賞して，特定の宗教コミュニティを攻撃する内容ではないという理解を共有した。その上で，担当区域に分かれ，反対運動を行っていた住民の怒りを鎮め，暴力に訴えないように伝えて回った。MCMTによる宣布をつうじて，住民の間で作品への理解が広まるようになると，上映反対運動は沈静化し，映画は上映された［Sharma n.d.: 7］。MCMTメンバーは，政治家による発言や他地域での諍いを踏まえて，暴動発生の予兆を察知していた。住民との対話を通じて，秩序維持の重要性を訴えた結果，暴動の予防に帰結した。

宗教儀礼をめぐる住民間の諍いへの介入

　住民間の諍いはしばしば，宗教コミュニティ間に分かれ，暴力の応酬を引き起こしてきた。そのため，インドにおいて諍いが犯罪へと悪化することを食い止め，事態を解決していくことは，コミュニティ・ポリシング活動の根底とも言える。ゾーン12のダヒサール地区で発生したヒンドゥーとムスリムの住民間の諍いに，ヒンドゥーのファシリテーターであるデイヴ（Bhavana Dave）が介入した事例を見ていく。この事例は，ヒンドゥーとムスリムの間での諍いを日常生活の中で招くきっかけや，解決方法を理解する上で有用である。

　諍いの発端は隣接する近所同士の宗教儀礼をめぐるトラブルであった。ヒン

ドゥーの家族は毎朝礼拝の度に香を焚いていたが，隣家のムスリムの世帯にいた妊娠中の女性が香の匂いで毎日吐き気を催していた。そこで，ムスリムの家族が出産までの間，香を焚くのを控えて欲しいと伝えたが，ヒンドゥーの家族が無視したために，アパートの住民全体でヒンドゥーとムスリムに分かれての諍いへと進展した。諍いの発生を察知したデイヴはこの2組の家族を呼び出して協議の場を設けた。ヒンドゥーの家族には，自らの信仰を優先するばかりで子どもの誕生を妨げていてはヒンドゥーの神々は怒るだろうと説いた。その後，すぐにヒンドゥーの家族が香を焚くのをやめて，アパート全体を巻き込んだ住民間の諍いは沈静化した。[39] この事例は，2家族間の諍いへの仲裁であり，迷惑行為を停止させたという点では小規模な活動である。しかしながら，ヒンドゥーとムスリムが同じアパートに居住し，諍いの争点が宗教儀礼をめぐる事柄であったため，周辺の住民を巻き込んで拡大し，暴力の応酬へと悪化しかねない状況であった。過去の暴動事件を踏まえれば，宗教儀礼をめぐる諍いを放置したために，段打や刺傷といった犯罪に悪化する危険性もあったわけである。ファシリテーターが自らの所属宗教にかかわらず，多文化主義的な共生のメッセージを住民に伝えて回った結果，諍いを解決し，暴動を予防した一例と言えよう。

第4節　グジャラート虐殺事件時の予防の効果

2002年2月から6月にかけて，隣接するグジャラート州でムスリムを攻撃対象とした虐殺事件が発生した際に，ムンバイー市で市警察とMCMTがコミュニティ・ポリシング活動を展開した結果，暴動の予防に帰結した事例を論じる。

(1) 2002年グジャラート虐殺事件の発生

グジャラート虐殺事件の発端はアヨーディヤーでのラーム寺院再建運動にあった。先述のように，バーブル・モスクは破壊されたものの，ヒンドゥー・

39　2011年2月10日，バーヴァナ・デイヴへの聞き取り。

ナショナリストによるラーム寺院再建運動が収束したわけではない。世界ヒンドゥー協会はモスク破壊後10年を機に，2001年12月からラーム寺院再建運動を再開して，アヨーディヤーには活動家が集結して儀式を執り行っていた。

　2002年2月27日，世界ヒンドゥー協会の活動家と支持者はアヨーディヤー市で儀式を行った後，アフマダーバード行きの列車に乗車して帰路に着いていた。午前7時30分過ぎ，グジャラート州ゴードラ（Godhra）駅から1キロほどの位置に差し掛かった時，突如車内で火災が発生した（以下，「ゴードラ事件」と略する）。この火災によって，乗車していた世界ヒンドゥー協会の活動家と支持者45人を含む，59人のヒンドゥーの乗客が死亡した（写真3-15）。

　インド人民党のナレンドラ・モーディー（Narendra Modi）州首相は即座にこの火災を「事前に準備されていたテロリストによる攻撃で，非人道的な虐殺である」とする見解を発表した。州政府が指揮して，焼死した遺体をアフマダーバード駅に運び入れると，その様子を目撃していたヒンドゥー住民は激高した。世界ヒンドゥー協会はこの火災事件を喧伝し，ヒンドゥー住民に抗議のためのストライキを呼びかけた。ヒンドゥーによるムスリムへの襲撃が開始し，2月28日の1日間で248人のムスリムが殺害された。さらに，モーディー州首相やインド人民党の州議会議員が一連のヒンドゥーによるムスリムへの攻撃は自発的な現象で，ヒンドゥーの怒りも考慮すべきと公的に発言した。こうした発言がヒンドゥーによるムスリムの殺害を正当化し，州内全域でムスリムを対象とした虐殺事件が6か月間にわたって継続した［Dhattiwala and Biggs 2012: 484-487］。

　ゴードラ事件をめぐって，4つの調査機関がそれぞれ報告を公表している。2002年6月には，ジャーナリスト，元最高裁判事，人権団体の活動から構成された民間調査団体「憂慮する市民の法廷」（Concerned Citizens Tribunal）が聞き取り調査を通じ，「事前の計画性を示す証拠は存在しない。火災は駅周辺のスラムに居住する人びとが集まって引き起こした突発的な放火によるものである」との見解を公表した［Concerned Citizens Tribunal 2002, Vol.2: 15-17］。これに対し，2002年7月にはグジャラート州犯罪科学研究所（Gujarat Forensic Science Laboratory）が「外部からのガソリンの撒布は困難であり，事前に内部に持ち込まれて，車内から放火された。車体外側には複数の投石痕が見受けら

写真 3-15　ゴードラ駅付近で火災が発生したサ
バルマティ・エクスプレス

出典）"Timeline of the Riots in Modi's Gujarat". *The New York Times*（電子版）. April 6, 2014.

れた」との見解を打ち出した［Concerned Citizens Tribunal 2002, Vol.3: 57-58］。こうした 2 つの見解とは別に，2006 年 3 月には連邦中央政府の鉄道省が任命したバネルジー委員会（Banerjee Commission）が「電気系統のショートが発生していた。これに加えて乗客が車内のストーブを使って調理していたことで発火した。外部から攻撃を受けた証拠は発見できない」として，これまでの放火説を主張した調査報告とは異なる見解を発表している[40]。対して，グジャラート州政府が任命したナナヴァティ・メヘタ委員会（Nanavati-Mehta Commission）は，2008 年 9 月に「約 1 千人のムスリムの暴徒が車両に投石していた。その際に 140 リットルのガソリンが持ち込まれた」との見解を公表した［Nanavati and Mehta 2008: 158-175］。ナナヴァティ・メヘタ委員会はインド人民党や世界ヒンドゥー協会の主張する，ムスリムによる外部からの放火という説を肯定した。以上のように，ゴードラ火災については事故と事件の両面から複数の見解が見られ，その検証にはなお時間を要すると考えられる。

　加えて，2002 年のグジャラート虐殺事件についても複数の民間調査機関が現地調査を行い，ヒンドゥー・ナショナリストによる意図的な襲撃との共通した見解を公表した。国際人権団体のヒューマン・ライツ・ウォッチ（Human Rights Watch）は報告書『「我々にはあなた方を救う命令は出ていない」グジャラート州におけるコミュナル暴力への州政府の加担と共謀』（"*We have no*

40　"Godhra train fire accidental: Banerjee report". *The Times of India*, March 4, 2006.

order to save you". State participation and complicity in communal violence in Gujarat) を公刊した。この報告書によると，世界ヒンドゥー協会の活動家は事前にムスリムの個人情報を市議会，大学や選挙人名簿から入手して居所を特定するなど，徹底した襲撃計画を練り上げていた [Human Rights Watch 2002: 23]。世界ヒンドゥー協会のグジャラート支部長シャストーリ（K. K. Shastri）もゴードラ事件発生を受けて，翌 2 月 28 日午前の内に，州内のムスリムの住所リストの作成を指示したことを認めている [Concerned Citizens Tribunal 2002, Vol.1: 209; 222]。

さらに，ヒューマン・ライツ・ウォッチの報告書では，州警察が暴動に加担していた点を明らかにしている。アフマダーバード市では，壁面に「警察は我々の味方だ。我々はおまえたち（ムスリム）を殺しに行く」とのグジャラート語の落書が発見されていた [Human Rights Watch 2002: 22]。これは，ヒンドゥーの暴徒がムスリムに対する攻撃を企図し，州警察も暴徒を放任し，時に加担していた状況を表していた。

ヒューマン・ライツ・ウォッチはムスリムの難民キャンプに収容されていた複数のムスリムから，警察官がヒンドゥーの暴徒を先導し，催涙ガスを発射していたこと，また剣と警棒で武装して「ムスリムを殺せ，家屋に火を放て」と叫び，ムスリムを射殺した状況を明らかにした [Human Rights Watch 2002: 22-26]。こうした証言は複数寄せられていたことから信ぴょう性が高い。州警察が暴動の制圧を行わないばかりか，暴徒に加担し，放火を行って，またムスリムを射殺して，機能不全に陥っていた状況を裏付けた。

他に「憂慮する市民の法廷」の調査委員会が 2,094 件の聞き取りに基づいて刊行した報告書『人道に対する犯罪』（*Crime Against Humanity*）でも，州警察がムスリムの襲撃を事前に察知していたものの，予防拘禁を行わず，さらには暴徒に加担していたことが指摘されている [Concerned Citizens Tribunal 2002, Vol.II: 104-107]。

2002 年グジャラート虐殺事件による犠牲者数は，公的には 1,169 人と発表されたが，複数の NGO による調査からその実数は 2,500 人と見積もられている [Jaffrelot 2012: 77]。

モーディー州首相によるヒンドゥー寄りの発言が暴動対応を遅らせ，被害を

拡大させたことに加え，州政府は事件の収束後も反ムスリム的な対応を続けた。2003 年 3 月，州政府はゴードラ列車火災事件を「テロ行為」とみなし，テロ対策予防法（Prevention of Terrorism Act: POTA）に基づき，マウラナ・ウマルジー（Maulana Hussain Umarjee）を首謀者に挙げ，131 人のムスリム住民を容疑者として逮捕した［Indian Social Institute 2004: 11-14］。伊豆山はこの事例からテロ対策予防法の安易な適用が特定コミュニティへの排除と抑圧の道具になることを指摘した［伊豆山 2009: 336-339］。州政府によるムスリムの逮捕は，予防活動が先鋭化して，特定コミュニティを攻撃する手段となりうる危険性を示唆した事例である。インド最高裁判所は 2003 年 10 月および 2004 年 4 月の 2 度にわたって，モーディー州政権による虐殺事件への加担について証拠不十分とみなし，不起訴の判決を下した。

しかし，グジャラート州政府による反ムスリム的な対応は，モーディー州首相がアメリカへの入国が拒否されるという形で，国際社会からの非難を浴びることになった。2005 年 3 月 17 日，アメリカ・国際的な宗教信仰の自由に関する委員会（U.S. Commission on International Religious Freedom）は，国務省にモーディー州首相のアメリカへの私的訪問に際して，2002 年の虐殺事件に州政府が加担した疑いを指摘し，入国の反対を提起した［United State of Commission on International Religious Freedom 2005］[41]。アメリカ国務省は州政府による虐殺事件への対応が 1998 年国際的な宗教信仰の自由法（International Religious Freedom Act of 1998）第 3 条 に定義された「著しく宗教信仰の自由を侵害した行為」にあたるとの見解を公表した[42]。その上で，1952 年移民国籍法（The Immigration and Nationality Act）212 条「外国人のビザ発給および入国が無資格となる類別」の (a) (2) (G) に定められた「宗教信仰の自由を侵害した海外政府要人」として，モーディー州首相へのビザの発給と入国を拒否した[43]

41　国際的な宗教の自由に関する委員会は，国内外における宗教信仰の自由への侵害について分析し，大統領，国務長官，合衆国議会に提言を行う連邦政府管轄下の独立した超党派組織である。委員会のメンバーは民主党，共和党の両党から大統領および議会によって任命される［United State of Commission on International Religious Freedom. n.d.］。

42　International Religious Freedom Act of 1998 (3)PARTICULARLY SEVERE VIOLATIONS OF RELIGIOUS FREEDOM. U.S. Department of State."International Religious Freedom Act of 1998". n.d..

43　The Immigration and Nationality Act: Code 212: General classes of aliens ineligible to receive visas and ineligible for admission; waivers of inadmissibility. U.S. Citizenship and

［Noorani 2005: 47-49］。モーディー州首相は，インド首相として2014年9月になってアメリカ訪問が実現するまで入国を拒否された[44]。アメリカ政府による入国拒否という強固な対応は，国際社会における虐殺事件のインパクトの大きさを表していた。

(2) コミュニティ・ポリシング活動の結実

ゴードラ火災の一報を受けたムンバイー市のドーングリー地区警察署の市警察官は，すぐさまMCMTのファシリテーターと緊急の会合を開催し，暴動予防を目的として，多文化主義的な共生を訴える平和行進を組織化することを決定した。またMCMTの警察リーダーであるリベイロもファシリテーターを集めて会合を開き，今後の対応について協議した。さらに，マヒーム地区警察署でも会合を開催し，憎悪と暴力の応酬が波及しないように，MCMTが率先して予防活動を展開することを取り決めた。ドーングリー地区警察署ではMCMTとともに，この地域で開校されている学校の生徒が参加し，宗教コミュニティ間の協調をテーマとした朗読や演劇を行う文化プログラムを開催した[45]。

2002年2月28日にムンバイー市でも世界ヒンドゥー協会は，ゴードラ事件に抗議するために一斉に市中でストライキを行うように呼びかけた。まさにゴードラ事件に触発された暴力が連鎖しかねない状況下において，州政府や市警察も予防活動に従事していたことが確認できる。

第一に，2名のシヴ・セーナーの市議会議員が憎悪犯罪を行ったとして，有罪判決を受けた。この事件は1994年にさかのぼるのだが，あるヒンドゥーの少女がムスリム男性に強姦されたとの訴えを受けて，2名のシヴ・セーナーの市議会議員が反ムスリム的なスピーチを行ってヒンドゥー住民を煽り，放火を引き起こした。マハーラーシュトラ州の第5治安判事裁判所（Fifth Metropolitan Magistrate's Court）は2名の被告に禁固1年の実刑を求刑した[46]。

Immigration Services."The Immigration and Nationality Act". n.d..

44　"PM Narendra Modi's US visit: Eight highlights".*The Economic Times*（電子版）. October 1, 2014.

45　"Mohalla Peace Panels Meet on Bandh Eve". *The Indian Express*. March1, 2002.

46　"Sena corporator convicted for inflammatory speeches". *The Times of India*. February 28, 2002.

この判決はマハーラーシュトラ州政府による憎悪犯罪への厳しい追及の表れであり，シヴ・セーナーの党員と支持者にとっては，世界ヒンドゥー協会と同調して，ゴードラ事件に触発されたストライキに加わるかどうか，その活動方針を見極める事例となったと考えられる。

第二に，会議派の州議会議員，MCMT のファシリテーター，研究者といった名望家がインド人民党のヴァージペーイー連邦中央政権に対して，ラーム寺院再建運動への介入を求めて共同声明を発信した[47]。この共同声明は，ゴードラ事件の発生と世界ヒンドゥー協会によるストライキ実行の呼びかけに対し，暴動の再発を強く危惧していた住民の心情を代弁するものであった。

第三に，州警察および州鉄道警察がゴードラ事件の波及を警戒して，州全域で監視を強化すると発表した。またムンバイー市鉄道警察長官のラケーシュ・マリア（Rakesh Maria）はグジャラート州行きの長距離列車が停車する市内主要駅のプラットホームと駅構内に市警察官を配置して警戒にあたらせた[48]。危機時に際して，州警察および州鉄道警察が連携して予防活動を展開していたことが明らかになる。

第四に，世界ヒンドゥー協会によるストライキの呼びかけに対して，州政府は州内に緊急行動部隊，暴動制圧警察隊（riot control police），州予備警察隊を派遣して，厳戒態勢を敷いていた。市警察統合長官のジャドハヴ（D.V. Jadhav）は住民に向けて，世界ヒンドゥー協会によって店舗が閉店を強いられた場合には最寄りの市警察署に通報すること，また噂流布人には近づかないようにとの声明を発表した[49]。以上のように，州政府，州警察，州鉄道警察が暴動発生の予兆を察知した後，連携して予防活動を展開していたことが確認できる。

2002 年 3 月 1 日に世界ヒンドゥー協会は予告通りにマハーラーシュトラ州内でストライキを強行した結果，州内で静い，犯罪や小規模暴動の発生が散見された。ムンバイー市内の商店や事務所の多くがストライキの要求に応じて閉鎖し，市内を運行していた公共バスへの投石事件が 19 件確認された。ムンバイー市内の高速道路上には何者かが火をつけたタイヤが放置されたが，即時に

47　"Ayodhya, Godhra events stoke fear in the city". *The Times of India*. February 28, 2002.

48　"State police sound alert after Gujarat incident". *The Times of India*. February 28, 2002.

49　"Police gear up to ensure peaceful bandh in city". *The Times of India*. March 1, 2002.

市警察が消火にあたって，惨事を免れている。市北西部に位置するボリヴァリ（Borivli）駅とカンディヴァリ（Kandivli）駅では，何者かが列車を脱線させようと鋼鉄製の棒を線路に仕掛けたが，住民が発見して，市警察とともに撤去作業にあたった。タネー県ムルバド市（Murbad）では住民間の諍いが，コールハープル県カドヴェガオンではヒンドゥーによるモスク襲撃計画が報告された[50]。

2002年3月2日には，ムンバイー市鉄道警察がヒンドゥーのシンボルカラーであるサフラン色の旗を振り，ラーム寺院再建のスローガンを声高に叫んで，アヨーディヤー行きの列車に乗り込もうとしていた支持者81人の身柄を拘束した[51]。この市鉄道警察による予防拘禁は，憎悪犯罪に厳正に対処した一例と言えよう。

さらに，ムンバイー市内でも住民間の諍いが確認される。イマームワーダー地区では，1人のムスリムの老人がバルコニーから，階下にいるヒンドゥーの青年たちを見つめながら鼻をかんでみせた。すると，ヒンドゥー青年たちがこの振る舞いを無礼だとして激高し，周辺住民を巻き込んでの小競り合いが起こった。またバイキューラー地区では，2階に居住する住民が物干し台に濡れたリネンを干した際に，階下の住民をめがけて洗濯物から水が滴り落ちてきたとの苦情を叫んだことをきっかけに小競り合いが起こった。この2世帯の住民がヒンドゥーとムスリムであったために，住民間の諍いへと発展した［Singh 2002a］。ムンバイー市内では非礼行為や迷惑行為が発端となった住民間の諍いが暴動にまで悪化することはなかった。しかし，本来であれば，当事者同士の話し合いで解決しうるはずの些細なトラブルが，隣接する州での大規模暴動に触発される形で，宗教によって住民を分かち，緊迫した状況を作り出していた。

他にも，虚偽の噂を流布させて，暴動を引き起こそうとする状況が確認できる。アンデーリー地区で刺殺事件が，ダーラヴィー地区では略奪が，そしてマヒーム地区では7人が殺害されたといった誤った噂が広まった。誤った噂が拡散されていくにつれ，住民の間で緊迫が高まっていた。しかし，MCMTの居住区リーダーが噂の流布について情報を収集して，市警察に通報し，実際に現

50　"Stray incidents mar bandh in city". *The Times of India*. March 2, 2002.

51　"81 kar sevaks held, but VHP ways more on their way". *The Times of India*. March 3, 2002.

地に赴いて殺人や略奪が行われていないことを確かめるなど，綿密な予防活動を進めていった[52]。世界ヒンドゥー協会によるストライキの呼びかけに際して，ムンバイー市では誤った噂が流布していた。MCMT のメンバーが常態的に担当区域の住民と接触して情報収集を行い，また市警察官と会合を開催して協議を重ね，監視と巡回を繰り返してきた地道な活動の効果が顕現したわけである。

ゴードラ事件発生直後から，マハーラーシュトラ州内では住民間の諍い，列車脱線，放火，モスク襲撃未遂，悪意ある噂の流布といった事件が散発していた。州政府，州警察，ムンバイー市警察，市鉄道警察，MCMT は暴動予防を目的として，住民に繰り返し秩序維持の行動を遵守するように周知していた。MCMT と市警察は平和行進や文化プログラムを通じて多文化主義的な共生をアピールしていた。1993 年以降，MCMT は住民を組織化して市警察とともに監視・巡回を行い，住民の生活改善を図ってきた。危機に直面した時，そのコミュニティ・ポリシング活動の効果が結実したと評価できよう。

(3) 短編映画を媒介とした共生への訴え

ムンバイー市ではグジャラート虐殺事件時に諍いや憎悪犯罪，放火といった状況が散発していた。ダーラヴィー地区の MCMT ファシリテーターであるワカール・ハーンとヒンドゥーのバウール・コールデは前年より製作してきた短編映画作品が一気に注目を集めることとなる。ハーンとコールデは，2001 年 6 月に宗教コミュニティ間の協調を訴えるべく，短編映画『われわれはみな一つだ：統一へのメッセージ』(Ham Sab Ek Hain: Ekta Sandesh)（以下『統一へのメッセージ』と略する）を製作した[53]。MCMT のスローガンをタイトルに冠した本作は，2001 年 1 月 26 日にグジャラート州で発生したマグニチュード 7.7 の大地震を舞台に，多文化主義的な共生を主題としている。物語は大地震に遭遇したヒンドゥーとムスリムの親子が中心となる。1 月 26 日の共和国記念日を祝うため市中を行進していると，突如大地震が発生，住民たちはがれきの下敷き

52 "Rumor-mongering blamed for spreading panic in city". *The Times of India.* March 18, 2002.

53 ハーンとコールデが『統一へのメッセージ』を製作した過程については，モンテイロとジャヤサンカールが 2003 年に製作したドキュメンタリー映画『きずな』【The Bond (Naata)】を参照のこと [Monteiro and Jayasankar 2003]。

となる。父親たちが自分の子どもを探そうとがれきの中をさまよう。負傷して意識を失っていた住民を目にしたムスリムの父親はヒンドゥーの少年を，ヒンドゥーの父親はムスリムの少年をそれぞれとっさに救出して病院に連れて行く。病院で治療にあたったスィクの医師は，輸血が必要であることを告げる。躊躇なく彼らは自分の腕を差し出して，輸血に協力する。輸血を受けた少年たちは回復して，それぞれの親子が無事再会を果たす。そこでムスリムとヒンドゥーの父親はお互いに知らぬ間に息子たちを助けていたことに気づき，謝意を表して，強く抱擁を交わす。エンディングにはヒンドゥー，ムスリム，クリスチャン，スィクの住民たちが手を取り合って，「われわれはみな一つだ」と声を上げる[Khan and Korde 2001]。ハーンはインド政府認可の公共放送機関プラサール・バラーティ（Prasar Bharati）から 2002 年 2 月に上映の許可を得て，ダーラヴィー地区で開催される祝祭，ピース・クリケット大会といった MCMT のイベントで，度々作品を上映した［Citizens for Peace 2009; Hameed 2009］。

　『統一へのメッセージ』は奇しくも翌 2002 年 2 月からグジャラート虐殺事件が発生したために，作品のメッセージ性がより色濃く鮮烈に受け止められることとなった。特筆すべきは，ハーンとコールデが MCMT のコミュニティ・ポリシング活動を普及させる目的で，インドの大衆娯楽のなかで高い人気を誇ってきた映画という媒体を用いたことである。映画は，小さい子どもから年寄りまで誰でも分かる平明なストーリーで，宗教の差異を問わず，より多くの人びとに同時にメッセージが伝えられるという点でも即効性があり，理知に富んだ意義深い取り組みであったと言えよう。

第5節　モハッラー・コミッティ・ムーブメント・
　　　　トラストへの評価

(1) 現地社会の評価

1993 年 4 月から続けられてきた MCMT によるコミュニティ・ポリシング活動は一定の効果をもたらしてきたが，長期的な展開の中で，徐々に活動の課題も見出されるようになっている。

　創設に携わった社会活動家のバールヴェーは，たとえムンバイー市で暴動が

危惧される事態が生じたとしても，これまで MCMT のコミュニティ・ポリシング活動が培ってきた住民と市警察との連携関係によって，危機を乗り越えられるとみなしていた。バールヴェーは MCMT のコミュニティ・ポリシング活動が，暴動後社会の復興過程で機能するとし，他地域への適用を示唆している [Barve 2003: 219]。

同じく創設者の一人で警察リーダーのサハネイは，市警察が MCMT による住民の生活改善に着目した草の根レベルでのコミュニティ・ポリシング活動を評価してきたと捉えている。サハネイは住民の代表であるファシリテーターのリーダーシップを重視していた。[54] 注目すべきは，サハネイがコミュニティ・ポリシング活動を警察の下請けや末端ではなく，住民による住民の要望を組み込んだ活動と捉えていた点であろう。

他方，警察リーダーのリベイロは住民の所属宗教によって参画の意欲が異なっていたことを明らかにした。ムスリムがより積極的に会合や行事に参画して市警察との関係改善を図っていた一方で，ヒンドゥーは熱意を持って参画する住民が多くないという [Gupta 2011: 61-62]。さらにリベイロは，貧困層が居住するスラムにおいて水不足が深刻化していることと，清掃をつうじた生活改善に取り組む必要性を主張した。[55] リベイロはヒンドゥーの関心が低下している状況を受け，生活改善に取り組むことで，住民の参画を促す必要性を痛感していた。

筆者が 2010 年から 2016 年にかけてヒンドゥー，ムスリム，クリスチャンのファシリテーターや居住区メンバーに対して聞き取りを行う中で，暴動発生の危険が弱まっていることから，市警察と住民の間での危機意識が薄れ，ゾーンごとにそれぞれ個別の課題に直面している状況が浮き彫りになった。

ヴィクローリー地区のファシリテーターのジェニー・シンによると，住民の諍いが発生したために市警察署に相談に訪れたものの，警察官は調書に記しただけで，何の対応も講じられなかったという。[56] ジェニー・シンの見解からは，市警察官の多くが住民の諍いを軽視し，宗教コミュニティ間の対立，そして暴

54　2012 年 12 月 18 日，サティーシュ・サハネイへの聞き取り。

55　2011 年 2 月 2 日，ジュリオ・リベイロへの聞き取り。

56　2011 年 2 月 12 日，ジェニー・シンへの聞き取り。

動に悪化するという状況を斟酌していなかったことが推察される。

　アンデーリー地区のファシリテーターとして，女性苦情相談所の運営に携わってきたクリスチャンのイシュワラーンは MCMT が NGO とは異なる組織であると主張する。MCMT のコミュニティ・ポリシング活動において重要なのは，多文化主義的な共生の価値を標榜し，住民がリーダーシップを発揮することであるという。MCMT は住民が抱える問題の解決に取り組みながら，暴動予防という目的を掲げ，祝祭を共同開催し，レクリエーションを通じて，共生のメッセージを拡大させることが本分と主張した[57]。

　マヒーム地区でファシリテーターを務めてきたムスリムのパールカールは市警察との連携関係の弱体化を危惧していた。市警察官は一日の勤務時間の内で1 時間半だけで良いので，MCMT のコミュニティ・ポリシング活動に参画して欲しいと述べた[58]。パールカールは多文化主義的な共生をテーマにした絵画大会を開催し，また地域の不法分子の放逐を行うなど，担当区域の発展に寄与してきた[59]。パールカールの発言からは MCMT と市警察との連携が必ずしも盤石ではないことが判明する。

　ダーラヴィー地区のファシリテーターとして，ワカール・ハーンとともにコミュニティ・ポリシング活動に従事してきたコールデも市警察による参画が停滞してきたことを指摘する。市警察官がコミュニティ・ポリシング活動に積極的に協力してきたのは活動初期の 1990 年代であったと吐露する。またピース・クリケット大会に参加する選手のなかには，試合に興じることだけが目的で，多文化主義的な共生のメッセージが十分に伝わっていない人がいるという現状を問題視していた[60]。

　同じくダーラヴィー地区の居住区メンバーのムハンマド・ハーンは，MCMT のファシリテーターも警察リーダーも担当区域に足を運び，住民と直接対話して，彼らの抱える問題を理解し，その解決に取り組むべきと主張した[61]。

57　2010 年 4 月 26 日，マリア・イシュワラーンへの聞き取り。

58　2010 年 4 月 21 日，ブルハーン・パールカールへの聞き取り。

59　2012 年 12 月 22 日，ブルハーン・パールカールへの聞き取り。

60　2012 年 12 月 18 日，ラームチャンドラ・バウー・コールデへの聞き取り。

61　2012 年 12 月 22 日，ムハンマド・ハーンへの聞き取り。

バイキューラー地区のファシリテーターであるヒンドゥーのヘーダンバ（Suresh Hedamba）は，警察リーダーの存在と活動の展望を危惧していた。1993年の創設以降，多くの市警察長官が歴任してきたが，MCMTのコミュニティ・ポリシング活動に参画してきたのはリベイロ，サハネイ，メンドンサの3名のみであるとして，警察リーダーの参画を促すことが容易ではないと懸念していた。[62]

　以上のように，複数のファシリテーターや居住区メンバーから市警察との連携関係の弱体化が指摘された。それでは，市警察はMCMTのコミュニティ・ポリシング活動をどのように評価していたのだろうか。筆者が2010年に市警察長官および市警察副長官との聞き取りを行うと，肯定的な意見と課題を指摘する意見の双方が確認できた。

　2009年6月から2010年5月までムンバイー市警察長官を，2010年6月から2011年2月までマハーラーシュトラ州警察長官を務めたシヴァナンダーンはMCMTが市中のスラムで発生してきた様々な問題に介入し，解決してきたことを評価していた。ムンバイー市内では，警察官さえも単身でスラムに立ち入ることは危険視されてきた。ゆえに，MCMTのファシリテーターや居住区メンバーがスラムに居住する住民と対話を交わし，ゴミや排泄処理，水の供給，通婚，祝祭の開催などをめぐって発生する住民間の諍いについて，解決を図ってきたと評価する。MCMTのメンバーが担当区域に地道にコミュニティ・ポリシング活動を展開してきたために，諍いや犯罪が発生した際にも，市警察官が同行し，問題解決を導くことができるとして，その取り組みを肯定した。[63]州警察のトップとなったシヴァナンダーンは，警察官の立ち入りが難しいスラムでの住民間の諍いに対し，MCMTが問題解決に取り組むことで，市警察を支援してきたとみなしていた。

　住民の諍いが頻発してきた中央地域のゾーン3を統括するダーテ市警察副長官（当時）は，自らのオフィスにもMCMTのシンボルマークとスローガンが描かれたポスターを掲げ，コミュニティ・ポリシング活動に協力してきた上級警察官の一人である。ダーテは，市警察官の9割は多文化主義的な共生に関心

62　2012年12月22日，スレーシュ・ヘーダンバへの聞き取り。

63　2010年4月19日，ダーヌシュヤコディー・シヴァナンダーン市警察長官への聞き取り。

を持つこともなく，日常の業務に追われており，一握りが関与してきたにすぎないと率直に述べた。そして，MCMT が 20 年超にわたってコミュニティ・ポリシング活動を続けてきた要因として，警察の要職を歴任してきたリベイロが警察リーダーを務めてきたことが大きいと主張した。近年，若者の参加が停滞しており，また犯罪予防に精通した住民リーダーが不足していることも指摘した。[64] ダーテは住民リーダーが犯罪予防の専門的な知識と技術を習得する必要性を強調していた。

　現地研究者の間でも MCMT のコミュニティ・ポリシング活動を評価する動きが確認できる。タッカールは，人口密集地域で常に緊張とストレスに苛まれてきたムンバイー市の住民にとって，MCMT が暴動予防という目的を掲げることで，将来起こりうる危機にも対峙していくことができると捉えていた ［Thakkar 2004: 584-586］。同様に，アルフォンスは，MCMT が住民の主体的な参画の下に展開してきた点に着目し，多文化主義的な共生と宗教寛容の価値を普及する役割を担ってきたと評価する。地域の実情に応じたコミュニティ・ポリシング活動が住民の抱える不満や問題を解決し，その要望を表出して，住民の組織化に寄与してきた。こうした実践は，暴動後社会で復興に向かう過程において多文化主義的な共生が可能であることを示した好例であるとみなした ［Alphons 2004: 10-11］。

　一方で，1998 年に MCMT のコミュニティ・ポリシング活動についての白書を執筆したフリージャーナリストのカルパナ・シャルマ（Kalpana Sharma）は，市警察と住民の連携が，個々の警察官のリーダーシップによるところが大きく，活動の拡大には市警察側の理解が不可欠であることを指摘していた ［Sharman.d.］。シャルマの見解からは，警察のリーダーシップに依拠しがちであり，かつ市警察のコミュニティ・ポリシング活動への理解が十分ではない状況が浮き彫りになる。

　社会とセキュラリズム研究センター所属のプニヤーニーは，現行の MCMT には暴動予防のための訓練が不十分であり，コミュニティ・ポリシングによる予防システムの構築を課題として挙げた ［Kaur 2003］。

64　2010 年 4 月 8 日，サダナンド・ダーテへの聞き取り。

以上のように，メンバー，市警察官，現地研究者は MCMT のコミュニティ・ポリシング活動を概ね好意的に評価していたが，ヒンドゥー住民の参画が停滞しがちであり，市警察と住民の連携が必ずしも密接ではないという状況が明らかになった。特に市警察との連携関係の構築が創設から 20 年超にわたって MCMT を牽引してきた警察リーダーのリベイロの影響に依ってきたことが明らかになった。

(2) 本書における評価

　ムンバイー市の MCMT は市警察署の 4 割にあたる 41 の管轄区に住民リーダーであるファシリテーターを配置し，地域ごとの状況に応じたコミュニティ・ポリシング活動を展開していた。ここでは，本書の提起するコミュニティ・ポリシング活動の構成 6 要素に基づいて，活動実践への評価を加える。表 3-6「ムンバイー市のコミュニティ・ポリシング活動への総評」では，ムンバイーでのそれぞれの区域から報告を受けた事例を総括している。

　第 3 章で検討してきたように，ムンバイー市で 1993 年 4 月に創設された MCMT によるコミュニティ・ポリシング活動はいくつかの課題が表出しつつも，住民リーダーの主体的な参画を重視し，住民の要望を組み込み，生活改善に中軸を置きつつ展開してきた。1990 年代から 2000 年代にかけて，度々暴動の危機が迫っていたが，市警察と住民リーダーが連携して，予防活動に取り組んでいた。所属宗教の差異を超えてコミュニティ・ポリシング活動に参画していった住民リーダーは，自らの担当区域の実情に応じて，警察と住民の間を仲介する調整役を担いつつ，監視・巡回，イベントを通じた住民の組織化，女性のエンパワーメントや就職支援による生活改善，クリーン作戦による秩序維持の遵守のように，多岐にわたる活動を牽引していた。市警察と住民リーダーは住民が抱えてきた警察不信を払拭するために，警察官と住民による混成チームでのクリケット大会を開催したり，また市警察署内に女性苦情相談所を開設するなど，相互に交流するための仕組みを創出していた。大都市圏のムンバイー市において，必ずしも行政による住民サービスが十分に行き届くとは限らない状況下では，MCMT のコミュニティ・ポリシング活動が住民を救済する受け皿として機能していた。

表 3-6　ムンバイー市のコミュニティ・ポリシング活動への総評

構成要素	構成要素の有無		予防活動	総合的な評価
（a）監視・巡回	○	モハッラー・コミュニティ・ムーブメント・トラスト	祝祭時の監視・巡回	2010 年 10 月　ヒンドゥーの祝祭時に泥酔したヒンドゥー住民が寺院に侵入して，住民間の諍いが発生するも，ムスリムの住民リーダーが身柄を確保，犯罪化を予防
			住民リーダーがクリーン作戦を決行	クリーン作戦の結果，売春婦や薬物乱用者，薬物の売人を一斉検挙，地区内の治安は回復
（b）警察および住民のリーダーシップ	○	モハッラー・コミュニティ・ムーブメント・トラスト	警察および住民リーダーによる創設	ムスリムの市長官による創設への提言 ヒンドゥー，クリスチャンの警察リーダーおよび住民リーダーによる創設
			市警察リーダーおよびファシリテーターによる定期会合の開催	毎月第 3 木曜日に担当区域の状況と要望を報告，解決策を協議
			女性苦情相談所の運営	女性の住民リーダーによる家庭内暴力や婚姻関係をめぐる諍いに介入，解決 事案の深刻度に応じて市警察官も介入
（c）住民の組織化	○	モハッラー・コミュニティ・ムーブメント・トラスト	警察と住民との会合開催	警察リーダーが住民リーダーおよび一般住民と定期的に会合を行って，警察への苦情と要望を把握
			住民リーダーによる住民の組織化	シンボルマークの掲揚，定例会合，クリケット大会，無料健康診断，ヒンドゥーとムスリムの宗教祝祭を共同開催
			警察と住民のリーダーによるクリケット大会の開催	ヒンドゥー，ムスリム，クリスチャンの住民が選手として参加，相互交流を促進
			住民リーダーによる多文化主義的な共生を主題とした自主映画の製作と上映	住民リーダーが MCMT 主催のクリケット大会やイベントで上映多文化主義的な共生をアピール

(d) 生活改善	○	モハッラー・コミュニティ・ムーブメント・トラスト	住民リーダーと住民との会合開催	水の安定的供給，失業などの住民からの要望を把握 自治体にインフラ整備を伝達 住民の交流の場としてバレーボールコートや卓球台を設置して開放。 失業者を対象とした職業訓練と開業支援
			住民リーダーによるPCセンターの運営	ムスリム集住地区でのPC操作習得による就労支援と女性のエンパワーメント
			女性の苦情相談所の開設	問題を抱えた女性への相談に応じ，問題解決によってエンパワーメントを図る
			住民リーダーによる貧困層の生活改善	無料の健康診断を定期的に開設して医療サービスを提供 食事や衣類の現物支給および就職を斡旋
(e) 警察不信の回復	○	モハッラー・コミュニティ・ムーブメント・トラスト	創設時に警察リーダーがムスリム住民と複数回にわたる会合を開催	対話を繰り返し，警察とムスリム住民の不信と軋轢を把握 ムスリム住民のリーダーシップの確立を促進
			市内全88か所の警察署が参加するクリケット大会の開催	警察官がキャプテンとなって，ヒンドゥー，ムスリム，クリスチャンの住民と混成チームを結成 試合会場で警察官が住民とともに観戦しつつ，要望や状況を把握 住民の持つ警察への畏怖と嫌疑を払拭
			7地区の警察署内での女性苦情相談所の開設	住民が警察署を訪問することで畏怖を払拭 家庭内暴力や諍いが悪化した場合には警察が介入
			ムスリム集住地区でのPCセンターの運営	警察官がムスリム住民とともにPC操作を習得 センターで警察と住民が多文化主義的な共生をテーマとした討論会を開催して意見交換
(f) 秩序維持の行動	○	モハッラー・コミュニティ・ムーブメント・トラスト	住民リーダーによる住民との対話	1995年4月に大規模暴動を主題とした映画の上映反対運動が激化 住民リーダーが映画を鑑賞し，住民と対話して，沈静化

	市警察，警察リーダー，住民リーダーによる会合の開催	2002年グジャラート虐殺事件時に，扇動や噂の流布に応じないように呼びかけ
		警察と住民リーダーはともに多文化主義的な共生をアピールするための平和行進を組織化
	住民リーダーによる住民間の諍いへの介入	ヒンドゥーとムスリムの隣家間の迷惑行為をめぐる諍いに介入して沈静化

出典）筆者作成。

　2002年のグジャラート虐殺事件時に，ムンバイー市で暴動再発の危機が迫った際にも，警察および住民リーダーが一致して，コミュニティ・ポリシング活動を展開して，暴動予防を達成した。この背景には，1993年から地道に住民の参画を促し，地区ごとに住民リーダーが住民との対話を繰り返しながら，秩序維持の行動を遵守する重要性を伝え，多文化主義的な共生を促すことに寄与してきたためである。本書がMCMTのコミュニティ・ポリシング活動のもたらしてきた暴動予防の効果，構成6要素の機能，活動の持続性を鑑みた結果，成功事例と評価することは妥当と言えよう。

第4章

警察主導型の失敗
ビワンディー市の
モハッラー・コミッティの事例

ムスリムが住民の過半数を占めるビワンディー市内の高校で学ぶ女子学生（2010年4月15日，ビワンディー市にて筆者撮影）

インド有数の動力織機産業都市であるマハーラーシュトラ州ビワンディー市は，ムスリムが住民の6割を，ヒンドゥーが4割を占め，1950年代から経済的な協調関係を築いてきた。だが，1970年5月には小規模暴動が，1984年5月には大規模暴動が発生した。いずれの事件においても，反ムスリムを掲げたヒンドゥー・ナショナリスト政党シヴ・セーナーによるヒンドゥーへの扇動，ムスリムへの偏見を持ったビワンディー市警察による暴徒への不作為という特徴が確認できる。

　筆者は2010年にビワンディー市を訪問後，2010年，2011年，2013年の3度にわたってモハッラー・コミッティの創設者であるコープデーと，さらに2013年にはコープデーの後任であったポール元市警察次官の警察リーダーへの聞き取りを実施した。結果から言えば，筆者はモハッラー・コミッティに過去に参画していた住民リーダーとの接触はできたものの，活動の実態がないことが確かめられた。加えて，コープデーとポールとの聞き取りからも，モハッラー・コミッティが瓦解していたことを確認した。

　第1節では，1970年5月と1984年5月の2度の暴動状況の分析から，警察の事後対応による武力を用いた制圧が暴力の応酬をもたらしてきたことを示す。第2節では，ビワンディー市で住民の間に広がっていた警察不信を払拭し，適切な法執行活動の回復に取り掛かるために，1988年から警察のリーダーシップの下に着手されたモハッラー・コミッティによるコミュニティ・ポリシング活動の創設過程を論じる。第3節では，市警察とモハッラー・コミッティのメンバーが1992年12月から翌1993年1月にかけて暴動再発の危機に直面した際に，予防を達成した状況と手法を論じる。第4節では，モハッラー・コミッティのコミュニティ・ポリシング活動に対する地元政治家，住民，ジャーナリスト，研究者からの評価を検討する。第5節では，2006年11月に住民と市警察との諍いを契機に発生した小規模暴動とモハッラー・コミッティの瓦解について考察する。

第1節　ビワンディー市における暴動の発生

　ビワンディー市は，面積 4.12 平方キロメートル，州都ムンバイー市から北東およそ 50 キロ先，県都タネー市からは 16 キロ先に位置する。ボンベイ・アーグラー街道（Bombay-Agra road）が通過していることから（地図4），マハーラーシュトラ州の交通の要衝として栄えてきた［Gazetteers Department, Government of Maharashtra 1982: 980］。

　表 4-1「ビワンディー市のヒンドゥーおよびムスリムの人口」は，1971 年センサスに基づいて，ビワンディー市のヒンドゥーとムスリムの人口と割合を示している。比較のためにマハーラーシュトラ州，ボンベイ管区，タネー県，それぞれの行政区分の数値を列挙した。

　1971 年センサスによると，ビワンディー市のムスリム人口の割合は，マハーラーシュトラ州（8.4%），ボンベイ管区，タネー県（6.31 %）に比べ，55.03％と突出して高い。この背景として，19 世紀から，現在のウッタル・プラデーシュ州にあたる北部インドより，モーミーン（Momin）と呼ばれるムスリムの織工コミュニティが集団移住してきた歴史が挙げられる［Roy 1998: 146-150］。大都市圏ムンバイー市と近接しているために地理的優位性が高く，経済的安定を求めて，インド北部を中心に全国からムスリムが集住してきた結果，繊維産業都市として成長を遂げてきたと考えられる。

地図 4　ビワンディー市と周辺諸都市
出典）"Mumbai Railway Map". Maps of India. n.d..

（1）1970 年 5 月の暴動事件

　マハーラーシュトラ州政府は 1970 年 5 月に発生したビワンディー暴動事件

表 4-1　ビワンディー市のヒンドゥーおよびムスリムの人口（1971 年）

行政区分	人口	ヒンドゥー（%）	ムスリム（%）
マハーラーシュトラ州	50,412,235	41,307,287（81.94）	4,233,023（8.40）
ボンベイ管区	17,660,348	14,226,741（80.56）	1,718,960（9.73）
タネー県	2,281,664	1,967,180（86.22）	143,958（6.31）
ビワンディー市	79,576	32,730（41.13）	43,787（55.03）

出典）〔Chari 1975: 160-161; Chari 1976: 30-31〕より筆者が作成。

について，マードン調査委員会（D. P. Madon Commission）を任命，1974 年に 6 巻にわたる事件調査報告書『ビワンディー，ジャルガーオンおよびマハドにて 1970 年 5 月に発生したコミュナルな騒乱についての調査委員会報告』(*Report of the Commission of Inquiry into the Communal Disturbances at Bhiwandi, Jalgaon and Mahad in May 1970*)（以下「マードン報告書」と略する）を刊行した。このマードン報告書は住民への聞き取り調査を行って，ヒンドゥー・ナショナリスト組織による暴動発生の共謀を糾弾し，市警察の機能不全を明示しており，のちに事件調査の好例として引用，評価されてきた〔B. N. Srikrishna Commission 1998: 252-303; Dayal 2002: 895-995〕。本書では，1970 年 5 月に発生したビワンディー市での暴動の分析に際して，マードン報告書を用いつつ，かつ現地で刊行された新聞および雑誌記事を加えて分析していくこととする。

暴動の背景

1970 年 5 月の暴動事件の背景には，反ムスリムを掲げたヒンドゥー・ナショナリスト政党の伸張，1965 年の第二次印パ戦争の勃発，マラーティー話者の権益保護を掲げたシヴ・セーナーの躍進，そしてビワンディー市議会での派閥闘争の 4 要因を挙げることができる。

第一に，反ムスリムを掲げたヒンドゥー・ナショナリスト政党のジャン・サングの政治的伸張が挙げられる。ジャン・サングは 1951 年 5 月に S・P・ムケルジー（S. P. Mukherjee）によって創設され，会議派の推進するセキュラリズム路線を「ムスリム宥和政策」と非難して勢力を拡大していった。1967 年に実施された選挙では，ジャン・サングは連邦下院議会では 35 議席を，州下院議会では全国で合わせて 268 議席を獲得した。1968 年 2 月にヴァージペーイー党総裁はヒンドゥーの優越を説き，その権益を主張して全国規模で支持拡大を

図っていった。1967年にジャン・サングが選挙で躍進して以降，国内の暴動発生件数も1967年には209件，1968年に346件，1969年に519件，1970年には521件と右肩上がりに増加した［Jaffrelot 1996: 204; 238-239］。短期間で暴動件数が倍増した背景には，ジャン・サングが支持拡大のために反ムスリムを掲げて扇動を展開した結果，ヒンドゥーとムスリムの対立が激化し，暴動へと悪化したことがあると見なせよう。

第二に，1965年9月の第二次印パ戦争の勃発が挙げられる。インドとパーキスターンの間での緊張の高まりは，国内のヒンドゥーとムスリムの関係にも影響を及ぼした。1965年9月にビワンディー市警察はインド防衛法（Defense of India Rules）の下に，インドへの不忠誠という容疑で18名のムスリムを逮捕した。のちに州政府はこの逮捕が不当であったとして，謝意を表明する事態となった［D. P. Madon Commission 1974, Vol.1 : 189-191; 308］。インドをめぐる国際関係がビワンディー市のヒンドゥーとムスリムの住民にも波及し，無実のムスリムが逮捕されるなど，緊迫した状況がもたらされた。

第三に，1966年9月22日にビワンディー市にシヴ・セーナーが党支部を設置したことが挙げられる。党支部長のモア（Baliram More）は市内の全工場に対して，ヒンドゥーでマハーラーシュトラ州出身のマラーティー話者の権益を保護するため，雇用を創出するように政治運動を展開した。モアは1967年にビワンディー市議会議員に選出されたのち，30名のマラーティー話者をそれぞれインディアン・ヒューム・パイプ有限会社（Indian Hume Pipe Company Limited）とヒンドゥスターン・コンストラクション有限会社（Hindustan Construction Company Limited）へ就職させることを実現させた［D. P. Madon Commission 1974, Vol.1: 192; 314-319］。

第四に，シヴ・セーナーの伸張に関連して，市議会を舞台とした派閥闘争の勃発が挙げられる。従来，ビワンディー市議会では，ヒンドゥーとムスリムの政治リーダーが議長職と副議長職を交替で引き継ぐことが慣例化してきた。しかしながら，シヴ・セーナーが党支部を設置して以降，反ムスリムを掲げるジャン・サングと本格的に連携するようになると，ヒンドゥーとムスリムの間で保たれてきた均衡は対立へと変容した。

1967年8月に実施されたビワンディー市議会選挙では，ムスリムを中心と

したビワンディー・セヴァ・サミティと，シヴ・セーナーとの間で派閥が形成されて対抗した。選挙後に議長職にムスリムが，副議長職にシヴ・セーナーが就任すると，対立関係は苛烈を極め，行政機能も混乱していった。市内には無許可のモスクの建設が相次ぎ，土地所有をめぐるヒンドゥーとムスリムとの間での住民間の諍いが発生した。事態を見かねた住民が州政府に市議会議員の更迭を要請していた［D. P. Madon Commission 1974, Vol.1: 224-226; 433］。ヒンドゥーの優越を掲げるジャン・サングやシヴ・セーナーの政治的伸張によって，ビワンディー市ではヒンドゥーとムスリムの間の社会的，経済的な協力関係が徐々に対立へと変容していった。

暴動の発生状況

1970 年 5 月の小規模暴動はヒンドゥーの宗教祝祭シヴ・ジャヤンティの最中に，ジャン・サングとシヴ・セーナーに率いられたヒンドゥーの祭列者がムスリムの居住区内で，ムスリムを非難し，憎悪を煽るスローガンを叫んだことを発端とする。

シヴ・セーナーは自党の支持基盤となるマラーティー話者の団結と高揚を図るため，ヒンドゥーの祝祭であるガネーシャ祭とシヴ・ジャヤンティ祭の祭列の組織化を行ってきた。そもそも，シヴ・ジャヤンティ祭は 1896 年にマハーラーシュトラ出身の政治家 B・G・ティラク（Bāl Gangādhar Tilak）が[1]，17 世紀半ばに繁栄を極めたマラータ王国の王シヴァージー・ボンスレー（Shivājī Bhonsle）を称えて創始したヒンドゥーの祝祭である。ティラクは反英民族運動の動員とヒンドゥー思想によるアイデンティティ確立のために組織化を行ってきた［内藤 1988: 147］。シヴ・ジャヤンティ祝祭に参加することで，マラーティー話者は自らのアイデンティティを強く感じ，また日常の鬱屈した不満を昇華していたと考えられる。

1970 年 5 月 7 日に開催されたシヴ・ジャヤンティ祝祭には，ジャン・サングとシヴ・セーナーからの呼びかけに応じて，近隣村落からも 1 万人規模のヒンドゥーが集まった。同日午後 3 時から，シヴァージーの肖像画が描かれたジー

1　20 世紀初頭のインド民族運動の中で急進的民族派グループの最大指導者となった政治家であり，思想家［南アジアを知る事典 2012: 内藤雅雄「ティラク」の項: 470］。

プを先頭にシヴ・ジャヤンティ祝祭は市中の巡行を開始した。市警察署前を通過した頃から，祭列者の間で反ムスリムを唱えるスローガンが叫ばれるようになった。具体的には，「非難の声があちこちから上がっている，ムスリムは泥棒だと」，「シヴ・セーナーよ，永遠なれ」，「ヒンディズムに勝利を」，「ヒンドゥーがやって来た，割礼した奴らは逃げ出して行った」といった憎悪を煽る内容であった。祭列を監視していた市警察官は，声高にスローガンを叫んでいた2人の祭列者の身柄を拘束したものの，即座にジャン・サングの党員が彼らの釈放を求めて座り込みを始めた。すると，祭列者の怒りが増幅することを恐れた市警察官は，身柄を拘束した2人をすぐに釈放した。祭列者は興奮してムスリムへの憎悪に満ちたスローガンを絶え間なく叫んだ。ヒンドゥーの祭列者は飛び跳ねながら，「我々の行く手を阻めば，命を失うことになるぞ」という過激なスローガンを叫び，路上で祭列を見つめていたムスリム住民に向かって拳を突き上げた。こうした扇情的な振る舞いはムスリムの居住区を通過する際に一層激化し，祭列者は四散して，路地に入り込んでいった。どこからともなく，ムスリム住民と祭列者の間で口論が始まり，次第に双方が路上に落ちていた石やレンガの破片を拾って投げ始めた。祭列者はムスリムの家屋を襲撃し，家財を略奪したり，次々とムスリムの所有する動力織機工場や家屋に火を放ったりしていった。市警察が制圧し，当夜のうちに略奪と放火の応酬は徐々に収束していった［D. P. Madon Commission 1974, Vol. 4: 68-69; 74-76］。

暴動の企図と警察の機能不全

　事件から3日後の1970年5月10日に住民に聞き取りを行った連合社会党（Samyukta Socialist Party）のジョージ・フェルナンデス（George Fernandes）によれば，祭列者が手にしていた武器は事前に準備されていたという。またムスリムの所有する家屋や工場が略奪や放火の被害に遭っていた一方で，ヒンドゥーが所有する建物は被害を受けていなかったことを明らかにした［Fernandes 1970: 15-7］。加えて，暴動当日の1970年5月7日から10日までの4日間にわたって，ビワンディー市内を横断する国道に沿って，ヒンドゥーの暴徒が検問を行って往来を遮断していた。暴徒は運転手の身元を確認し，ヒンドゥーであれば通行を許可し，ムスリムだと分かると，車外に引きずり出し

て，暴行を加えていた［Parulekar 1970: 15］。これらの現地報告からは，ビワンディーでは暴動が祝祭時に興奮状態に陥った結果，突発的に発生したわけではなく，事前に武器を収集したり，検問を設置したりするなど，綿密かつ周到に計画されていたことが判明する。

州政府は 1970 年 5 月 11 日にボンベイ高等裁判所のマードン判事を中心に，ビワンディー市での暴動の原因究明，行政による対応の精査，関与した政党やグループの特定を行うための委員会を任命した。マードン委員会の報告によると，死者数は身元不明者を含めて 78 人，うちヒンドゥー 17 人，ムスリム 50 人であった。放火，破壊，略奪による家屋および工場などへの被害総額は，ヒンドゥーの所有分が 703 万 9,560 ルピーであるのに対して，ムスリムの所有分は 828 万 603 ルピーに及んだ。マードン委員会は，市警察官が救援を求めて警察署に駆け込んできたムスリム住民を不当逮捕し，射殺していたことを公表した［D. P. Madon Commission 1974, Vol.1: 8; Vol.6: 73-76］。マードン委員会報告書は，中央から地方に拡大してきたジャン・サングやシヴ・セーナーといったヒンドゥー・ナショナリスト政党の活発な反ムスリム的な活動と，暴動時の市警察の機能不全を明らかにした。

（2）1984 年 5 月の暴動事件

1970 年 5 月の暴動事件以降，州政府は暴動の再発を危惧し，ビワンディー市を含めた近隣地域でのシヴ・ジャヤンティ祝祭の開催を禁じた。シヴ・セーナーはビワンディー市でのシヴ・ジャヤンティ祝祭の再開を求めて，市自治体に対して，許可しない場合には 5,000 人規模の抗議運動を実行すると圧力をかけた。その結果，半ば強制された形で，州政府はシヴ・セーナーの要求に応じ，1984 年 5 月のシヴ・ジャヤンティ祝祭再開を許可した［Abraham 1984: 829］。

暴動の再発

1984 年 1 月，タークレーはムンバイー市内にあるシヴァージー・パークで開催したシヴ・セーナーの年次党大会において，「我々は反国家的なムスリムを追い出すための，さらなるインドを出ていけ（クイット・インディア）運動に着手しなければならない」と反ムスリムを掲げたスピーチを行った。さらに，

4月にはタークレーは「ムスリムが国家にとっての癌であり，その病巣を除去するための手術が必要だ」とのスピーチを行った［The Committee for the Protection of Democratic Rights 1984: 15］。これらタークレーの発言はムスリムを攻撃する意図が強く感じられ，インド刑法で定められる憎悪犯罪に該当する言動であるはずが，放任されたままであった。

シヴ・セーナーが反ムスリム的な憎悪犯罪を公然と行っていた状況下で，ビワンディー市では1984年5月3日からシヴ・ジャヤンティ祝祭が開催されたのである。14年越しに開催へとこぎつけたシヴ・セーナーの党員たちは祭列の場で興奮気味に「ヒンディズムの勝利」と絶叫した。暴動発生を予期させる状況に対して，住民の中には，一時的に町を離れて避難する者も現れた［The Committee for the Protection of Democratic Rights 1984: 8］。

シヴ・ジャヤンティ祝祭が終了した後，1984年5月15日にビワンディー市ではムスリム指導者のイッサ・アズーミー（Issa Azmi）が，シヴ・セーナーに対抗して，ムスリムの青年を組織化する目的でインド・ムスリム・セーナー（Bharatiya Muslim Sena, 以下「ムスリム・セーナー」と略する）を結成した［The Committee for the Protection of Democratic Rights 1984: 17］。

アズーミーが市中にイスラームのシンボルである緑色の旗を立てて回るように呼びかけると，これに呼応したムスリム青年たちはシヴ・セーナー党支部の前にも旗を掲げようとした。この様子を目にして止めに入ったシヴ・セーナーの党員とムスリム・セーナーの青年たちの間で，旗の掲揚をめぐっての殴打が始まった［Purandare 1999: 237-238］。この暴力の応酬を契機にヒンドゥーとムスリムの住民の間での投石，放火，略奪が横行し，暴動へと悪化した［The Committee for the Protection of Democratic Rights 1984: 17］。

1984年5月の暴動では，シヴ・セーナーが率いたヒンドゥーによるムスリムへの組織的な襲撃が確認される。例えば，ムスリムが集住する地区では，千人規模のヒンドゥーの暴徒が12時間以上にわたって襲撃を繰り返し，略奪行為には市警察官と州予備警察隊も加担していたという。また別のムスリムが集住する地区では，刀とライフルを手にしたヒンドゥーの暴徒が「もう一押しだ，パーキスターンを破壊しよう」と叫びながら，襲撃を加えてきた。27人の住民が暴徒に取り押さえられた後，灯油をかけられて火を放たれると，生きたま

ま焼かれて命を落とした［The Committee for the Protection of Democratic Rights 1984: 22-23; 26-27］。こうした住民の声からは，シヴ・セーナーに扇動されて周辺地区から集められた暴徒が武器を手にしてムスリムの集住する地区を襲撃し，放火のための灯油を用意するなど，計画的な暴動が行われたことは明白である。

近隣都市への波及

ビワンディー市で発生した暴動は，同年5月23日までに近隣のムンバイー市，タネー市，カルヤーン市へと波及し，制圧のために派遣された準軍隊の数はビワンディー市で 1,000 人，ムンバイー市には 3,500 人に上った［Engineer 1984: 159］。

ムンバイー市のドーングリー地区ではナイフを持った男たちが徘徊し，往来する住民に話しかけて，名前を聞いて，当人がムスリムだと判明すると刺傷していた。カルヤーン市では，走行中の列車内でヒンドゥーの暴徒がムスリムの乗客を車外に投げ出し，段打する事件が確認された。被害者によると，列車内ではヒンドゥーの暴徒が，乗客一人ひとりにイスラームの挨拶で「アッサラーム・アレイコム」（A Salaam Alekum）と話しかけて反応を見て，ムスリムかどうか確認したうえで，襲撃していたという［The Committee for the Protection of Democratic Rights 1984: 34-37; 41］。

マハーラーシュトラ州政府が公表した4都市を合わせた被害規模は，死者258 人，負傷者 1,066 人で，うちビワンディー市での死者は 109 人，負傷者は218 人であった。次いで被害が大きかったムンバイー市の死者数は 87 人，負傷者数は 556 人であった。暴動から2か月を経た後もビワンディー市とムンバイー市では家を焼かれた5万人の住民が路上生活を強いられた［The Committee for the Protection of Democratic Rights 1984: 21-22; 82-83］。

警察の機能不全とシヴ・セーナーの伸張

ビワンディー市では市警察官や州予備警察隊が暴徒の取り締まりをしないばかりか，略奪に加担していたことが判明した。同様に，ムンバイー市でも市警察官が無実のムスリム住民を連行して銃撃したのち，頭部をつかんで排水路に

突っ込み，窒息させて殺害したとの事例が確認される［The Committee for the Protection of Democratic Rights 1984: 63］。ビワンディー市やムンバイー市で見られた警察の機能不全は，ムスリム住民への偏見を持ったヒンドゥーの警察官の残忍な言動が現れた一例と言えよう。

ビワンディー市で発生した大規模暴動を経て，シヴ・セーナーへの支持は拡大し，その勢力は一層強固になった。1985年4月に実施されたムンバイー市議会選挙でシヴ・セーナーは総議席の44％を占める74議席を獲得した。シヴ・セーナーの議員が初めてムンバイー市長に就任し，市政を掌握するに至った［Thakkar 1995: 26］。過激なスピーチや扇動によって，暴動を引き起こしたシヴ・セーナーは，なおもヒンドゥーからの支持を得て，ムンバイー市議会で最大の勢力を形成していった。

第2節　警察のリーダーシップによる創設

（1）暴動予防活動への着手

ビワンディー市では，1970年と1984年の2度にわたる暴動発生を経て，市警察が露呈した機能不全と不信の回復が危急の課題となった。その問題に切り込んだのは，1988年に市警察次官として着任したスレーシュ・コープデー（Suresh Khopade）である。コープデーの経歴は暴動後社会での復興を担う上で適任と言える。マハーラーシュトラ州出身であり，1984年から1987年まで州犯罪調査局（Criminal Investigation Department）でコミュナル部局主任を務めて，暴動事件に関する調査を担当した。また独自にイスラームについての調査研究を行って，理解を深め，宗教寛容の価値を重視していた［Khopade 1998: 108-117; Khopade 2010: 27］。

コープデーは事件後4年が経っても暴動事件の爪痕が残り，復旧が滞る町の状況を目の当たりにした。さらに，当時の市警察は，暴動後も対応を改めることなく，事件発生の通報を受けて出動し，現場で催涙ガスを発射して，住民に警棒を振りまわし，無差別に発砲を行うなどの過度の武力を行使していた［Khopade 2009: 81］。

コープデーが着任後に最初に着手したのは，市警察官が宗教祝祭時に監視・

巡回を強化し，暴動へと悪化しないように予防しようという「祝祭日はあなた方に，他日は我々に」(One Day yours, the rest are ours) 計画である。これは，ビワンディー市での二度の暴動事件がいずれもシヴ・ジャヤンティ祝祭の前後に発生した状況を踏まえたためである。「祝祭日はあなた方に，他日は我々に」計画には，祝祭日は住民が楽しむことを見守るが，祝祭以外には市警察官が取り締まるとの意味が込められている。市警察官は祝祭当日に祭列の場に立ち会って，監視を行う。祭列者に対立を煽るスピーチを行ったり，憎悪に満ちたスローガンを叫ぶ人物がいた場合には，その者の身元を特定する。祭列が終了した後，1951 年ボンベイ警察法第 110 条「公共の場における俗悪な言動」，第 112 条「平穏な状況を乱そうとする言動」，および刑事訴訟法第 151 条第 1 項，第 3 項に基づいて勾留，取り調べを行った。[2] 1988 年以降，市警察は「祝祭日はあなた方に，他日は我々に」計画を遂行して，イスラームの祝祭であるモハラム (Moharram)，犠牲祭バクリー・イード (Bakri Id)，そしてヒンドゥーの祝祭であるガネーシャ，新年を祝うホーリー (Holi)，シヴ・ジャヤンティ祝祭に際して，監視・巡回を強化した。

　ビワンディー市の住民が，この計画に強い関心を示したのは 1989 年 5 月のシヴ・ジャヤンティ祝祭の時で，祭列者のうち 500 人が勾留され，市警察から取り調べを受けた。徹底した監視・巡回の結果，翌 1990 年 5 月に開催されたシヴ・ジャヤンティ祝祭は平穏に予定時間よりも早く終了した [Khopade 1998: 77-83]。コープデーのリーダーシップの下に，市警察は「祝祭日はあなた方に，他日は我々に」計画を通じて，憎悪犯罪に手を染め，住民を扇動しようと画策する危険分子を見つけ出していった。祝祭時に暴動を未然に予防するための監視・巡回が，ビワンディー市のコミュニティ・ポリシング活動の礎を形成していった。

2　1951 年ボンベイ警察法第 110 条「公共の場における俗悪な言動」(Article 110. Behaving indecently in public)，第 112 条「平穏な状況を乱そうとする言動」(Article 112. Misbehaviour with in rent to provoke a breach of the peace)はそれぞれ公共の場で憎悪犯罪や暴動状況をもたらそうとする言動への取り締まりを規定している [A website of Maharashtra Police."Bombay Police Act, 1951". n.d.]。
予防拘禁については，刑事訴訟法第 151 条「指定犯罪の予防のための逮捕」(Article 151. Arrest to prevent the commission of cognizable offences)に規定されている [Ministry of Home Affairs, Government of India"The Code of Criminal Procedure, 1973". n.d.]。

(2) モハッラー・コミッティの創設

コープデーは「祝祭日はあなた方に，他日は我々に」計画に続く，市警察が住民と協力関係を構築するコミュニティ・ポリシング活動の計画を試行していた。ビワンディー市では，州政府の指示の下，祝祭時には祭列の通過ルートや開催時間を決定するための協議の場として慣例的に平和委員会を設置してきた。しかし，その実態は委員の多くを地元政治家が占め，政党間の利権争いの場へと変容していた。そこで，1990 年にコープデーはビワンディー市の平和委員会を解散したのち，住民のリーダーを自ら選出し，市警察との協力の下に，コミュニティ・ポリシング活動に取り組むために，モハッラー・コミッティを創設した [Khopade 2010: 37]。

コープデーは市内 70 の居住区すべてにモハッラー・コミッティを設置し，1つの居住区ごとにヒンドゥーとムスリムのそれぞれ 25 名の計 50 名の住民がメンバーとして選出された。さらに，2 ないし 3 の居住区ごとに副警部補以上の市警察官をリエゾン・オフィサーとして配置した。モハッラー・コミッティのメンバーには，特別な資格，職業や性別は不問であったが，地域に影響力を有し，犯罪歴のない住民として，医師，弁護士，教員，工場労働者，リキシャー運転手，商店主，主婦といった様々な社会階層からの人びとが選出された。ただし，コープデーはモハッラー・コミッティに政治家がメンバーとして参加すること，関与することを認めなかった [Khopade 1998: 86-87; Khopade 2009: 91]。1990 年の創設時には，モハッラー・コミッティのメンバーとして，市内で 3,500名の住民がコミュニティ・ポリシング活動に参画していた。その選出にもヒンドゥー，ムスリムいずれも同数に定めて，住民が対等に意思決定を行うための配慮が加えられていた。コープデー自身はヒンドゥーであるが，ヒンドゥーとムスリム双方を住民の多様な階層からリーダーとして選出して，住民の組織化を図ろうとしていた。

モハッラー・コミッティによるコミュニティ・ポリシング活動の基本となったのは，市警察とメンバーでの定期会合の開催である。通常は月に 1 回程度の頻度で，事件発生や暴動の発生が危惧される場合には，週 1 回以上の頻度での開催が定例化していた。会合の議長は警部補が，副議長は巡査部長が務め，メ

ンバー以外の住民にも参加が認められていた。会合は，市警察署内や個人宅ではなく，学校，寺院，モスクなどの公開の場で行われることが原則であった。議長と副議長は事前にメンバーの出欠状況を把握し，欠席者の自宅を訪ねて会合での決定事項への同意を得ていた ［Khopade 2009: 3; 96］。

コープデーが提示したモハッラー・コミッティの活動方針は，以下の5項目に総括できる。第一に，特定の宗教に対する侮蔑的なヘイトスピーチを行ったり，スローガンを叫んだり，対立を煽る噂を流布するなどの憎悪犯罪を行った人物に関する情報収集と監視である。第二に，土地所有，夫婦関係，婚姻時の持参金問題など，住民間で発生する諍いに介入し，犯罪への悪化を未然に予防すること。第三に，住民との連携によって，盗難やひったくり犯罪への監視体制を構築すること。第四に，祝祭，スポーツ大会を運営し，市警察官と住民との交流を図る場を提供すること。そして，第五に過去の暴動時に露呈した市警察の機能不全を回復し，警察不信を払拭することである ［Khopade 2009: 7-12; Khopade 2010: 37-40］。コープデーは，州犯罪調査局で暴動事件に関する調査を担当してきた経緯から，諍いや憎悪犯罪が横行すれば，暴動の再発につながると考えていた。そのため，市警察がモハッラー・コミッティのメンバーとの連携によって監視・巡回を日常的に行い，諍いや憎悪犯罪を食い止め，暴動への悪化を未然に防ぐことに重点が置かれていた。

ビワンディー市でのモハッラー・コミッティのコミュニティ・ポリシング活動の遂行において，最も困難を極めたのは，住民を組織化し，活動への協力を得ていく過程であった。コープデーは創設時に3ヶ月間にわたって住民を対象とした説明会を開催し，市警察の機能不全と怠慢という問題点を明らかにした上で，「我々には何ができるのか」と住民に問いかけ，コミュニティ・ポリシング活動への理解と協力を訴えた。[3]コープデーは住民がコミュニティ・ポリシング活動に参加し，暴動の予防に従事することで，警察不信の払拭と秩序維持の行動の遵守につなげようと考えていた。

モハッラー・コミッティによるコミュニティ・ポリシング活動は，すでに着手されてきた「祝祭日はあなた方に，他日は我々に」計画に沿って，監視・巡

3　2010年4月6日，スレーシュ・コープデーへの聞き取り。

回に重点が置かれた。メンバーと2人の巡査が一つのチームを組んで夜間巡回を行うと，停電や電球が切れて暗所となり，犯罪発生の温床となりかねない場所を見つけ出すようになった。また水道管の未整備や破裂によって清潔な水が供給されていない地区を発見した。市警察が巡回で得られた情報を市自治体に伝えることで，街灯の電球は交換され，また安定的な電力や水道の供給に向けた工事が行われた。モハッラー・コミッティによるコミュニティ・ポリシング活動が，実際に住民の生活改善につながるようになると，徐々に住民との関係は堅固となっていった。[4] 従来の警察のみで行ってきた巡回に比べて，住民の代表であるメンバーとともに居住区に分け入ることによって，より綿密な地域の情報を得ることが可能となった。加えて，住民の生活に直結する生活改善が図られると，モハッラー・コミッティの有用性が次第に認識されるようになったわけである。

第3節　バーブル・モスク破壊事件時の予防の効果

コープデーが1991年2月に転出したのちには，後任のポール市警察次官がモハッラー・コミッティのコミュニティ・ポリシング活動を継承した。ポールが着任した時点で，ヒンドゥー・ナショナリストによるラーム寺院再建運動の勢いが全国的に先鋭化しており，ポールはコミュニティ・ポリシング活動の強化を試みていた。

ポールはビワンディー市で過去に市警察が機能不全に陥ってきた経験を鑑み，住民との協力の下に暴動対策の訓練を実施している。毎月1回，市内在住の学生を集め，市警察官に向けて投石を行わせて架空の暴動状況を作り出し，暴徒への対応策を確認するシミュレーションを繰り返した［Pillai 1992］。この訓練を行うことで，住民の代表である学生は暴動予防の重要性を学び，また彼らが暴徒化することを抑止する効果もあった。さらに，市警察も暴動対策を繰り返すことで，冷静かつ迅速な対処を行い，かつ無差別発砲や不当逮捕を抑止する効果があったと考えられる。

4　2010年4月6日，スレーシュ・コープデーへの聞き取り。

1992 年 12 月 2 日，ラーム寺院再建運動に興じる活動家の様子がメディアで連日盛んに伝えられるなか，ポールは危機時に備えて市内の病院，輸血センター，消防署に対して，緊急態勢を整えるように指示した。同時に，市警察の指令室に消防車と救急車を駐留させた。加えて，暴徒の破壊行為で路上に瓦礫が散乱して，警察の出動や救命活動が遅れることを防ぐために，市自治体の職員に瓦礫の撤去チームを組織化するように要請した［Shinghal 1998: 47］。ポールはバーブル・モスク破壊事件の発生以前から，暴動を想定して病院，消防，市自治体との連携の下に，暴動による被害を最小限に食い止めるように具体的な予防対策を講じていた。

　1992 年 12 月 6 日にバーブル・モスクの破壊が報じられると，ビワンディー市では一部のムスリム住民が報復としてヒンドゥーの家屋や寺院を破壊すると叫び，激高していた。こうした状況下で，同日から 10 日までの 4 日間にわたって，モハッラー・コミッティのメンバーと市警察官は徹底した監視・巡回を行った［Shinghal 1998: 49］。

　バーブル・モスク破壊事件の発生以降，ビワンディー市でも暴動の予兆となる 3 件の出来事が確認された。第一の出来事は住民間の投石事件である。数人のヒンドゥーが市中でクラッカーを鳴らしたことに立腹したムスリムがその報復として投石を行った。ムスリムは現場に急行した市警察官にも投石を行って負傷させたために逮捕され，暴動への悪化は食い止められた［Shinghal 1998: 49-50］。これがバーブル・モスク破壊事件後に，ビワンディー市警察が住民を逮捕した唯一の事例となった。ヒンドゥーがクラッカーを鳴らした意図は不明だが，一部のムスリムが激高し，投石を行うなど，ヒンドゥーとムスリムの関係は緊迫しており，まさに暴動を引き起こしかねない一触即発の状況にあった。だが，モハッラー・コミッティのメンバーと市警察は巡回を行い，また暴動対策訓練を繰り返してきたために，発砲することなく，事態を収束させた。

　第二に，放浪していた雄牛が住民を追い回した際に，住民が暴動の発生と思い込んで狂乱状態に陥った出来事である。慌てた住民たちは，「もう終わりだ」と叫んで逃げ回った。市内を巡回していた市警察とモハッラー・コミッティのメンバーは，この状況を察知して現場に赴き，混乱していた住民たちに暴動の発生ではないと説いて，鎮静化させた［Shinghal 1998: 49-50］。

第三の出来事は，市内2か所で発生した放火事件である。巡回中の市警察とモハッラー・コミッティのメンバーが即座に消火活動を行い，大規模な火災が発生することはなかった［Shinghal 1998: 49-50］。もし放火が見過ごされていれば，大火災になって，住民の生命と財産が脅かされる事態になっていただろう。巡回を行っていた市警察とモハッラー・コミッティのメンバーが放火を発見して，消火にあたっていた。

　これら3件の出来事への対応はモスク破壊事件以前から備えてきた暴動対策が効果を発揮した好例と言えよう。バーブル・モスク破壊の衝撃はビワンディー市にも波及し，住民たちの間には不穏な空気が漂っていた。市警察とモハッラー・コミッティのメンバーはモスク破壊事件以前から監視・巡回を行い，憎悪犯罪の情報収集にあたり，犯罪の温床を突き止めて，状況の改善にあたってきた。したがって，暴動が予兆された時期でも，住民の諍いや放火に即座に対応し，暴動への悪化を食い止めた。

第4節　モハッラー・コミッティへの評価

　ビワンディー市での市警察とモハッラー・コミッティのメンバーによる監視・巡回を通じた暴動予防の効果は，1992年12月下旬から翌1993年1月にかけて，新聞報道で「ビワンディーの試み」（Bhiwandi Experiment）として紹介された［Momin 1993; Singh 1993］。こうして報道を通じてモハッラー・コミッティの存在が知られるようになると，地元政治家や住民からその活動に対して高く評価されるようになった。

　ビワンディー市議会議員は一同にモハッラー・コミッティとポールによる暴動予防に称賛の声を寄せている。会議派所属のアズミー（Salam Azmi）は，「ポール市警察次官は対立していたヒンドゥーとムスリムの間に信頼関係を構築し，市警が我々の友人だと確信させた」と述べた［Pillai 1992］。またジャナター・ダル所属のサッタール（Abdus Sattar）は，「ビワンディーでは対話を通じた救済手段が存在することを示した」と評価した［Rahman 1993: 43］。またシヴ・セーナー所属のバワー（Madan Bawa）は，「ビワンディー市警察による適切な法執行活動が平穏な状況を維持しており，全国からの注目を集めている」と評価し

写真 4-1　1992 年 12 月のビワンディー市の様子

出典）Khopade 2010：51.
注）「平穏なビワンディー，この国の見本である（Peaceful Bhiwandi：a beacon for the country）」。

た。インド人民党のヴァイアス（B.P.Vyas）は「バーブル・モスク破壊は危機的な挑発行為であった。私はビワンディーで暴動が再発しなかったことを誇りに思う。ムスリムは私の兄弟だ。私は彼らを誇りに思うし，暴動で眠れぬ日が続くような事態にならなかったことに非常に満足している」と述べた [Rattnani 1992]。

　これら市議会議員の評価に注目すると，特に従来はムスリムを攻撃対象としてきたシヴ・セーナーとインド人民党の政治家が，モハッラー・コミッティによるコミュニティ・ポリシング活動の効果を公に認めていたことがわかる。

　さらに，同時期に大規模暴動が発生したムンバイー市と比較し，ビワンディー市でのモハッラー・コミッティがいかに意義深い活動を行っていたのか，評価する動きも見られた。1993 年 1 月 15 日付のインディア・トゥデイ紙では，「なぜムンバイー市が（暴動で）焼失し，ビワンディー市ではそのような事態にはならなかったのか」（Why Bombay Burned, and Bhiwandi Didn't）とのタイトルで，写真付きで特集記事を掲載した（写真 4-1）。写真 4-1 では同時期のビワンディー市内で住民が通常通りに往来し，また子どもたちも外出するなど，平穏を保っていたことが確認できる。この記事では，ビワンディー市が市警察とモ

ハッラー・コミッティの予防活動の結果として平穏な状態を維持してきたと評価し，ムンバイー市はビワンディー市のモハッラー・コミッティを教訓とすべきとの示唆が加えられた［Rahman 1993: 43］。

　宗教の差異を超えた自発的結社によるヒンドゥーとムスリムの市民参加が暴動予防に有効と論じたヴァールシュネーイーは，ビワンディー市のモハッラー・コミッティを「ビワンディーの試み」（Bhiwandi Experiment）と評価する。その上で，暴動が頻発する地域には，モハッラー・コミッティのような警察と市民による堅固な組織を設置することで，暴動を予防できると主張した［Varshney 2002: 293-296］。

　報道メディアは，各地で暴動が連鎖していた最中，住民の6割をムスリムが占めるビワンディー市で暴動の再発が食い止められたことを大きく取り上げ，モハッラー・コミッティの予防の取り組みを他地域が学ぶべき教訓と評価した。モハッラー・コミッティが，創設当初から掲げてきた暴動の予防という目的を危機時に達成したという点において，ビワンディー市のコミュニティ・ポリシング活動は成功したと評価することができよう。

第5節　暴動の再発と活動の瓦解

　1993年1月以降，モハッラー・コミッティによるコミュニティ・ポリシング活動は全国的に「ビワンディーの試み」として知られるようになった。だが，市警察の記録から1990年代後半以降に暴動の危機が薄れるにつれて，活動は徐々に形骸化していったことが確認される。危機意識が希薄化した現れとして，市警察とモハッラー・コミッティのメンバーによる会合の開催が不定期化したことが挙げられる。特に女性や若者の参加が著しく減少し，またモハッラー・コミッティのメンバーも自らの利益を追求するために，独断的な活動を行うようになって，暴動予防という目的を果たせなくなっていった［Shinghal 1998: 52-54］。創設当初には定例の会合の開催による協議が重要視されていたが，暴動の危機が去るにつれて，メンバーの関与も停滞し，モハッラー・コミッティのコミュニティ・ポリシングは徐々に形骸化していった。

（1）住民と警察の間の諍いの発生

　2005年7月26日，ビワンディー市ではモンスーン期間中の大雨によって洪水が発生し，大半の建物が水没する事態となった。なかでも，ニザームプル地区警察署では床上浸水によって署内に保管していた全ての文書が水浸しになり，業務の遂行がきわめて困難な状況に陥った。そこでシンディ（Raosaheb Shinde）市警察次官は州政府にニザームプル地区警察署の移設工事の許可を得た。しかし，移設予定地が長年にわたってムスリムの墓地として使用されてき土地であったため，一報を耳にしたムスリム住民は即座にタネー市地方裁判所に対して工事中止を訴えた［Rambhau Mhalgi Prabodhini 2006: 15-18］。ムスリムの墓地に警察署を移設すれば，ムスリムの感情を傷つけ，騒乱が起こることは自明であった。しかも，住民側が提訴に及んでいたことから，市警察と住民との協議が不十分なままに，工事が断行されていった状況が明らかになる。

　さらに，2003年と2004年にはビワンディー市で行われたヒンドゥーのガネーシャ祝祭で，何者かがモスクの敷地内からヒンドゥーの祭列者をめがけて投石を行うなど，ヒンドゥーとムスリムの関係は徐々に悪化していたという［Rambhau Mhalgi Prabohini 2006: 41］。この時点で市警察とモハッラー・コミッティのメンバーによる祝祭での監視・巡回が遂行されていなかったことが判明する。そして，移設工事をめぐる市警察と住民との諍いの発生によって，かつて両者を仲介していたモハッラー・コミッティの存在がすでに形骸化していたことが浮き彫りになるのである。

　2006年6月にタネー市地方裁判所は，州政府と市自治体が移設工事の許可を下しているとして，住民側の訴えを退けた。これを受けて，ムスリム住民は，宗教指導者をリーダーに立てて，毎週の金曜の礼拝後に建設反対集会を開催するようになった。すると，シンディ市警察次官は反対運動を指揮していたムスリム指導者に対し，運動を続ければ，命はないものと思えとのメッセージを伝えていたという［Rambhau Mhalgi Prabohini 2006: 18-20; 28-29］。シンディ市警察次官の言動は，ムスリム側にとって脅迫と受け取れる内容であり，警察リーダーの対応がムスリム住民の怒りに拍車をかける要因となったと言えよう。

2006年7月5日，クォーターゲート・モスク周辺では金曜礼拝後，500人ほどのムスリム住民が移設反対を求めて集まり始めた。彼らは口々に「工事をやめろ」や「アッラーは偉大なり」と叫びながら，工事現場に向かった。住民の輪は徐々に膨らみ，誰彼ともなく自ずと路上に転がる石やレンガを手にして，いつしか5,000人ほどにまで拡大していった。住民たちの間では徐々に市警察への憎悪が露わになって，叫び声も「警察を殺して，工事現場を破壊しよう」という過激な内容に変わっていった。事態を察知した市警察は現場に急行し，ムスリム住民たちに向けて即座に催涙ガスを発射した。指揮にあたっていたシンディ市警察次官は住民たちに取り囲まれ，ショベルで殴打されると，頭部に重傷を負って搬送された。ムスリム住民と市警察との間で暴力の応酬が巻き起こると，34人の警察官が重傷を負った。応援で加勢した州予備警察隊が20発の実弾発砲を行い，2人のムスリム住民を射殺すると，住民たちは四散した〔Rambhau Mhalgi Prabohini 2006: 26-27〕。市警察側はシンディ市警察次官が負傷したのち，指揮系統が混乱し，州予備警察隊の発砲によって，事態は収束した。

だが，市警察への強い憎悪を露わにしたムスリム住民による暴動は武力行使によって鎮静化したわけではない。同日午後9時頃，応援に駆け付けていたタネー市警察所属の巡査と巡査部長が市中を巡回していると，ムスリム住民が公共バスに火を放ち，警察車両を破壊している現場に遭遇した。2人の存在に気付いた住民たちは，すぐさま石を投げつけ，ナイフ，なたや鉄の棒で襲撃した。住民たちは暴行を受けて意識を失った2人の制服を脱がせ，燃えさかるバスの火中に放り投げた。そして，横たわる2人を荷車に載せて，川に遺棄しようとした。そこへ別の警察官が近寄って来るのに気づくと，2人を荷車に放置して，集散した。2人の警察官はいずれも頭がい骨骨折による脳出血と刺し傷を負い，まもなく死亡した〔Rambhau Mhalgi Prabohini 2006: 27-29; 61-63〕。警察官の殺害は，同日午後に行われた発砲で射殺されたムスリム側の警察への報復行為とみなすことができる。ムスリム側が持つ警察不信と憎悪がいかに苛烈で根深いものであったのか，その一端を理解することができよう。

多くのムスリム住民が暴行の様子を傍観していたにもかかわらず，市警察に通報する者はおらず，容疑者の特定には至らなかった［Rambhau Mhalgi Prabohini 2006: 28-29］。したがって，ムスリム住民の間には，かつてモハッラー・コミッティによるコミュニティ・ポリシング活動で培われた秩序維持を遵守する動きは見出されなかったのである。ビワンディーでの2006年7月の暴動事件は1日間で収束し，かつ制圧に際して準軍隊が派遣されていないため，小規模暴動と捉えることができる。

　ニザームプル地区警察署が浸水被害を受けたことで，移設工事は不可欠であったが，州政府はムスリム住民の墓地を移設先として選び，説明責任を果たさぬままに，工事を強行した。当時の状況を鑑みると，ムスリム住民側は裁判所に訴えるなど，突発的に暴力に訴えていたわけではない。市警察がムスリム住民と熟議を重ねて墓地の改葬や他の私有地の選定などの妥結を図っていれば，暴動にまで至らなかったと推察できる。2006年7月の暴動事件とは，市警察署の工事反対運動が諍いをもたらし，憎悪犯罪へと増幅した結果，発生した。ここに，本書の提示する暴動ベクトルの悪化を見出せるのである。

　事件以降，ニザームプル地区警察署の移設工事は遅々として進まず，2008年7月に再び浸水被害を受けた［Nikade 2008］。タネー市警察長官のディーレ（Anil Dhere）によると，州政府はいったん移転工事の続行を宣言したものの，翌2009年10月に実施される州議会選挙を見据え，州政権を掌握する会議派がムスリム票の獲得を当て込んでおり，その一環として工事を延期していたという［Rangnekar 2008］。その後も，2013年7月に再びモンスーンの時期に浸水するなど，遅々として工事は行われなかった［Tandel 2013］。

　ニザームプル地区警察署は2008年と2013年にも深刻な浸水被害を受けていたが，工事を断行すれば，再び住民側から反発を受け，暴動再発を招きかねない。会議派が掌握する州政府はムスリム住民の心情を損ねて支持を喪失することを恐れ，また暴動の再発を危惧して，工事を中断していた。

（3）成功から失敗へ──モハッラー・コミッティの瓦解

　2006年7月に発生した小規模暴動によって，市警察とモハッラー・コミッティのメンバーとの連携は衰退し，すでに消滅していたことが露呈した。2人の住

民が当時のビワンディー市の状況について語っている。2006 年暴動事件後に民間団体が行った調査において，モハッラー・コミッティのメンバーを自称していたゴーパール・シン（Gopal Singh）は，すでにコミュニティ・ポリシング活動を遂行する力を有していなかったと言及している［Rambhau Mhalgi Prabohini 2006: 35; 51］。またヒンドゥーの食料雑貨店主は，2006 年 7 月 10 日の報道局 NDTV の取材に対して，「9 割のモハッラー・コミッティは，すでに暴動予防の機能を停止してしまった。その存在に注意を払う住民もいない。こうした状況が市警察とビワンディー住民との間に亀裂を生じさせてしまった」と発言した。[5]

　こうした証言に加えて，モハッラー・コミッティの創設者であるコープデーは 2006 年の暴動事件の発生に関連して，シンディ市警察次官が市警察署の移転に執心して，住民の感情を黙殺した結果，市警察と住民との連携が潰えてしまったと主張した［Khopade 2010: 310-311］。筆者が 2010 年 4 月にコープデーへの聞き取りを行った際にもモハッラー・コミッティによるコミュニティ・ポリシング活動は消滅したことを確認した。ただし，ビワンディー市には，暴動に悪化しかねない住民の諍いや宗教コミュニティ間の対立が常態的に潜在しており，今後も危機的な状況がもたらされると述べた。[6]筆者はさらにコープデーの発言を確認するために 2010 年 4 月にビワンディー市を訪問した際に，モハッラー・コミッティのメンバーを自称するムスリムのシェイク（Salahuddin Shaikh）への聞き取りを行った。シェイクは 1990 年の創設当時から活動に参加しており，モハッラー・コミッティの活動目的として市警察と住民の相互理解を促し，市警察に対する恐怖心を取り除くことと述べた。一方で，シェイクはコミュニティ・ポリシング活動の実態に関する明言を避けている印象を受けた。[7]しかも，2010 年時点でモハッラー・コミッティは活動報告書などの可視化された情報公開を行っておらず，実態は不透明であった。したがって，2006 年 7 月時点で暴動に対する住民の証言やコープデーの発言から鑑みて，すでにモハッラー・コミッティによるコミュニティ・ポリシング活動が消滅状態にあっ

5　"Bhiwandi falls prey to hardline politics". NDTV（ニュース映像）. July 10, 2006.

6　2010 年 4 月 6 日，スレーシュ・コープデーへの聞き取り。

7　2010 年 4 月 15 日，サラフッディーン・シェイクへの聞き取り。

たと見出すことができよう。

（4）瓦解の要因

　ビワンディー市のモハッラー・コミッティは監視・巡回を基盤に据え，市警察次官のコープデーが創設を主導して自らメンバーを選出するなど，警察リーダー中心のコミュニティ・ポリシング活動を展開していた。後任のポール市警察次官はバーブル・モスク破壊事件とムンバイー暴動事件が発生した時期において，住民との協力による暴動対策訓練や病院・消防・市自治体との連携の下に予防活動に着手した。加えて，市警察とモハッラー・コミッティのメンバーが徹底した監視・巡回を行い，諍いや放火を発見すると即座に対処していた。その結果，警察のリーダーシップの下に遂行されてきたコミュニティ・ポリシング活動は予防の効果を発揮し，成功例との評価を受けた。

　翻ると，創設時から一貫して警察のリーダーシップの下に主導されてきたために，あくまでメンバーは市警察を補佐する役割にとどまっており，メンバーと住民は市警察に従属する形での参画であり，住民の要望を盛り込んで展開していたわけではない。確かにピーク時にはヒンドゥーとムスリムを合わせて3,500人のメンバーが住民の代表として警察リーダーによって選任されたものの，彼らが主体的かつ独自にリーダーシップを発揮して，活動を牽引していくという動きを確認できなかった。モハッラー・コミッティのコミュニティ・ポリシング活動の方針や持続の要否は，警察のリーダーシップに依存していた。市警察では多忙な業務のなかで，いつ発生するとも知れない暴動に対して，通常の職務時間に加えて予防を目的としたコミュニティ・ポリシング活動に従事することへ懐疑的な動きが現れてきた。かつて重要視されていた市警察とモハッラー・コミッティとの会合開催は1990年代後半には不定期化し，監視・巡回も行われなくなった。ビワンディー市では警察と住民との仲介役を務めてきたモハッラー・コミッティが衰退したことで，再び住民の間で警察不信が高まると，秩序維持の行動も遵守されなくなった。そして，2006年7月にムスリム住民と市警察の間で諍いが発生すると，住民は警察への憎悪を露わにして，暴動へと至った。

表 4-2　ビワンディー市のコミュニティ・ポリシング活動への総評

構成要素	構成要素の有無	予防活動におけるポイント		総合的な評価
(a) 監視・巡回	○	「祝祭日はあなた方に，他日は我々に」計画	市警察による祝祭の監視・巡回	1988 年からヒンドゥー，ムスリムそれぞれの祝祭が事前の取り決め通りに遂行，平穏に終了
		モハッラー・コミッティ	市警察とメンバーによる監視・巡回	バーブル・モスク破壊事件，ムンバイー暴動が発生した 1992 年 12 月から翌 93 年 1 月にかけての住民間の諍い，放火に介入，暴動に至る以前に予防
(b) 警察および住民のリーダーシップ	△	「祝祭日はあなた方に，他日は我々に」計画	警察リーダーによる創設	祝祭時の監視・巡回を展開し，憎悪犯罪を取り締まり
		モハッラー・コミッティ	警察リーダーによるメンバーの選出	市警察次官が 1 支部にヒンドゥー 25 人，ムスリム 25 人の計 50 人をメンバーとして選任市内 70 支部を設置
			警察リーダーによる定例会合の差配	市警察が住民との定例会合での議長および副議長を務める
(c) 住民の組織化	△	モハッラー・コミッティ	警察リーダーによる住民の組織化	メンバーとして選任した 3,500 人の住民リーダーとの会合を開催し，犯罪や住民の諍いについて情報交換警察リーダーが活動目的に関する住民説明会を開催
(d) 生活改善	△	モハッラー・コミッティ	市警察とメンバーによる巡回	電灯の切れた暗所の発見，電力および水の供給が不足する地区を把握電力および水の安定供給を自治体に伝達
(e) 警察不信の回復	×	「祝祭日はあなた方に，他日は我々に」計画	市警察による祝祭の監視・巡回	祭列者を監視し，憎悪犯罪に関与した人物を特定，祝祭後に拘留，取り調べ
		モハッラー・コミッティ	市警察と住民リーダーによる監視・巡回	バーブル・モスク破壊事件，ムンバイー暴動が発生した 1992 年 12 月から翌 93 年 1 月にかけての消防，救急，行政と一体となった暴動予防の取り組み監視・巡回による諍いと放火の発見による暴動予防
			小規模暴動の再発	2006 年 7 月に警察署移設工事を強行し，ムスリム住民と警察の間の諍いから小規模暴動が再発

(f) 秩序維持の 行動	△	「祝祭日はあなた 方に，他日は我々 に」計画	市警察と祭列者が 祝祭開催時の通過 ルートや音量につ いて協議	ヒンドゥー，ムスリムそれぞれの 祝祭が事前の取り決めを守り，平 穏に終了
		モハッラー・コミッ ティ	市警察とメンバー による監視・巡回	昼夜にわたる監視・巡回の強化 メンバーがムスリム住民を説得し て報復行為を断念させる 住民間の諍いに介入，投石，放火 を鎮静化
			小規模暴動の再発	2006年7月にムスリム住民と警察 の間の暴動時に発生した警察官殺 害を住民は傍観，容疑者情報を通 報せず

出典）筆者作成。

(5) 本書における評価

　表4-2「ビワンディー市のコミュニティ・ポリシング活動への総評」では，コミュニティ・ポリシング活動の構成6要素に基づいて，モハッラー・コミッティの活動におけるポイント，および総合的な評価から検討を加えた。

　ビワンディー市のモハッラー・コミッティは，市警察のリーダーシップの下に，監視・巡回を基軸とした警察主導型のコミュニティ・ポリシング活動とまとめることができる。市警察とメンバーが監視・巡回を行った結果，水道および電力の安定供給といった住民の抱える問題が解決されて，生活改善につながった。その予防の効果は，1992年12月のバーブル・モスク破壊事件とムンバイー暴動事件時に発揮された。モハッラー・コミッティの住民メンバーと市警察が監視・巡回を徹底した結果，住民間の諍い，投石，放火といった犯罪を発見するに至り，暴動の予防に奏功した。しかしながら，1990年代後半以降，暴動予防への関心が希薄化するにつれ，監視・巡回や会合の開催が行われなくなり，暴動の再発を招いた。

　ビワンディー市のモハッラー・コミッティを模倣し，活動を持続してきたムンバイー市のMCMTとの違いは，住民参画の在り方と指摘できる。住民リーダーが主体的かつ地域の実情に応じたコミュニティ・ポリシング活動を展開していたMCMTと異なり，モハッラー・コミッティはあくまで警察リーダーが住民からメンバーを選出していたために，住民による主体的な参画が促されず，

また住民側の要望がコミュニティ・ポリシング活動に十分に盛り込まれなかったことが挙げられる。本書第1章で論じてきたように，コミュニティ・ポリシング活動は日常的かつ持続的な住民との連携が核となっており，短期間では醸成しえない。コミュニティ・ポリシング活動の持続には，主体的な住民リーダーの参画と住民の組織化が非常に重要である。住民の参画には，警察が活動目的を明示しつつ，住民の抱える問題を解決し，継続して働きかけていくことが不可欠である。

ビワンディー市のモハッラー・コミッティの事例が示唆するのは，警察と住民との連携が弱体化すれば，秩序維持の行動は遵守されず，多文化主義的な共生は衰退していくという点である。いったん暴動の予防に成功したとしても，活動の瓦解に向かうという点である。インドのコミュニティ・ポリシング活動を展開する教訓とみなすことができよう。

暴動の再発という状況を踏まえると，本書は，ビワンディー市のモハッラー・コミッティによるコミュニティ・ポリシング活動を失敗事例と評価することが妥当であろう。

第5章

インド各地における
コミュニティ・ポリシング活動の
比較分析

タミル・ナードゥ州警察学校にて定期考査を受ける警察官候補生（2017年3月2日，タミル・ナードゥ州チェ
ンナイ市にて筆者撮影）

第5章は，マハーラーシュトラ州のムンバイー市とビワンディー市の2事例の分析で得られた枠組みに基づいて，インドのコミュニティ・ポリシング活動に関する議論を深めるために，インド国内で実態が確認された5事例を加え，全7事例の比較分析を行う。本書で成否を判断した基準とは，犯罪および暴動予防の効果，コミュニティ・ポリシング活動の構成6要素の存否，そして活動の持続性である。

第1節　警察代替型

第1節では，警察代替型として，デリー市の自警団計画，タミル・ナードゥ州のフレンズ・オブ・ポリス運動とケーララ州のジャーナマイシュリ・スラクシャ計画によるコミュニティ・ポリシング活動を論じる。警察の代替型は，住民リーダーは武装の如何を問わず，警察の補佐を行っており，いわば警察の末端組織と位置づけられる。

(1) 連邦直轄領デリー市の自警団計画

連邦直轄領デリー市（以下，「デリー市」と略する）では，1989年に市警察リーダーが自警団活動を創設しており，本事例はインドのコミュニティ・ポリシング活動の最初期にあたる。

デリーにおける暴動の発生

ここで，まずデリー市の暴動発生状況を確認しておきたい。デリー市では1984年10月31日にインディラ・ガーンディー首相が2人のスィクの警護兵に射殺された事件を発端とし，11月3日までヒンドゥーとスィクの間で暴動が発生した。この暴動による死者数は3,870人に上り，[1] 隣接するウッタル・プ

1　1984年10月に発生したデリー市での反スィク暴動について調査を行ったミスラ調査委員会（Justice Ranganath Misra commission of Inquiry, 1985）とナナヴァティ調査委員会（Justice Nanavati Commission of Inquiry, 2000）による死者数は，2,307人から3,870人と見積もられ，その数には開きがある。本書では最大数の3,870人を死者数として示した［Agnihotri 2007, Vol.2: 394-547］。

ラデーシュ州やビハール州にも拡散した [Agnihotri 2007, Vol.2: 394-547]。さらに，1987年5月18日にはウッタル・プラデーシュ州メーラト市での暴動事件が波及し，ヒンドゥーとムスリムの間の暴動が発生した [People's Union for Democratic Rights 1987: 6-24]。1980年代のデリー市は，ヒンドゥーとスィク，ヒンドゥーとムスリムの対立が深刻化していた。

警察リーダーによる特別警察官の選任と自警団計画

1988年にデリー市警察のカラン市警察長官（Raja Vijay Karan）は，「デリー市警察はいつもあなたと共にいます」（Delhi Police with You, for You, Always）とのスローガンを掲げ，住民寄りの警察サービスの一環として，特別警察官の選任に着手した [Chakraborty 2003: 24; 67]。特別警察官とは，1861年インド警察法第17条「特別警察官」（Special police-officers）で定められ，暴動や騒乱が発生した際に，当該地域の県行政官が住民を警察官として選出する仕組みである。第18条「特別警察官の権限」（Powers of special police-officers）では，州政府によって採用された一般警察官と同等の権限を有すること，第19条「特別警察官としての任命拒否」（Refusal to serve as special police-officers）では任命を拒否した場合には50ルピー以下の罰金を払うことが規定されている[2]。1988年に特別警察官に任命されたのは約1,600人で，彼らには身分証が付与され，6か月の任期中に警察署で開催される月例会合に出席し，市警察と情報交換を行うなどの連絡役となることが期待されていた [Chakraborty 2003: 70-71]。デリー市警察が着手していた特別警察官の選出とは警察リーダーの主導による住民の法執行活動の下請け化との理解が妥当であろう。

カランは1989年6月から，市内全90居住区を対象に犯罪及び暴動の予防を目的とする自警団計画に着手した。カランは活動の骨子として，第一に住居侵入罪の被害者とその隣人住民への支援，第二に被害家屋の安全回復，第三に地域の支援組織や住民との協力の下に犯罪被害者に予防策を助言することの3点を掲げた [Chakraborty 2003: 70-76]。

2　1861年インド警察法第17条特別警察官（Article 17. Special police-officer）; 第18条特別警察官の権限（Article 18: Powers of special police-officers）; 第19条特別警察官としての任命拒否（Article 19:Refusal to serve as special police-officers）. Ministry of Home Affairs. Government of India."The Police Act, 1861". n.d..

自警団計画が遂行された地域では，強盗が侵入した際に事前に設置していた警報が鳴り響くと，周辺住民が当該家屋に集まって犯人を取り押さえた。また路上生活を送っていた未成年を支援するために職業訓練センターを開設した［Raghavan 1999: 167-168］。

　デリー市警察は1990年代後半には，高齢者4,000世帯を対象とした巡回によって保護計画を展開した。この巡回は，高齢者の孤立を回避し，停電状況についての相談に応じたり，地域内の問題解決を図りながら，凶悪犯罪の発生を予防することを目的としていた［Chakraborty 2003: 75; Sharma 2006: 68］。

　同時期にデリー市警察は法執行活動の改善のため，「友好的」な警察署に変わることで，住民への対応が親密になるように試行していた。友好的な警察署の設置目的は，住民の支援を引き出し，安全と犯罪予防の重要性を訴えることであった。そこで，市警察は，住民とともに安全委員会を設置し，日雇い労働者の身元特定，車両の所有者の照合，夜間巡回の組織化といったコミュニティ・ポリシング活動を展開した。しかしながら，現場の市警察官による報告では，実際にはデリー市警察当局は友好的な警察署の運営には消極的であり，また住民にもその存在が十分に周知されていなかったという［Chakraborty 2003: 74-75］。自警団計画の一環として着手された友好的な警察署の運営は，住民からの協力の下に，日雇い労働者や車両の照合，夜間巡回をつうじて，犯罪を誘発する不審者の排除を目的としていたものの，デリー市警察当局はこの取組に消極的であり，かつ住民にも認知されていないままであり，実質的にはコミュニティ・ポリシング活動の機能を果たしていなかったとの理解が妥当であろう。

現地社会の評価

　デリー市警察はカラン市警察長官のリーダーシップの下に，1988年から特別警察官を任命したのちに，自警団計画と称して，高齢者保護や友好的な警察署の運営といったコミュニティ・ポリシング活動を展開した。2003年にチャクラボルティーがデリー市警察によるコミュニティ・ポリシング活動について，市警察官と住民の計360人に「活動は失敗であったか否か」という問いを設定し，聞き取り調査を行った（表5-1）。

　表5-1で判明するのは，市警察官の46.0％と住民の53.0％がそれぞれデリー

表5-1　デリー市のコミュニティ・ポリシング活動への評価
　　　　質問：デリー市のコミュニティ・ポリシング活動は失敗したかと思うか

	「はい」	「いいえ」	「無回答」	合計
市警察官	83 （46.0%）	77 （43.0%）	20 （11.0%）	180 （100.0%）
住民	96 （53.0%）	62 （34.0%）	22 （12.0%）	180 （100.0%）
計	179 （49.7%）	139 （38.6%）	42 （11.6%）	360 （100.0%）

出典）〔Chakraborty 2003: 77〕より筆者作成。

市のコミュニティ・ポリシング活動は失敗であったとの評価を下していた点である。逆に，成功と回答したのは，市警察官が43.0％，住民は34.0％であった。つまり，市警察官はコミュニティ・ポリシング活動を成功もしくは失敗と回答した割合がほぼ同じであったのに対して，住民の5割超が失敗とみなしており，その傾向は警察官よりも高かった。

　チャクラボルティーは同じ回答者に対して，さらに6つの選択肢を提示し，なぜ失敗と判断したのか，その根拠を聞き取っている。その結果，市警察官は，「行政による欠点」との回答が43％で最も多かったが，住民は「警察が住民の介入を恐れた結果，関心が不足していたため」との回答が最も多く，36％を占めていた〔Chakraborty 2003: 81〕。したがって，失敗原因として，市警察官はコミュニティ・ポリシング活動への行政による支援不足とみなしていた一方で，住民は市警察による住民の排除にあると捉えており，両者の認識に隔たりが生じていたことが分かる。少なくとも，住民はデリー市警察がコミュニティ・ポリシング活動への住民の参画を促していなかったとの印象を抱いており，翻るとデリー市警察が警察不信の払拭に至らなかった状況が浮き彫りになる

　チャクラボルティーはさらになぜ住民自身が参画を望んでいなかったのか，その背景を追究すると，住民は「市警察官から受けてきた無礼な振る舞いのため」と回答したのが48人（26.7％），「市警察官からの嫌がらせを回避するため」と回答したのは63人（35％），「警察による法執行活動への不信」と答えたのが57人（31.7％），「コミュニティ・ポリシング活動自体を推していないため」と回答したのが14人（7.8％），そして「行政上の問題」と回答したのが40人（22.2％）であった〔Chakraborty 2003: 86〕。この聞き取りは複数回答を認めていたものの，明白となったのは，住民が市警察による無礼な対応や嫌がらせを受けた経験から，信頼を寄せておらず，コミュニティ・ポリシング活動を歓迎

せず，その参画に消極的であった実態である。ゆえに，活動への住民の参画は進展せず，警察と住民の半数がともにコミュニティ・ポリシング活動が失敗であったとの評価を下していた。

　チャクラボルティーは，デリー市警察と住民がコミュニティ・ポリシング活動の手法と機能を的確に理解していなかったために，結果として自警団計画は無意に帰したとみなしていた［Chakraborty 2003: 97］。

本書における評価

　デリー市では 1988 年以降，市警察長官のリーダーシップの下，特別警察官を任命して以降，自警団計画を展開し，高齢者保護や友好的な警察署の運営といったコミュニティ・ポリシング活動を遂行していた。この自警団計画はインドでコミュニティ・ポリシング活動が導入された最初期に着手されたものの，警察側は概して自らが選出した特別警察官や住民リーダー以外の参画を望んでいなかった。そもそもデリー市警察当局が友好的な警察署の運営に消極的であったため，住民に十分に周知されることなく，住民も警察不信が根強く残る中で活動に関心を寄せていなかった。ここで導かれるのは，デリー市のコミュニティ・ポリシング活動が，特別警察官や限定的な住民の参画に留まっており，むしろ警察の末端組織化をもたらした点である。チャクラボルティーによる現地調査が明示したように，警察と住民の双方が失敗と認めていた点を踏まえ，本書も失敗事例とみなすことが妥当だろう。

(2) タミル・ナードゥ州のフレンズ・オブ・ポリス運動

タミル・ナードゥ州における暴動の発生

　フレンズ・オブ・ポリス運動は，1993 年 12 月にタミル・ナードゥ州ラーマーナタープラーム県（Ramanathapuram District）にて県警視のフィリップ（Prateep V. Philip）のリーダーシップの下に創設された。タミル・ナードゥ州はインド南東部に位置し，2011 年センサスでは人口 7,214 万 7,030 人を抱えていた。州都はチェンナイ市におかれ，地図 5 で示すように 30 の県で構成されている（地図 5 参照）。

　ヴァールシュネーイーとウィルキンソンのデータセットによると，タミル・

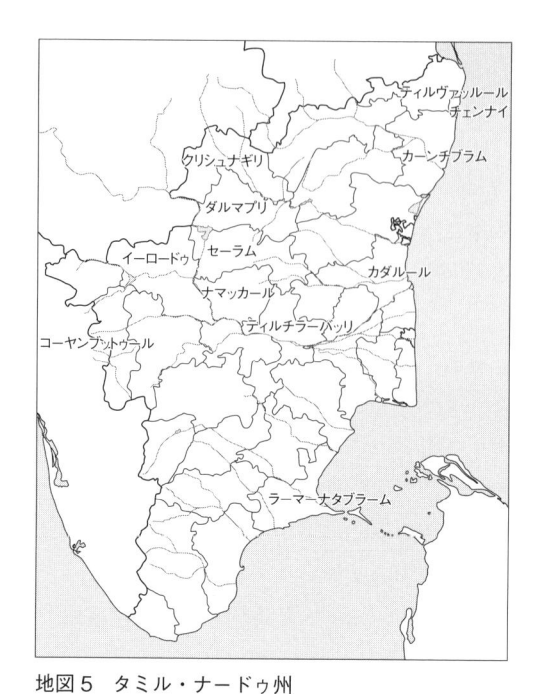

地図5　タミル・ナードゥ州

ナードゥ州で1950年から1995年までの45年間で発生したヒンドゥーとムスリムの間の暴動は16件で，年平均に換算すると0.35件となる［Varshney and Wilkinson 2004: 3］。またグラフとガロニエによる分析データには，1992年12月6日のバーブル・モスク破壊事件を発端として，コーヤンブットゥール市（コインバートル）（Coimbatore）市で発生した市警察とムスリム住民との一連の対立が挙げられている。同年12月8日に市中を巡回していた市警察がモスクめがけて無差別発砲を行い，また無実のムスリム住民を警棒で殴打する事件が発生した。翌1993年8月8日にチェンナイ市にある民族奉仕団の事務所で爆破事件が発生すると，州警察はコーヤンブットゥール市に在住する16名のムスリムをテロおよび騒乱行為防止法（Terrorist and Disruptive Activities ［Prevention］ Act: TADA）の下に逮捕した。この報復として，一人のムスリム青年が市警察官を殺害すると，さらに市警察がヒンドゥー住民を引き連れて，市内にあるムスリムの商店に放火し，暴動へと悪化したのである。この暴動は，同年12月1日まで断続的に発生し，最終的には死者20人を出す大規模暴動となった［Graff and Galonnier 2013b: 21-32］。

　タミル・ナードゥ州では，コーヤンブットゥール市で警察とムスリム住民の対立が苛烈化した結果，大規模暴動を引き起こした事例を確認できる。ただし，グジャラート州，マハーラーシュトラ州，ウッタル・プラデーシュ州といった暴動が頻発してきた地域と比べ，州全体としては発生の傾向は低く，ヒンドゥー

とムスリムの関係も比較的安定してきたと言えよう。ゆえに，暴動発生への警戒を怠ることはできないものの，コミュニティ・ポリシング活動が犯罪予防を中心として展開してきたと導き出せる。

警察のリーダーシップによる創設

フレンズ・オブ・ポリス運動が創設された1993年は，インドのコミュニティ・ポリシング活動が本格的に導入され，いわばメルクマールとなった年である。第一に，1990年から遂行されてきたマハーラーシュトラ州ビワンディー市でモハッラー・コミッティによる暴動予防活動の効果が立証され，第二にその成功を受けてムンバイー市でも導入され，モハッラー・コミッティ・ムーブメント・トラストが創設された。こうした流れに引き続く形で，タミル・ナードゥ州ラーマーナタープラーム県においてコミュニティ・ポリシング活動が創設された。

1991年のセンサスデータによると，ラーマーナタープラーム県の人口は114万4,040人で，その内訳はヒンドゥーが89万9,143人，ムスリムが16万2,094人，クリスチャン8万2,569人，スィク30人，ブッディスト1人，その他と不明が203人であった。ヒンドゥーが住民のおよそ8割を占めていた。

1993年にラーマーナタープラーム県でコミュニティ・ポリシング活動が着手された背景として，創設者のフィリップが遭遇した爆弾テロ事件を挙げることができる。1991年5月21日，州都チェンナイ市から40キロ離れたカーンチプラーム県スリペランブドゥール市（Sriperumbudur, Kanchipuram district）に，ラジヴ・ガーンディー元首相は州議会選挙を控えて候補者の応援に訪れていた。集まった支持者にまぎれ，タミル・イーラム解放のトラ（Liberation Tiger of Tamil Eelam: LTTE）の活動家がラジヴに近づくと，隠し持っていた爆弾で自爆し，ラジヴを含めて周辺にいた18人の住民と9人の警察官が巻き込まれ，死亡した［Saju 2011］。フレンズ・オブ・ポリス運動を創設することとなるフィリップは，ラジヴの要人警護にあたっており，事件によって重傷を負った。意識朦朧とした彼は病院に搬送されるまでの間，一人の見知らぬ青年から手厚い介抱を受けて，謝意と親しみを強く感じた。テロ事件と住民から救命を受けた経験から，フィリップは住民とともに法執行における責務を共有す

る必要性を痛感し，フレンズ・オブ・ポリス運動の着想を得た。フィリップがフレンズ・オブ・ポリス運動を創設した1993年には，タミル・ナードゥ州においてカースト間の対立による治安の悪化が顕現しており，州警察は住民間の諍いや対立の現場を発見した場合には，即時の発砲による武力制圧を行うことが常態化していた。そこで，フィリップはテロの発生や治安悪化を考慮して，赴任していたラーマーナタープラーム県でのコミュニティ・ポリシング活動の導入を決めた。とりわけ警察と住民の関係の改善と良好化を目的として，特に警察に対するネガティブなイメージの刷新を図って，フレンズ・オブ・ポリス運動との名の下にコミュニティ・ポリシング活動を創設した[3]。

フィリップが設定したフレンズ・オブ・ポリス運動の目的は以下8点にまとめることができる。1）警察にとっての友人となる住民を見出すこと，2）カースト，信条，身分に関係なく，住民が警察との結びつきを確立できるように関係を強化すること，3）住民に犯罪への啓発を行い，犯罪予防を促進すること，4）コミュニティ・ポリシング活動において住民の参画を盛り込み，犯罪予防を行うこと，5）住民から法執行活動へのフィードバックを得る仕組みを構築すること，6）警察と住民が定期的に面会して地域に根差した情報網を張り巡らすこと，7）メンバーを将来的に警察官として採用することを想定した人材育成を行うこと，8）住民との同意の下に，可視化された法執行活動を遂行すること，であった［Philip 2006: 86-87]。

フィリップの設定した目的は，警察不信の回復が念頭に置かれ，さらには住民を組織化して，将来的には警察官となりうる人材の育成も視野に入れられていた。確かに，フレンズ・オブ・ポリス運動の住民メンバーを警察官に採用すれば，コミュニティ・ポリシング活動の方針と手法を理解し，住民との仲介役を担うことも円滑となるだろう。

フィリップはメンバーの要件として，ラーマーナタープラーム県在住の18歳から70歳までの住民で，いかなる立場でも係争中の裁判に関与していないこと，識字能力を有することを規定した。［Philip 2006: 159; Philip 2013: 107]。さらに，メンバーの登録時には氏名，年齢，住所に加えて，宣誓文への署名欄

3　2017年3月1日，プラティーブ・フィリップへの聞き取り。

と関与したい活動を選択する項目が記載された申請書の提出を義務づけた。タミル語で書かれた申請書には「私はフレンズ・オブ・ポリス運動への参加を希望します。私はフレンズ・オブ・ポリス運動の目的に関心を持っています。私がフレンズ・オブ・ポリス運動に参加したい理由は，以下の通りです」として明記する欄を設け，さらに「私は以下の活動において，警察を支援したいと考えます」として，住民に3項目までの希望する活動を選択させた。選択可能な項目として挙げられたのは，1）犯罪予防，2）犯罪への啓発キャンペーン，3）交通整理の支援，4）交通ルールの啓発，5）夜間巡回，6）禁止酒類についての情報収集，7）人権啓発キャンペーン，8）女性の人権啓発キャンペーン，9）反麻薬キャンペーン，10）エイズ啓発を含む性感染症予防啓発キャンペーン，11）婚姻関係をめぐる諍いへの介入と相談，12）犯罪被害者支援プログラム，13）警察と住民によるスポーツ大会プログラム，14）元受刑者への社会復帰支援，15）弱者層の人権保護キャンペーン，16）環境保護プログラム，17）コミュナル・ハーモニー（宗教コミュニティ間の多文化主義的な共生）の育成と促進に向けたキャンペーン，18）その他のプログラムおよび活動，の以上18項目である。これに続いて，「私は民事および刑事事件いずれの公判にも関わっていません。私はフレンズ・オブ・ポリス運動のメンバーとしての立場を悪用しないことを誓います。私は国家と社会に奉仕し，警察を支援するために最善を尽くします」との宣誓文が添えられ，署名を求められていた［Philip1996: 128-129］。

　フレンズ・オブ・ポリス運動への住民参画の手続きは，申請書の提出という明瞭なプロセスを経て行われていた。合わせて，住民リーダーとしてコミュニティ・ポリシング活動に貢献する意思を確認して，かつメンバーとしての自覚を促す意味合いも負っていた。また列挙されていた18の活動項目からは，フレンズ・オブ・ポリス運動が犯罪予防，交通整理や巡回に加えて，社会的弱者の人権保護や元懲役囚の社会復帰支援，環境保護など多岐にわたる社会活動を遂行していた実態を見出すことができる。したがって，住民リーダーには犯罪予防に留まらず，生活改善に焦点を当てたコミュニティ・ポリシング活動への参画が期待されていたわけである。加えて，タミル・ナードゥ州内で宗教コミュニティ間の暴動が頻発していなかったとしても，コミュニティ・ポリシング活動には多文化主義的な共生の促進に貢献することが望まれていたことが判明する。

住民は警察リーダーによる申請書への審査と身元照会を受けたのちに，メンバーとして登録されることになる。メンバーには，IDカードもしくはフレンズ・オブ・ポリス運動のシンボルマークが入った腕章が支給された（写真 5-1）。シンボルマークには，「世界を考え，地域で活動する」(Think Globally, Act Locally)，「警察と住民を結びつけるために最善を尽くす」(Connecting the Police and the People at their best) とのスローガンも掲げられていた [Philip 2006: xii]。ID カードの支給は，一般住民との区別化を図ってメンバーとしての自覚を芽生えさせることを目的としていたと考えられる。

　フィリップは活動創設の 1993 年にラーマーナタープラーム県において，およそ 1,000 人の住民をフレンズ・オブ・ポリス運動のメンバーとして登録した。創設当初に取り掛かったのは祭列への監視と群衆誘導であった。これまで警察は祝祭時の群衆をコントロールするために，即座に発砲を行っており，警察不信を生み出す原因の一つとなっていた。そこで，警察と住民メンバーが祝祭の期間中に監視と誘導を行うと，諍いや暴動が発生することなく，平和裏に終了した。この取り組みが地元紙に取り上げられると，翌 1994 年 9 月 12 日に，全インド・アンナ・ドラヴィダ進歩連盟（All India Anna Dravida Munnetra Kazhagam: AIADMK）のジャヤラリター（J. Jayalalithaa）州首相が州内全域に拡大することを発令した。[4] 活動初年時に 1,000 人の住民をコミュニティ・ポリシング活動への参画を促した実績が州政府に評価され，ジャヤラリター州首相はフレンズ・オブ・ポリス運動を公認し，次第に州全域への展開を推し進めた。

監視・巡回

　フレンズ・オブ・ポリス運動によるコミュニティ・ポリシング活動への検討を進めると，州内でギャングによる密造酒の売買をめぐる犯罪が横行していたことが見出される。特に，カダルール県，ヴィリュップラム県，ティルヴァールール県，コーヤンブットゥール県，イーロードゥ県，セーラム県，ダルマプーリー県の 7 か所では，住民メンバーが監視を行って，密造酒に関する情報を収集すると，警察に通報し，販売に関わっていたギャングの逮捕につながった。

4　2017 年 3 月 1 日，プラティーブ・フィリップへの聞き取り。

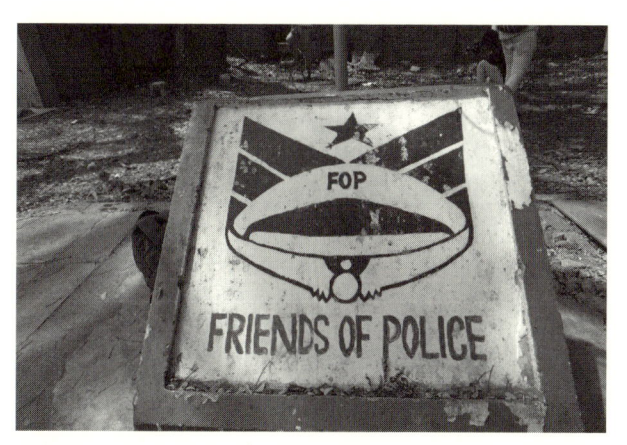

写真 5-1　フレンズ・オブ・ポリス運動のシンボルマーク
出典）2017 年 3 月 1 日，チェンナイ市ナンガンバッカム地区にて筆者撮影。

　監視・巡回はチェンナイ県，ヴェールール県，ティルヴァールール県でも行われており，警察と住民メンバーが共同で夜間巡回を実施した結果，窃盗犯を発見して身柄を拘束していた。またナーマッカル県では，監視・巡回を行っていた住民メンバーが選挙の投票所に訪れた有権者を整列させて身分証を確認し，また投票所に同行していた有権者の子どもたちを預かり，面倒を見ていた。

　他にも，クリシュナギリ県とティルヴァールール県では，それぞれ巡回を行っていた住民メンバーが誘拐事件に遭遇したのちに警察指令室に通報したことで，即座に県警察が主要幹線道路に検問所を設けて，現行犯での逮捕につながった［Philip 2006: 131-142］。

　筆者は，2017 年 3 月にカーンチプラーム県マハーバリプラム市にある警察署を訪問し，警部補と 20 代から 40 代までの男性 5 人の住民メンバーに対して，聞き取り調査を行った。マハーバリプラム市は 4 世紀から港湾都市として栄えており，近年では世界遺産に登録された岩壁彫刻や石彫寺院の立ち並ぶ市中では観光客をねらった盗難や窃盗などが横行してきた。ヒンドゥーの住民メンバー U はフレンズ・オブ・ポリス運動に参画した理由として，元々は警察官を志望していたが，当時は採用試験の受験資格を満たすことができずに断念したという。その後，警察官を志望していたこと，ボランティア活動に関心があっ

たことから 2015 年にマハーバリプラム市警察署所属の K 警部補による呼びかけに応じる形で，フレンズ・オブ・ポリス運動の住民メンバーになった。他の 4 名はいずれも自らの友人であり，誘って一緒にメンバーとして加わった。一般住民は住民メンバーである彼らに敬意を払い，良い印象を抱いているようである。メンバーとしての主な役割は夜 10 時から朝 6 時まで市警察とともに夜間巡回を行うことであり，ボランティアで参加してきたが，家族も活動に理解を示しているという。[5]

マハーバリプラム市警察署所属の K 警部補によると，県内 10 か所ある警察署にはぞれぞれ 5 名ずつ，合わせて 50 名の住民メンバーが登録されているという。この地域では 1995 年からフレンズ・オブ・ポリス運動に着手し，主な活動は，住民から犯罪情報を収集することであった。住民メンバーの任期は 3 年程度で，顔なじみのある住民に呼びかけて募ってきた。必要に応じて，5 人の住民メンバーを招集し，祝祭時の群衆誘導や巡回を行ってきた。マハーバリプラム市には，多くの観光客と物売り，物乞いが行き交い，常に混乱した状態にあるため，居住地の情報を把握している住民メンバーの存在が非常に有用となる。住民メンバーには州政府からフレンズ・オブ・ポリス運動のバッジ，飾緒付きの制服，制帽，ベルトが支給されており（写真 5-2），また市警察署で ID カードを付与していた[6]（写真 5-3）。

カーンチプラーム県マハーバリプラム市では，警察リーダーの声掛けに応じた 5 人の住民メンバーによる監視・巡回が遂行されていた。住民メンバーは一般住民との峻別を図るために州政府から支給される制服と帽子を着用していた。筆者が聞き取り調査を行った際には，5 名のメンバーはみな一様に社会活動に加わることに高い意欲を持っていた。危険が伴うため，筆者が夜間巡回への参与観察を行うことは認められなかったが，住民メンバーの士気は高まっていた。翻ると，マハーバリプラム市警察署では，フレンズ・オブ・ポリス運動の住民メンバーは制服をまとい，実質的には警察を支援するための非武装の治安要員となってきた状況が見出される。

5　2017 年 3 月 4 日，ヒンドゥーの住民メンバー U への聞き取り。
6　2017 年 3 月 4 日，マハーバリプラム市警察署警部補 K への聞き取り。

 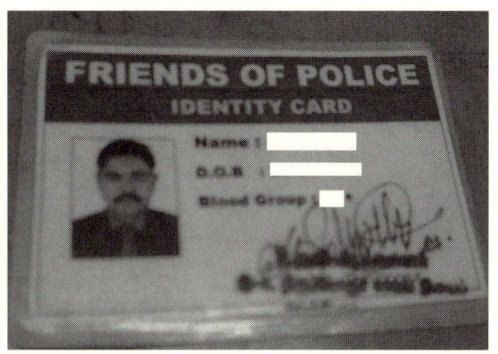

写真 5-2　フレンズ・オブ・ポリス
　　　運動の住民メンバー

出典）2017 年 3 月 4 日，カーンチプラーム県
　　マハーバリプラム市にて筆者撮影。
注）個人情報保護のため，筆者が一部加工。

写真 5-3　住民メンバーの ID カード

出典）2017 年 3 月 4 日，カーンチプラーム県マハーバリプラム市
　　にて筆者撮影。
注）個人情報保護のため，筆者が一部加工。

生活改善

　先に挙げたように，フレンズ・オブ・ポリス運動ヴィリュップラム県では，ヒンドゥー寺院への献金額をめぐって，住民間で諍いが発生していた。そこで，フレンズ・オブ・ポリス運動の住民メンバーは寺院の安全についての取り決めを行って，諍いを解消した。住民の健康促進という点では，チェンナイ県，ティルヴァンナーマライ県，カーンチプラーム県で献血キャンプを開設し，エイズや糖尿病の予防に向けた啓発キャンペーンを実施していた。また，コーヤンブットゥール県では，住民メンバーが無料のパソコン技能習得教室を運営して，住民の就職支援やエンパワーメントを図って，生活改善をもたらすという取り組みも確認された。災害時に警察と協力して被災住民を支援していた事例も確認できる。カーンチプラーム県およびティルチラーパッリ県では，2005 年に発生した大洪水に際して，住民メンバーが被災した住民を救出して避難させ，警察とともに砂袋を用意して路上に積み重ねることで，洪水被害の拡大を食い止めていた［Philip 2006: 131-142］。

　2008 年からチェンナイ市ナンガンバッカム地区（Nungambakkam）にあるカトリック系のロヨラ・カレッジ（Loyola College）内に設置されたフレンズ・オブ・ポリス運動の学生支部に属する住民メンバーは 2016 年 12 月にサイクロンが直撃した際に，倒木の撤去などの復興支援に従事していた（写真 5-4）。筆者

が2017年3月に聞き取り調査を行った時点で，ロヨラ・カレッジには，2008年2月に学生支部が開設されて以降，女子学生3人を含めて約300人の学生がメンバーに登録し，活動に参画してきたという（写真5-5）。

筆者は学生支部において，2014年から学生の組織化を担ってきたヒンドゥーの教員VとSに活動状況に関する聞き取りを行った。ナンガンバッカム地区警察署に所属の警視と巡査部長ともに10人がグループを組んで，毎週金曜日に午後9時から午前4時にかけて巡回を行っている。学生たちは飲酒運転を見つけて，同行する警察官に伝えるなど，自らが警察と住民の役に立っていると感じ，意欲的に参加しており，後輩たちの模範となる存在になってきたという。[7]学生たちはみな白いシャツにカーキ色のズボンの制服を着用していた。夜間巡回に参加した経験のあるクリスチャンの男子学生Mは，フレンズ・オブ・ポリス運動に参加して規律を学び，また夜半に警察官がどれほど働いてきたのか，その献身を理解できたと述べた。[8]2008年以降，学生が災害支援や夜間巡回において，住民メンバーとして継続的に参画しており，ロヨラ・カレッジの学生支部はチェンナイ市内でのフレンズ・オブ・ポリス運動の中核となってきた。学生メンバーが参加してきた夜間巡回は警察による法執行活動の負担軽減とともに，警察不信の回復につながっていた。

秩序維持の行動

住民メンバーが警察官の救命や容疑者の追跡に携わった事例も見出される。ニーラギリ県では，茶園労働者たちが副警部補の乗車するバスへの放火を企図していた。現場に遭遇した住民メンバーが状況を察知して，即座に副警部補を救出した。また住民メンバーが学校周辺で違法薬物入りのチョコレートを学生に売っていた売人を監視し，身柄を確保して警察に引き渡していた［Philip 2006: 131-142］。

県レベルでの活動事例を検討すると，住民メンバーは犯罪状況に遭遇した際に，警察に通報して逮捕に協力し，秩序維持の行動を遵守していた。住民メンバーの存在は，フレンズ・オブ・ポリス運動を通じて警察官と住民の関係が良

7　2017年3月1日，ヒンドゥーの教員VとSへの聞き取り。
8　2017年3月1日，クリスチャンの学生Mへの聞き取り。

写真 5-4　学生支部メンバーによるサイクロ
ン被災地域での倒木撤去作業

出典）フレンズ・オブ・ポリス運動チェンナイ市住民
　　　メンバー O より提供（2017 年 3 月 1 日入手）。

写真 5-5　ロヨラ・カレッジ学生支部のメン
バー

出典）2017 年 3 月 1 日，チェンナイ市ナンガンバッカ
　　　ム地区にて筆者撮影。

好化に向かっていることをアピールし，印象付ける上で効果をもたらしてきた。

国内外からの評価

　創設から約 10 年を経た 2002 年 7 月に，フレンズ・オブ・ポリス運動の創設者フィリップはイギリス政府より「警察の訓練および発展における刷新のための女王賞」（Queen's Award for Innovation in Police Training and Development）と賞金 1 万 5 千ポンドを授与された。[9]この賞は，2001 年 11 月からイギリスおよびコモンウェルスに属する各国の警察官を対象として，警察官の訓練や発展に関する刷新と優れた実践をもたらす計画に対して，活動を促進する目的で設けられた［Rediff.com 2002］。

　フィリップはこの賞金を基に，2002 年 9 月に州都チェンナイ市にフレンズ・オブ・ポリス文書とマルチメディア訓練センター（Friends of Police Multimedia Training and Documentation Center）を開設した（写真 5-6）。センターの目的は，第一に住民の参画によってフレンズ・オブ・ポリス運動の組織的な強化を図ること，第二に警察官と住民メンバーに対して，問題解決を図るための訓練を実施すること，第三にフレンズ・オブ・ポリス運動の情報を発信しての活動への関心を広く喚起することであった［Philip 2006: 58-61］。翌 2003 年になると，州政府はフレンズ・オブ・ポリス運動のコミュニティ・ポリシング活動に対して，州予算から年間 200 万ルピーを拠出することを決定した。以降，州ごとに警察

　9　"Queen's Award for IPS officers". *The Hindu*（電子版）. July 5, 2002.

写真 5-6 フレンズ・オブ・ポリス文書とマルチメディア訓練セ
ンター

出典）2017 年 2 月 27 日，チェンナイ市アミンジカライ地区にて筆者撮影。

官と住民メンバーがセンターに集まって訓練を受けるようになって，2010 年
までに計 10 万人が訓練に参加していた [Philip 2013: 111-112]。

　2005 年に実施された訓練は専門家を招いて 3 日間にわたって実施され，一
度のコースには県ごとに 200 人の警察官と 200 人の住民メンバーが出席し，状
況の聞き取り方，問題解決の手法，住民との連携関係を打ち立てる方法などを
学ぶ 5 つのプログラムが開講されていた[10]。コーヤンブットゥール県でフレン
ズ・オブ・ポリス運動に着手したディーナカラーン（R. Dhinakaran）県警視は，
夜間巡回，祭列時の群衆誘導，渋滞時の交通整理といった活動における住民メ
ンバーの支援が，警察の負担を軽減する上で，有用となっていると評価してい
た [Palaniappan 2003]。2005 年 11 月にティルチラーパッリ県で実施された警
察と住民メンバーを対象とした 3 日間の訓練に出席したキショーアー（K.
Nanda Kishore）県長官はフレンズ・オブ・ポリス運動が平穏で，多文化主義
的な共生を可能とする社会を構築する上で不可欠な存在であり，警察が住民の
友人とのメッセージを伝えてきたと評価していた[11]。チェンナイの訓練センター

10　"Training programme for friends for police begins". *The Hindu*（電子版）. December 20,
　　2005.

11　"Create more Friends of Police, trainees told". *The Hindu*（電子版）. November 10, 2005.

で 2002 年から 3 万人超の参加者を対象に講師を務めてきた心理学者のラニー（Usha Rani）はフレンズ・オブ・ポリス運動が存在することで，住民に対してチームを構築し，警察と連携を取るようにプレッシャーを与えて，責務を明示してきたと評価していた［Philip 2006: 174-177］。

また州政府による予算策定以降，州全域での活動拡大に伴って，訓練プログラムも講師が該当する県に出向き，講義を開講するという形態に変わっている。筆者は 2017 年 2 月に訓練センターを訪問し，訓練実施計画表を閲覧したところ，2013 年の場合には 6 月から 12 月にかけて 4 人の講師が 2 人 1 組となって，3 日間ずつ 30 の県と市自治体 4 か所の計 34 か所の警察署を訪問して，訓練プログラムの教習を担当していた。4 人の講師のうち 3 人はクリスチャンで，1 人がヒンドゥーであった[12]。筆者が行った聞き取りに対して，講師の J は訓練プログラムでは住民への対応について十分に教育を受けてこなかった警察官に対して，住民に敬意を払うように教えることを重視してきたと述べた[13]。

2002 年 7 月に「警察の訓練および発展における刷新のための女王賞」を受賞したことは，フレンズ・オブ・ポリス運動の国際的な評価を高め，州政府から規定の予算配分を受けるなど，そののちに州内でコミュニティ・ポリシング活動を拡充する上で重要な分岐点であったと言えよう。

本書における評価

1993 年に警察リーダーのフィリップがラーマーナターブラーム県に創設して以降，フレンズ・オブ・ポリス運動は州政府公認の下に徐々に活動範囲を広げていった。フィリップは，州内で発生したテロ事件を契機に，住民を「警察の友人」として法執行活動に関与させる重要性を痛感しており，警察と住民の関係の友好化を前面に押し出していた。フレンズ・オブ・ポリス運動の特徴の一つとして，明瞭な住民参画の手続きが挙げられる。参画した住民メンバーには ID カード，腕章や制服を支給して活動に従事する上での自覚とリーダーシップを促しつつ，希望する活動を選択させて動機づけを与えていた。ID カード

12　2017 年 2 月 27 日，チェンナイ市アミンジカライ地区にあるフレンズ・オブ・ポリス文書とマルチメディア訓練センターで筆者入手の資料より。

13　2017 年 2 月 27 日，クリスチャンの男性講師 J への聞き取り。

を携帯し，制服を着用する住民メンバーの存在は，フレンズ・オブ・ポリス運動の象徴となり，警察とともに夜間巡回を行って，法執行活動の責務を理解していった。県レベルでは，住民メンバーによる犯罪の通報や容疑者の身柄確保といった事例から，秩序維持の行動を遵守していく状況が確認された。またチェンナイ市では，ロヨラ・カレッジの学生メンバーがハリケーンによって被害を受けた市中で倒木を撤去し，清掃活動を行うなど，災害復興支援に携わっていた。

　フレンズ・オブ・ポリス運動は 1994 年に州政府による公認を得たのち，2002 年には創設者のフィリップがイギリス政府から賞を授与されて国際的な評価を受けた。翌 2003 年には情報公開と訓練を行うための活動拠点としてフレンズ・オブ・ポリス文書とマルチメディア訓練センターが設置され，州予算も割り当てられて，州内でのコミュニティ・ポリシング活動の拡充が進んだ。他方，参与観察をおこなったカーンチプラーム県マハーバリプラム市警察署では，実質的にはフレンズ・オブ・ポリス運動の住民メンバーは警察を支援するための非武装の治安要員となってきた状況が見出される。特に地方では創設当初に掲げられていた警察不信の回復という目的から徐々にかけ離れて，独自の警察の末端組織化が進展しつつあるとみなすことができよう。

(3)　ケーララ州のジャーナマイシュリ・スラクシャ計画

安定状況における創設

　ケーララ州では，2007 年 11 月に共産党（マルクス派）のアチュターナンダーン（V. S. Achuthanandan）政権がジャーナマイシュリ・スラクシャ計画の創設を発令したことを契機に，翌 2008 年 6 月から州内でコミュニティ・ポリシング活動が進められてきた。ケーララ州はインド南東部に位置し，面積 38,863 平方キロメートル，2011 年センサスによると人口 3,340 万 6,061 人で，州都ティルヴァナンタプラム市を中心とした 14 の県から構成されている〔Government of Kerala, The Official Web Potal〕（地図 6 参照）。

　ケーララ州におけるヒンドゥーとムスリムの関係を概観しておくと，ムスリム人口は 2001 年センサスでは 24.6％で，2011 年センサスでは 26.56％を占めており，全国平均を上回っている。にもかかわらず，ヴァールシュネーイーと

ウィルキンソンによるデータセットによると，1950年から1995年までの45年間にケーララ州で発生した暴動件数は20件で発生の程度は低い。したがって，他州に比べ，ヒンドゥーとムスリムの関係が比較的良好であったと言えるが，この背景として政治的，社会的な要因を指摘しておきたい。

第一に，ヒンドゥー・ナショナリスト政党が州政権を掌握してこなかった政治状況である。ケーララ州では，1967年に実施された第3回州議会議員選挙以降，共産党（マルクス派）主導の左派民主戦線（Left Democratic Front: LDF）と会議派主導の統一民主戦線（United Democratic Front: UDF）による二大政党制が長期的に継続してきた。本書第1章で論じたように，暴動が頻発してきたグ

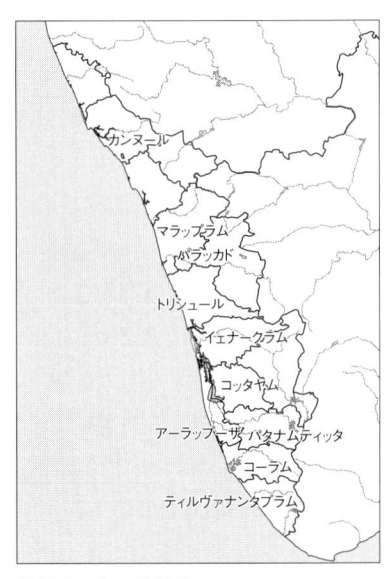

地図6　ケーララ州

出典）［Wikimedia Commons.“India Kerala location map.svg”. n.d.（https://commons.wikimedia.org/wiki/File:India_Kerala_location_map.svg 2014年8月20日閲覧）］より入手の白地図をもとに筆者作成。

ジャラート州，マハーラーシュトラ州，ウッタル・プラデーシュ州ではインド人民党をはじめとするヒンドゥー・ナショナリスト政党による大衆扇動が認められた。他方，ケーララ州ではヒンドゥー・ナショナリスト政党が共産党と会議派による二大政党制を切り崩すまでの支持を得るに至っておらず，大衆扇動を展開して暴動へと悪化するまでに勢力を伸張してこなかったと考えられる。

第二に，ケーララ州がインドで最も高い識字率を誇ってきたという社会状況である。2011年センサスでのケーララ州の識字率は93.91％で，全国平均の74.04％を凌駕する全国1位の数値であった。[14]他州と比べると，安定的な州政権の運営が相まって，確立した教育政策が行き届いた結果，教育レベルの向上を達成していた。

14　Office of the Registrar General & Census Commissioner, Ministry of Home Affairs, Government of India. Census of India 2011.“State of Literacy”.　n.d..

州政府による着手

2007年11月当時にジャーナマイシュリ・スラクシャ計画の創設を発令したのは，共産党（マルクス派）のアチュターナンダーン政権であった。創設には州警察の組織改革を打ち出したトマス（K. T. Thomas）判事を長とした「警察の言動と責務に関する委員会」（The Police Performance and Accountability Commission）（以下「トマス委員会」と略する）による勧告が起因していた。

トマス委員会は，連邦内務省の指揮下で設置された国家警察委員会やパドマナバーイー委員会の警察改革に関する提言を踏襲する形で，州警察がマニュアルを策定し，会合を通じて住民とともに犯罪を予防する方策を協議するメカニズムを構築してコミュニティ・ポリシング活動を展開しなければならないと強調した［Commonwealth Human Rights Initiative 2005］。

ケーララ州政府は2007年9月に州警察長官に創設の準備を告知するとともに，2007年10月からコミュニティ・ポリシング活動の周知と理解を促すために，パンフレットとブックレットを配布し，またセミナー，ワークショップ，訓練講習を開催した。その上で，2008年6月21日に州警察長官のリーダーシップの下に3都市と11の自治都市にある20の警察署に選出して，犯罪予防，警察と住民の相互理解，相互による協力を通じた治安の確保を目的に掲げてジャーナマイシュリ・スラクシャ計画によるコミュニティ・ポリシング活動の着手を発表した［A Community Policing Initiative of Kerala Police 2013: 57-59］。ケーララ州政府はコミュニティ・ポリシング活動の開始にあたり，およそ1年間にわたって活動への理解と協力を得るにあたって入念な準備を行っていた。

ジャーナマイシュリ・スラクシャ計画は，ムンバイー市のモハッラー・コミッティ・ムーブメント・トラストやタミル・ナードゥ州のフレンズ・オブ・ポリス運動と同様に，シンボルマークとスローガンを設定している。

このシンボルマークにはケーララ州警察の公章を背景に警察官と住民が握手を交わす姿が描かれ，マラヤーラム語で，ジャーナマイシュリ・スラクシャ計画の名称と「住民と警察がともに安全のために取り組む」を意味するメッセージが記されている。ジャーナマイシュリ・スラクシャ計画のシンボルマークは，州警察の責務の下に警察と住民との協力関係を構築し，安全のためにともにコミュニティ・ポリシング活動に取り組むという活動目的を明示していた。

巡回警察官の配置による展開

　ジャーナマイシュリ・スラクシャ計画は，徐々に活動範囲を広げていった。2008 年 6 月には州内で 20 の警察署で着手されて以降，2009 年 5 月には 23 の警察署が，さらに 2010 年 11 月に 105 の警察署が，そして 2013 年時点で 248 の警察署がジャーナマイシュリ・スラクシャ計画に参画していた。これは州内に設置された警察署のおよそ 51％にあたる規模であった[15][A Community Policing Initiative of Kerala Police 2013: 68-70]。

　ジャーナマイシュリ・スラクシャ計画の特徴として挙げられるのは，巡回警察官の配置，住民がメンバーを務めるジャーナマイシュリ・スラクシャ委員会（Janamaithri Surakusha Samiti）と県助言委員会（District Advisory Samiti）の存在で，開かれた形態の下に警察と住民の双方を組織化していた点である。

　巡回警察官はコミュニティ・ポリシング活動に従事するために，警部副補佐，巡査部長，巡査から選出され，担当区域として 3 キロから 5 キロメートル圏内1,000 戸ごとに 1 人が配置された。巡回警察官は担当区域を週 20 時間以上の巡回を行って情報収集を行い，そこで得られた情報を定例で開催されるジャーナマイシュリ・スラクシャ委員会の場で住民メンバーと協議することが義務付けられた。また担当区域での犯罪，災害，伝染病の蔓延といった事態が発生した場合には，即座に関係当局に情報を伝達し，事態の収束にあたることが求められた［A Community Policing Initiative of Kerala Police 2013: 64-67]。巡回警察官が担当区域の安全と問題解決に責務を負うことから，警察行政の分権化を志向した取り組みと捉えられる。

　ジャーナマイシュリ・スラクシャ委員会とは，ジャーナマイシュリ・スラクシャ計画に着手する警察署の管轄している地区の住民の代表者から構成された評価組織である。委員メンバーは女性，指定カーストおよび指定部族を含めた住民から警察署の警部によって選出され，県警視による審査を経て任命した。警察署ごとに設置された委員会は 10 名以上，25 名以下で構成され，原則としてメンバーは 2 年ごとの交代である。委員会は月に 1 回以上開催され，窃盗，

15　2013 年時点のケーララ州の村落と都市における警察署の数は 489 か所であった［National Crime Records Bureau, Ministry of Home Affairs. 2013."TABLE-17.11 Organisational Setup During 2013". *Crime in India 2013*（電子版）]。

強盗，密売，交通違反などの犯罪とその対策，巡回の状況，住民向けの犯罪予防啓発プログラムといった項目について協議が交わされていた［A Community Policing Initiative of Kerala Police 2013: 64-65］。ジャーナマイシュリ・スラクシャ計画では，個々の巡回警察官が巡回を通じて住民から情報を収集し，さらに住民の要望を組み込むために住民リーダーからなるジャーナマイシュリ・スラクシャ委員会が設置されており，いわば2段構えで警察官と住民が交流し，情報提供と協議を行っていた。

　加えて，県警視がジャーナマイシュリ・スラクシャ計画の活動を監督することも目的として，連邦，州，県および市行政で議員を務める政治家から構成される助言委員会を設置していた。3か月に1度の会合を開催し，コミュニティ・ポリシング活動への評価，提案，指示を担っていた［A Community Policing Initiative of Kerala Police 2013: 67］。

　ジャーナマイシュリ・スラクシャ計画は巡回警察官のリーダーシップの下に遂行され，かつ住民の意思や要望を反映するために住民リーダーや政治家からの評価や提案を取り込む形態を展開していった。

監視・巡回と拠点の設置

　2009年8月からカンヌール県タラセリー警察署にて任務を遂行していたヒンドゥーの巡回警察官は，戸別訪問を行うことで徐々に住民との交流を図り，違法薬物の乱用を見出した。住民および学生を対象とした啓発セミナーを開催して，薬物がいかに健康を害し，教育活動に影響を及ぼすのか説明し，使用を即刻やめるように訴えた。またカンヌール県のマローア警察署で2011年9月から任務に就いたヒンドゥーの女性の巡回警察官は，住民を対象としたガンおよび違法薬物への啓発キャンペーン，美術大会，スポーツ大会，料理コンテストを開催していた［A Community Policing Initiative of Kerala Police 2013: 46-47］。

　他にもマラップラム県では，巡回警察官が戸別訪問を重ねるうちに，家主が居住者の情報を提供するようになり，また犯罪を計画していた反社会分子の集まる地区を訪れて説伏して，犯罪行為を抑止させたという。巡回警察官による活動として，パラッカド県では住民の支援を得て不法な砂地採掘を取り締まることに帰結し，イェルナークラム県では住民に住居侵入を防ぐために警報の設

置を呼び掛けていた［Sandhya 2013: 128-130］。

　カンヌール県やコッタヤム県では住民との協力によって密造酒の製造および販売を行っていた反社会分子を取り締まっていた。トリシュール県では，献血を呼びかける会合を開催していた［Sandhya 2013: 129-130］。密造酒の製造販売が取り締まられることで，飲酒によって道中を騒ぎ立てる者が減少して静いが抑止され，また反社会分子の活動資金を断つことにもつながった。他方，救命のために献血をアピールした会合の後に，住民は献血に積極的に足を運ぶようになって，住民全体の生活改善に寄与するように促していた。

　ジャーナマイシュリ・スラクシャ計画のシンボルマークには，警察と住民が握手を交わす姿が描写されており，警察不信の回復が重視されてきた［A Community Policing Initiative of Kerala Police 2013: iii-iv］。巡回警察官がアーラップーザ県では住民の抱える家族間の静いの相談に応じたり，パタナムティッタ県では独居生活を送っていた年長者の安否確認のために戸別訪問を行っていた［Sandhya 2013: 129-130］。巡回警察官が住民が抱える問題の解決を図ると，次第に警察不信を払拭するようになったと考えられる。

　イェルナークラム県では，巡回警察官が住居侵入を防ぐために警報の設置を呼び掛けていた。ティルヴァナンタプラム県では，巡回警察官は学校当局と学生の支援によって，大学周辺で違法薬物を売っていた反社会分子を逮捕するにいたった。コーラム県では，ギャングによる強奪事件や住居侵入事件の発生に際して，迅速な逮捕につながった［Sandhya 2013: 129-130］。これら3地区で共通するのは，巡回警察官による監視・巡回が住民に認識され，強盗，違法薬物の売買，住居侵入への警戒を強化して，住民は犯罪に遭遇した場合に即座に通報するという秩序維持の行動を遵守するようになった点である。

　2008年の創設以降，徐々に活動拠点が拡大するにつれて，2010年には住民との交流を促進するために10の警察署内にジャーナマイシュリ・ケンドラム（Janamaithri Kendram）との名称で活動拠点を設置した。具体的には，救急処置やトラウマの対処法，若者の訓練，女性と子どもを対象とした相談や家庭内暴力の啓発，災害対策訓練，年長者への支援啓発，アルコールや薬物中毒者向けの治療および啓発，交通ルール遵守の啓発といった活動を展開していた［A Community Policing Initiative of Kerala Police 2013: 60-61; 73］。ジャーナマイシュ

リ・スラクシャ計画では，活動拠点を設置することで，より広範な住民の生活改善に着目したコミュニティ・ポリシング活動を遂行し，かつ活動目的を伝播する拠点として機能していたと考えられる。

活動の法制度化と現地社会の評価

2008 年から段階的に活動範囲を拡大していったジャーナマイシュリ・スラクシャ計画は 2011 年ケーララ州警察法（Kerala Police Act, 2011）の下に法制度化されるに至った。同法には第 64 条「コミュニティ・ポリシング」と第 65 条「巡回警察官による業務」との条項でジャーナマイシュリ・スラクシャ計画の中軸として活動してきた巡回警察官の役割が明記された。[16]ケーララ州のジャーナマイシュリ・スラクシャ計画の法制度化は，1977 年から連邦内務省によって唱道されてきた警察改革が一つの到達を見たと言えよう。

2013 年に刊行された年次報告書において，バラスブラマニアーン（K.S.Balasubramanian）州警察長官は，民主的な社会において住民を中心に据えたコミュニティ・ポリシングが機能するなかで，警察官も住民を代表しているとの意識を持ち，また住民も法執行活動を理解するようになったと評価している[A Community Policing Initiative of Kerala Police 2013: ii]。また会議派のチャンディ（Oommen Chandy）州首相は，コミュニティ・ポリシング活動への住民の積極的な参画によって警察官が女性や子どもといった社会的弱者層からの信頼を得るに至ったとみなしている［A Community Policing Initiative of Kerala Police 2014: i-ii]。創設から 5 年を経て，州首相と州警察長官はともにジャーナマイシュリ・スラクシャ計画が警察は住民寄りの対応を行うようになり，また住民の参画によって警察不信を回復しているとの評価を下していた。

2013 年には，ターター社会科学研究所所属の研究者が計 700 人の警察官，委員会メンバー，住民にジャーナマイシュリ・スラクシャ計画の活動について聞き取り調査を行った。調査結果で注目すべきは，巡回警察官と上級警察官の 65％が担当区域内での問題が減少したと回答していた一方で，実際に巡回を実施した時間は週 1 時間未満との回答が 25％を占めていた点である［George and

---

16 Kerala Police."Legal Stuff, KP Act 2011: Article 64 Community Policing". n.d..

Krishnan 2013: 7-9; 49; 89; 120-129]。創設から5年を経て明らかになったのは，州警察の定めた方針と実態が乖離してきた状況である。とりわけジャーナマイシュリ・スラクシャ計画の特徴である巡回警察官による担当区域内での巡回は，本来週20時間以上と定められていたものの，実際には通常業務に加えて，巡回に従事することが容易ではないという課題が浮き彫りになった。

本書における評価

　ジャーナマイシュリ・スラクシャ計画は州政府の主導の下に1年間の準備期間を経て，2008年から州政府の予算によって創設された。担当区域に配備された巡回警察官が中心となって，監視・巡回や生活改善を展開して問題解決を図っており，警察行政の分権化としての側面も見出される。住民は巡回警察官との交流やジャーナマイシュリ・ケンドラムへの訪問を通じて，また住民リーダーはジャーナマイシュリ・スラクシャ委員会のメンバーとして，自らの要望を表出する機会が設けられており，巡回警察官を介した間接的な参画を果たしていた。州政府はジャーナマイシュリ・スラクシャ計画に対する年次報告書や外部による評価書を公開し，活動の透明性を維持していた。州政府はジャーナマイシュリ・スラクシャ計画の実践を踏まえて，2011年ケーララ州警察法でコミュニティ・ポリシング活動の法制度化を実現した。

第2節　活動放任型
——西ベンガル州コルカタ市の革新的ポリシング計画

　第2節では，活動放任型として1997年から着手された西ベンガル州の州都コルカタ市の革新的ポリシング計画によるコミュニティ・ポリシング活動について事例分析を行う。コルカタ市は1991年センサスによると人口は439万9,819人で，連邦直轄領デリー市，マハーラーシュトラ州ムンバイー市に次ぐ規模であり，インド東部で一大都市を築いてきた。住民構成の内訳は，ヒンドゥーが354万6,431人で80.60%，次いでムスリムが77万9,433人で17.72%であり，これら2つのコミュニティが住民の9割超を占めていた。

コルカタ市における暴動の発生

西ベンガル州における 1950 年から 1995 年にかけてのヒンドゥーとムスリムの間の暴動件数は 70 件であり，全国のなかでも発生件数が多い上位 10 の州に含まれる [Varshney and Wilkinson 2004: 2-4]。またコルカタ市ではグラフとガロニエによる暴動状況の分析データによると，1964 年 1 月には東パーキスターンからのヒンドゥー難民の流入を契機とした大規模暴動，1992 年 12 月にバーブル・モスク破壊事件が波及した大規模暴動の 2 件が列挙されていた [Graff and Galonnier 2013a; 2013b]。グラフとガロニエのデータからは，コルカタ市ではヒンドゥーとムスリムの間での暴動の大規模化が頻発であったわけではないが，必ずしも両者の関係は良好とはいえない。

コルカタ市警察は 1997 年にコミュニティ・ポリシング活動として，警察不信の回復と住民との交流の促進を目的とした市警察と住民との間でサッカーのフレンドシップ・トーナメントを開催した。翌 1998 年には西ベンガル州社会福祉部局との協力によって，市警察署内に女性を対象とした苦情相談所を開設し，家庭内暴力をはじめとする暴力に関する支援サービスを提供した [Mukherjee 2006: 127-129]。コルカタ市警察は警察不信の回復のために，若者と女性を対象としたコミュニティ・ポリシング活動に取り掛かった。

生活改善

コルカタ市警察は 1999 年 1 月から市内にある 37 か所の市警察署の担当区域内において，ベンガル語で「新たな方向」を意味するナバディーシャ計画（Nabadisha）との名の下に教育支援プログラムに着手した。ナバディーシャ計画とは，路上やスラムに居住していた 3 歳から 15 歳の小児を対象に，周囲の成人が彼らの保護を行い，将来的に犯罪に身を投じる可能性を減らすことを目的として，無料の健康診断を提供し，薬剤や栄養補助剤を与えていた。実際には，ナバディーシャ計画はコルカタ市で社会活動を展開してきたライオンズ・クラブやロータリークラブといった国際社会奉仕団体と連携して行われた。さらに路上生活を送る未成年が読み書き能力を習得するための教室を開校していた [Mukherjee 2006: 117-125]。

NGO との連携という点では，コルカタ市警察は 1998 年から中央献血セン

ターとライオン・クラブとともにベンガル語
で「光」を意味するプラバハ計画（Prabaha）
にも着手していた。献血キャンプを開設し，
住民の抱える健康不安を解消することで，よ
り身近な存在となって警察不信を回復できる
と考えていた［Mukherjee 2006: 126］。コルカ
タ市警察によるコミュニティ・ポリシング活
動の特徴として，ナバディーシャ計画やプラ
バハ計画のように国際NGOと連携し，住民
の生活改善に着目した点が挙げられる。

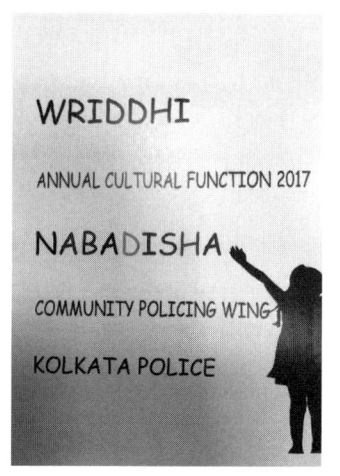

写真 5-7　ナバディーシャ計画での
文化プログラム

出典）コルカタ市警察の公式フェイスブック（2017 年 8 月 28 日閲覧）。

　2002 年 1 月 22 日，コルカタ市にあるアメ
リカ文化交流センターに 4 人のテロリストが
襲撃を加え，4 人の巡査と 1 人の警備員が死
亡，21 人が負傷する事件が発生した。[17] この
事件を教訓に，コルカタ市警察は住民との連携の下に治安回復を図るため，市
内にある全ての警察署内にベンガル語で「住民との結びつきのための会議」を
意味するジャノ・サンジョグ・サバー（Jano Sanjog Sabha）と呼ばれる会合の
場を設置した。

　ジャノ・サンジョグ・サバーでは，住民は清潔な水の確保，電力供給，道路
の舗装，バス停の建設といったインフラ整備に関する要望に加えて，密造酒の
違法販売，交通渋滞，違法駐車，性的嫌がらせ，財産，婚姻や家庭内暴力といっ
た住民間の諍いについての情報を提供した。市警察は会合に寄せられた情報に
基づいて，仲介役として問題解決を図る役割を担うことが期待された。また祝
祭の組織者を招き，住民間の諍いを予防するために，祭列の通過ルート，楽器
やステレオ音量などに対して事前に取り決めて，守るように伝えていた［Mukherjee
2006: 110-114］。コルカタ市警察はこれまでスポーツ親善，教育，健康促進，女
性の支援に焦点を当て，さらに 2002 年のテロ事件を契機に住民の抱える問題
や諍いの解決に取り組むことで，犯罪の誘因を予防する活動に着手していた。

17　"Gunmen kill five in attack on American offices". *The Telegraph*（電子版）. January 23,
2002.

近年では，コルカタ市警察は革新的ポリシング計画の活動に関する情報を市警察による報告書や評価書といった刊行物ではなく，市警察公式の公式のフェイスブックページから発信していた[18]。コルカタ市では1999年から2017年までに，8つのNGOとの連携の下にナバディーシャ計画に参加して教育を受けた子どもの数が2,500人に及ぶなど，教育活動を継続しており，毎年子どもたちによる演劇会を行うなどの文化プログラムが組織化されていた（写真5-7）。

現地社会の評価

　ムケルジーは，革新的ポリシング計画について現地調査を行い，活動の実態を浮き彫りにしている。1997年から段階的に活動を展開してきた革新的ポリシング計画について，活動に従事してきた警察官が転任する際に担当事案の引き継ぎが十分でなく，また会合への住民の参画が徐々に減退していると指摘した。その上で，州政府管轄下の社会福祉局と連携して，教育や健康といった分野に焦点を当てたコミュニティ・ポリシング活動の制度化を主張した［Mukherjee 2006: 136-139］。ムケルジーによる評価から，市警察が主導してきた革新的ポリシング計画によるコミュニティ・ポリシング活動は，制度化されてこなかったことも相まって，必ずしも後任の警察官に継承されてきたわけではなかったと分かった。また2016年11月にムケルジーに聞き取りを行うと，革新的ポリシング計画への市警察および住民の参画は徐々に減退しており，活動の継続が困難である現状を示唆していた[19]。

本書における評価

　コルカタ市の革新的ポリシング計画は，教育と健康を核に置いたコミュニティ・ポリシング活動と捉えられる。さらに，テロ事件の発生を受けて治安回復に向けた住民との連携の必要性を痛感したコルカタ市警察は，警察署内に住民との会合の場を設置し，住民の抱える問題や要望を表出する機会を創出した。しかし，実際には貧困層を対象とした教育と健康の支援活動も国内外のNGO

18　コルカタ市警察の公式フェイスブックページより［Kolkata Police Community Policing Wing. n.d.. https://www.facebook.com/Kolkata-Police-Community-Policing-Wing-144943688948851/?fref=ts（2015年4月30日閲覧）］。

19　2016年11月12日，タンバ・ムケルジーへの電話インタビュー。

に一任した形で遂行されており，市警察が住民の生活改善に直接働きかけてきたわけではない。したがって，革新的ポリシング計画が住民の抱える問題を解決して，犯罪の誘因を予防するというコミュニティ・ポリシング活動本来の効果を発揮してきたか否かという点は判然としない。革新的ポリシング計画の名を冠した活動は持続していたものの，その実態を鑑みると，NGOによる社会活動との境界が曖昧となっており，憎悪犯罪と暴動の予防に焦点を当てたコミュニティ・ポリシング活動とは別個とみなすことが妥当だろう。

第3節　目的特化型
──マディヤ・プラデーシュ州ナールシングガール市の
ナガル・ラクシャ・サミティ

ナガル・ラクシャ・サミティの創設

2007年4月，マディヤ・プラデーシュ州ラージガール県ナールシングガール市では，ヒンドゥーの祝祭時に小規模暴動が発生したのちに，即座に警察リーダーが祝祭時の監視・巡回を目的とするコミュニティ・ポリシング活動としてナガル・ラクシャ・サミティを再組織化した。

ナガル・ラクシャ・サミティは，ヒンディー語で「町の防衛委員会」（Town Defense Committee）を意味し，1996年1月にマディヤ・プラデーシュ州警察によって州内にある51の県を拠点として創設された。県警視によってメンバーには犯罪歴や政治的野心を持たない住民が選出され，祝祭や交通渋滞の管理など警察を補佐し，また警察と住民の関係を改善することを目的に，献血，HIV検査，植林，清掃といった社会活動に従事することが求められた。[20]

州警察は2002年にナガル・ラクシャ・サミティのメンバー選出法，訓練，実効力，任務に関して取り決めた「マディヤ・プラデーシュ州村落および町の防衛組織に関する法」（Madhya Pradesh Gram Tatha Nagar Raksha Dal Adhiniyam）（以下，「ナガル・ラクシャ・サミティ法」と略する）を制定した。[21]

20　Madhaya Pradesh Police."Nagar Suraksha Samiti（Town Defense Committee）". n.d..

21　Madhya Pradesh Police."Initiatives and history". n.d.. http://mppolice.gov.in/Static/Community/initiatives_history_e.aspx（2015年7月31日閲覧）.

2015年7月時点で，マディヤ・プラデーシュ州警察の公式ウェブサイトには，「マディヤ・プラデーシュ州警察は住民との信頼関係を堅固にするために，コミュニティ・ポリシング活動を大いに活用しており，誇りに思う」とのメッセージを掲げていた。[22] 加えて，コミュニティ・ポリシングは，警察と住民を密接な関係へと結び付け，住民に責務を喚起するとの活動目的を明示していた。[23]

　以上のように1996年以降，マディヤ・プラデーシュ州全域において，ナガル・ラクシャ・サミティは警察を支援する目的で創設されたとの前提に基づいて，2007年4月にナールシングガール市で組織化された事例を分析することとする。

ナールシングガール市における暴動の発生

　ラージガール県ナールシングガール市は面積1,326平方キロメートル，県都ラージガールから国道で南東およそ60キロに位置し，2001年センサスによると県内最大の人口23万5,951人を抱える都市である。

　先述のように，マディヤ・プラデーシュ州警察は1996年1月からナガル・ラクシャ・サミティの創設を発令していたものの，2007年4月2日にナールシングガール市の暴動事件から，必ずしも州内全域で遂行されていたわけでない実態が浮き彫りになる。

　2007年4月2日，ヒンドゥーのハヌマーン祝祭の最中，ヒンドゥーの祭列者が反ムスリムを掲げたスローガンを叫びながら，モスクの傍を通過した。すると，そのスローガンに反応して，祭列をめがけてどこからともなく投石が行われると，祭列者と周辺住民の間での暴力の応酬から暴動へと悪化した。市警察は暴動の制圧のために発砲を行うと，住民3人が射殺され，また放火によって50軒の店舗が消失した。同日夜半には，事態の収束のために州政府の要請によって準軍隊が派遣され，外出禁止令が発令されると，暴動状況は沈静化した［Central India News 2007]。2007年4月の暴動事件は，祝祭時のヒンドゥーの祭列者による憎悪犯罪をきっかけとして，投石から暴動へと悪化した。死者数は3人であったが，準軍隊による制圧によって収束したため，本書が提示す

22　マディヤ・プラデーシュ州警察の公式ウェブサイトより［Madhya Pradesh Police. n.d.. http://www.mppolice.gov.in/（2015年7月31日閲覧）]。

23　Madhya Pradesh Police."Community Policing". n.d..

る暴動ベクトルにおいては大規模暴動と捉えられる。

警察リーダーによるナガル・ラクシャ・サミティの再組織化

　暴動事件から1週間後の2007年4月7日，暴動後の治安回復を担うために，ミスラ市警察次官（Veerendra Misra）が着任した。ミスラは市警察官に戸別訪問を行って住民から被害状況と市警察への要望の聞き取りを行うように指示した。住民から寄せられた情報から，ナールシングガール市ではヒンドゥーとムスリムの所属宗教に基づいて，地元企業，工場や商店が解雇を行っていること，無実の住民が容疑者リストに列挙されていること，市自治体は放火被害を受けた店舗に補償する手続きを行っておらず，市警察による事件捜査すら行われていないことが明らかになった［Mishra 2011a: 152-157］。

　ミスラは2007年7月に祝祭を安全かつ平穏に進行するために，自らのリーダーシップの下にナールシングガール市で活動を停止していたナガル・ラクシャ・サミティの再組織化を行った。メンバーとして15人の少女を含む合計70人の若者を選出して，祝祭時の監視・巡回に重点を置いたコミュニティ・ポリシング活動による暴動予防に着手した。再組織化されたナガル・ラクシャ・サミティのメンバーは同年9月に開催されるヒンドゥーのガネーシャ祭列に先行して，祭列の組織者と協議の場を設け，事前に祭列の進行ルートを取り決めた。また同年10月に開催されたヒンドゥーのダシャーラ祝祭に先駆けて，ミスラとナガル・ラクシャ・サミティのメンバーはムスリム住民と協議して，住民間の協調をアピールするためにヒンドゥーの祭列者に花輪を贈呈し，飲み水を提供するように要請した。祝祭当日はムスリム住民がミスラらの要請に従って，ヒンドゥーの祭列者を歓待して，平穏に終了した［Mishra 2011a: 158-166］。ミスラとナガル・ラクシャ・サミティのメンバーは，2007年4月の暴動事件が宗教祝祭時の憎悪犯罪を発端として発生したことを鑑みて，祝祭の安全な進行のため，事前に協議を行い，また祝祭中には監視・巡回を展開した結果，憎悪犯罪と暴動の再発を予防できた。

ナガル・ラクシャ・サミティの限界

　2008年4月10日，前年の暴動発生から1年を経て，再びハヌマーン祝祭が

開催されることとなった。祝祭の開催に向けて，市内の巡回を行っていた市警察は，ムスリム居住区近くの墓地で武器が詰め込まれた棺を発見した。そこで，ミスラはムスリムの住民リーダーと面会すると，一部のムスリム住民が前年のダシャーラ祝祭でナガル・ラクシャ・サミティの指示で行ったムスリムによるヒンドゥーの祭列者への歓待に賛同していないと吐露した。またムスリム住民のなかには，ハヌマーン祝祭で前年の報復として暴動の再発を企図している者がいるとの情報を入手した。そして，市中の壁には何者かが「対立は避けられない」とのメッセージをペンキで書き残していた。こうした不穏な動きを察知したナガル・ラクシャ・サミティのメンバーは祝祭時の監視・巡回を徹底し，安全な進行を指揮した。当日はムスリム住民がハヌマーン祝祭に参加する動きも見られ，結果として暴動は再発することなく終了した。だが，市内の商店主の多くは暴動の再発を恐れて，自主的に店を閉めたり，中には市外へ避難する住民もいた。ミスラと市警察はヒンドゥーとムスリムの地元リーダーを戸別訪問し，ハヌマーン祝祭が安全に終了したことに謝意を伝えて回った［Mishra 2011a: 167-172］。ミスラはナガル・ラクシャ・サミティのメンバーとともに，祭列の組織者との事前協議を行い，また監視・巡回を展開して，祝祭の安全な進行を指揮してきた。加えて，住民間に平穏なムードを創出することを意図して，ムスリム住民にヒンドゥーの祭列者を歓待するように要請していた。しかし，こうしたミスラとナガル・ラクシャ・サミティによる暴動予防活動を受け入れずに，住民のなかには暴動の再発を企図して襲撃のための武器を準備し，市中の壁には暴動を予見させる文言を描く者もいた。ミスラのリーダーシップの下にナガル・ラクシャ・サミティによる祝祭時の監視・巡回が遂行されてきたにもかかわらず，暴動の発端となったハヌマーン祝祭が再び開催される時期になると，故意に暴動を再発させようという動きが見出された。ナガル・ラクシャ・サミティのメンバーが中心となって，祝祭の安全な進行のためにコミュニティ・ポリシング活動に取り組んできたが，実際には住民の間での活動への理解が広がったわけではなく，反感を覚える者もいたのである。ナールシングガール市では暴動の準備という状況から，住民がコミュニティ・ポリシング活動を通じて秩序維持の行動を遵守していたわけではないという実態が露呈した。

　ナールシングガール市では，2007年4月の暴動事件を受けて，警察のリーダーシップの下に同年7月から70人の住民メンバーを選出して，宗教祝祭時の監視・巡回に従事する目的で，ナガル・ラクシャ・サミティを再組織化した。ナガル・ラクシャ・サミティによるコミュニティ・ポリシング活動は，一部の祝祭においては奏功していたものの，住民の間で事前に武器が準備されたり，市中の壁にはヒンドゥーとムスリムの対立を煽るような文言が書かれていた。ナガル・ラクシャ・サミティがおよそ1年間にわたって，コミュニティ・ポリシング活動を遂行してきたが，住民は秩序維持の行動を遵守するようになったわけではない。

　ナールシングガール市におけるナガル・ラクシャ・サミティの事例からは，警察のリーダーシップの下に選出された住民リーダーが暴動予防を掲げたとしても，祝祭時の監視・巡回の目的に特化したコミュニティ・ポリシング活動では，その効果の波及は限定的であったことが判明する。常時の監視・巡回，住民の組織化や生活改善を通じた問題解決が図られなければ，コミュニティ・ポリシング活動への理解は促されず，むしろ活動への反感を抱く者や意図的な暴動発生を招きうるとの教訓を提起していると言えよう。

第4節　インドにおける　　コミュニティ・ポリシング活動の特徴と課題

　本書は，インド国内で活動実態が確認された7事例について，その特徴に基づいて類型化を試みてきた。具体的には住民参画型，警察主導型，警察代替型，活動放任型，目的特化型として提起してきた。第4節では，活動の共通点と相違点を抽出して考察するとともに，本書の含意であるコミュニティ・ポリシング活動の拡充や法制度化の方向性についての議論を深化する。

（1）活動の持続を可能にする特徴

　本書が住民参画型と類別したマハーラーシュトラ州ムンバイー市の事例，警察代替型のうちタミル・ナードゥ州とケーララ州の事例については，創設以降

もコミュニティ・ポリシング活動は持続してきた。これら3事例には創設過程，活動目的，予防のポイントにおいて，主に5点の共通点を特徴として挙げることができる。

第一に，創設時点での明確な目的の設定である。いずれの事例でも，活動目的が明瞭に設定され，その象徴としてシンボルマークとスローガンを掲げていた。シンボルマークの存在は，年齢，階層や性別を問わず，広範にわたって活動目的と趣旨を平明かつ明確に伝えることに有用である。シンボルマークは会合およびイベント会場のバーナー，またIDカードや腕章に描かれることで，他の社会活動と峻別し，コミュニティ・ポリシング活動に参画する警察官と住民に連帯感と責務を生み出す役割を担っていた。

第二に，州政府からの公認を得ていた点である。州政府からコミュニティ・ポリシング活動の意義とその存在の正統性を担保されていたことを意味する。同時に，州警察と住民の双方から信頼と協力を得て，活動を牽引することを可能としていたと考えられる。さらに，ムンバイー市，タミル・ナードゥ州，ケーララ州のいずれの事例も活動が消滅せず，2017年時点でも持続していることから，インドでコミュニティ・ポリシング活動を遂行する上では，州政府による公認が不可欠な要因となると導き出すことができる。

第三に，創設に際して一定の準備期間を設け，コミュニティ・ポリシング活動の礎を構築していた点である。ムンバイー市の事例では，暴動予防に成功したと報じられたビワンディー市の事例に関する実態調査を行い，模範とする活動形態を採用することが起点となっていた。タミル・ナードゥ州の事例では，創設の時点で申請書を作成して，想定される活動項目を列挙するとともに，住民がコミュニティ・ポリシング活動に参画する動機づけを行うように創意工夫を加えていた。またケーララ州の事例では，州政府が主導して1年間の周知や訓練を行うなど入念かつ着実に活動を展開する準備を進めていた。

第四に，住民に向けた活動の開放の程度である。住民参画型と警察代替型という差異はあるものの，タミル・ナードゥ州とケーララ州の事例においても住民を排除することはなかった。住民の要望を盛り込むために，会合や委員会を設置することで，活動に一定の開放性を維持しており，これは警察不信の回復に帰結するものでもあった。

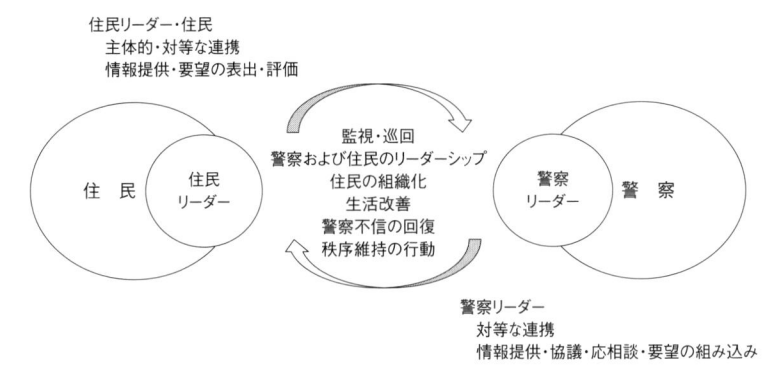

図 5-1　インドにおけるコミュニティ・ポリシング活動の持続要件

出典）筆者作成。

　第五に，活動拠点による情報公開の確保が挙げられる。ムンバイー市の事例では，住民リーダーが活動拠点において寄付金の募集呼びかけ，季刊発行のニューズレターや年次報告書の作成を行い，また各ファシリテーター間の連絡調整を図る場所となっていた。タミル・ナードゥ州の事例では，2002 年 9 月にフレンズ・オブ・ポリス文書とマルチメディア訓練センターを開設して以降，県ごとに州警察と住民メンバーが参加する訓練プログラムを実施していた。ケーララ州の事例では，10 か所の警察署内にジャーナマイシュリ・ケンドラムを開設して，委員会メンバー以外の一般住民との交流の促進を図っていた。活動拠点の存在は，情報交換や発信の場として，また活動の透明性と可視化を維持する効用を有していた。

　とりわけ，マハーラーシュトラ州ムンバイー市の事例では，シンボルマークとスローガンを活用して明確な目的を設定し，州政府の公認を得たのちに，明瞭な手続きの下に着手されていた。創設のリーダーシップは市長官や警察長官が執ったものの，活動の主軸はあくまで住民であり，宗教の差異を問わず，住民の要望を盛り込んだコミュニティ・ポリシング活動を展開していた。タミル・ナードゥ州とケーララ州の事例は，住民参画を促すための仕組みを盛り込んでいるものの，原則として州政府や警察リーダーが主導しており，住民自身の創意によって地域密着の活動を展開していたわけではない。ゆえに，警察の補佐を担う警察代替型とみなしている。

マハーラーシュトラ州ムンバイー市の事例を中心として，活動の持続を可能とするコミュニティ・ポリシング活動の特徴は，図5-1「インドにおけるコミュニティ・ポリシング活動の持続要件」のようにまとめることができる。

　住民参画型のコミュニティ・ポリシング活動には，本書で提起したコミュニティ・ポリシング活動の構成6要素が機能しており，警察と住民のリーダーによる連携が内包された状態であった。両者は定期的に協議を行っており，相互補完的な対等関係にあると見出される。また住民参画型のコミュニティ・ポリシング活動は，警察リーダーが住民の要望を重視して主体的な参画を支援しつつ，問題解決に関与するなどの一定程度の関与を維持していた態勢を確かめることができる。

(2) 活動の断絶を招く特徴

　本書において，警察の代替型と分類したデリー市の自警団計画，警察主導型のマハーラーシュトラ州ビワンディー市のモハッラー・コミッティ，活動放任型の西ベンガル州コルカタ市の革新的ポリシング計画，そして目的特化型のマディヤ・プラデーシュ州ナールシングガール市のナガル・ラクシャ・サミティの4事例は，いずれも活動が持続せず，また断絶や瓦解を招いてきた。特にビワンディー市の事例では暴動の再発を，ナールシングガール市の事例でも暴動が企図されるなど，危機的な状況をもたらしていた。デリー市の事例は警察と住民の双方から失敗と評価されている。またコルカタ市の事例は持続していたものの，市警察は活動の実質をNGOに一任しており，本来コミュニティ・ポリシング活動が取り組むべき問題解決による予防の効果も薄くなっていることから，断絶とみなしている。これら4事例には住民参画のあり方，持続性，情報公開において，3点の共通点を見出すことができる。

　第一に，住民参画の手続きが受動的でかつ不明瞭な点である。住民リーダーは警察のリーダーシップによって選出された限定的な人選かつ警察を補佐する傾向にあったため，住民の要望が組み込まれず，警察に従属した受動的な参画に留まっていた。本来盛り込まれるはずの住民側の要望や主張が活動に生かされることは希少であった。活動形態も不明瞭であったために，コミュニティ・ポリシング活動の効果も判然とせず，むしろ警察不信を増幅させていた。

第二に，活動の持続性の欠如である。限定的かつ受動的な住民リーダーの参画は，一般住民の間でのコミュニティ・ポリシング活動への理解を広げるには至らなかった。予防に効果を発揮するコミュニティ・ポリシング活動には，監視・巡回とともに，住民の関心を喚起するために生活改善といった住民の要望を組み込んだ活動を展開し，信頼と協力を得ることが求められるが，4事例ではその試みが中途で途絶えていた。

　第三に，活動拠点が設置されていないために情報公開が不十分で，実態も判然としなかった点である。デリー市の事例では，警察リーダーによる1,600人の特別警察官の選任に留まっており，警察と住民との交流を図る場としての拠点を設置することもなく，また活動の報告，目的，方針も公表されていなかった。むしろ住民は警察と接触することを忌避し，また予防活動に関与すれば犯罪に巻き込まれると捉えていた。ビワンディー市の事例では創設時には警察リーダーがヒンドゥーとムスリム合わせて3,500人の住民をメンバーに選出して，コミュニティ・ポリシング活動を展開した。だが，創設当初より活動実績が明文化されることはなく，暴動発生の危機が去ると，定期開催されてきた会合や監視・巡回も不定期となった。コミュニティ・ポリシング活動による生活改善が実現しなくなるにつれて，組織化された住民は四散していった。コルカタ市の事例では，1997年以降，スポーツ親善による警察不信の回復，監視・巡回，会合開催のように段階を経て着手されていた。実際には既存のNGOに一任された教育と健康促進に関する活動のみが公式フェイスブックページから発信されており，予防に関する活動の実績は明文化されてこなかった。ナールシングガール市の事例に至っては，警察リーダーが選出した70人の住民リーダーによる祝祭時の監視・巡回が活動目的であったため，拠点の設置もされておらず，情報発信はされていなかった。成功事例と比較して，失敗事例では活動方針や手続きに関する明文化が不十分であり，住民への開かれたコミュニティ・ポリシング活動とは言いがたい状態にあった。情報発信が適切に行われないことは，コミュニティ・ポリシング活動への関心の希薄，そして瓦解を招くこととなった。

　以上のように，活動の断絶を招いてきた事例はいずれも，住民が要望を表出したり，活動に組み込む動きは弱い傾向にあった。住民との交流を促進する活

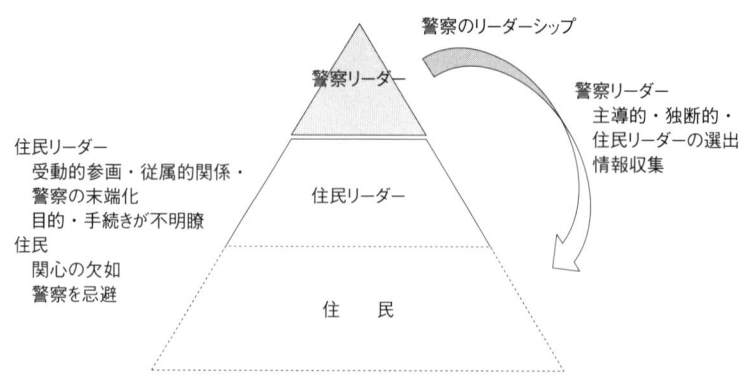

図5-2　インドにおけるコミュニティ・ポリシング活動の断絶要因
出典）筆者作成。

動拠点を設置しておらず，また情報公開が不十分であったために活動実態も判然としなかった。以上の4事例を踏まえて，インドにおいてコミュニティ・ポリシング活動の断絶を招く特徴は，図5-2で示した「インドにおけるコミュニティ・ポリシング活動の断絶要因」として導出する。

　活動の断絶を招いた事例では，コミュニティ・ポリシング活動構成6要素すべてが機能していたわけではなく，共通して確認できたのは，警察のリーダーシップのみであった。警察リーダーと住民リーダー，そして住民の関係は従属的で階層化し，かつ住民リーダーと住民との関係も密とは言い難い。活動の周知や情報公開が十分でないために，住民を牽引できず，結果として秩序維持の行動を遵守する動きも停滞していた。かつ危機が去ると警察と住民のリーダーはともに関心が希薄となったために，徐々に活動が停滞，瓦解していった。

（3）7事例の比較検討

　本書は，インドで活動実態が確認された7事例の特徴を浮き彫りにしてきたが，ここで比較による総合的評価を加える。比較に用いる指標は，活動の範囲，創設の背景と創設年，活動規模，警察と住民との関係性，参画の形態，資金源，武装化，州政府の公認と法制度化，宗教コミュニティ間関係の変容，重視していた価値，の以上10項目を設定した。インドで遂行されてきたコミュニティ・ポリシング活動をまとめ，実態の解明のために，表5-2「インドにおけるコミュ

ニティ・ポリシング活動7事例の比較」にまとめた。ここで挙げられた活動範囲および規模については，活動時に最も広範であった時点を言及している。

活動の範囲

コミュニティ・ポリシング活動の創設に際して，それぞれの組織の活動範囲は州政府，警察および住民リーダーの参画によっても異なっていた。州内全域であったのは，タミル・ナードゥ州のフレンズ・オブ・ポリス運動とケーララ州のジャーナマイシュリ・スラクシャ計画であった。その創設時には特定の県や選出された警察署を活動の発端としていたが，州政府および州警察がコミュニティ・ポリシング活動の拡大に着手して，州内全域を対象とするようになっていた。

対して，マハーラーシュトラ州ムンバイー市のモハッラー・コミッティ・ムーブメント・トラスト，連邦直轄領デリー市の特別警察官および自警団計画，マハーラーシュトラ州ビワンディー市のモハッラー・コミッティ，西ベンガル州コルカタ市の革新的ポリシング計画はいずれも創設時点と同一の市域内に留まっていた。例外事例として，マディヤ・プラデーシュ州ナールシングガール市のナガル・ラクシャ・サミティが挙げられる。元々は1996年1月に州警察が州内51ある県警察に設置を指示していた。だが，ナールシングガール市では，いったん四散していたナガル・ラクシャ・サミティを再組織化しており，かつ他の自治体と活動を連携しておらず，あくまで市内域での活動に留まっていた。

創設の背景と創設年

活動の創設にいたる契機およびアクターは，のちの活動方針を決定づける傾向にある。創設の背景として，暴動やテロ事件の発生といった域内の秩序と安全を脅かす出来事が関係していた事例が挙げられる。デリー市の事例では1984年10月のヒンドゥーとスィクの間の大規模暴動，1987年5月のヒンドゥーとムスリムの間の大規模暴動の発生によって市警察の危機管理体制の欠如を浮き彫りにし，住民間の嫌疑の高まりをもたらした。そこで，犯罪予防を目的とした特別警察官として住民リーダーを選出していた。マハーラーシュトラ州ビワンディー市でも，1984年5月に大規模暴動が発生したのちも，市警察が住

表 5-2　インドにおけるコミュニティ・ポリシング活動 7 事例の比較

指標	モハッラー・コミッティ・ムーブメント・トラスト	モハッラー・コミッティ	特別警察官および自警団計画	フレンズ・オブ・ポリス運動	ジャーナマイシュリ・スラクシャ計画	革新的ポリシング計画	ナガル・ラクシャ・サミティ
本書の類型	住民主導型	警察主導型	警察代替型	警察代替型	警察代替型	活動放任型	目的特化型
活動範囲	マハーラーシュトラ州ムンバイー市	マハーラーシュトラ州ビワンディー市	連邦直轄領デリー市	タミル・ナードゥ州内全域	ケーララ州内全域	西ベンガル州コルカタ市	マディヤ・プラデーシュ州ナールシングガール市
創設の背景と創設年	大規模暴動の発生1993 年	大規模暴動の発生1990 年	大規模暴動の発生1988 年	テロ事件の発生1993 年	警察改革委員会による提言2008 年	テロ事件の発生1997 年	小規模暴動の発生2007 年
創設時の州政権と州首相	会議派S・パワール	会議派S・パワール	会議派連邦内務相ブータ・シン		共産党（マルクス派）V・S・アチューターナンダン	共産党（マルクス派）J・バス	1996 年時会議派D・シン2007 年時インド人民党S・S・チョウハーン
活動規模	市内 41 か所の警察署の管轄区（約 4 割をカバー）	市内全 70 の居住区	市内 90 の居住区	州内全 30 の県警察管轄区	州内 248 か所の警察署（約 5 割をカバー）	市内全 48 の市警察署の管轄区	市内全域
警察と住民の関係性	対等	従属	従属特別警察官は一般警察と同等の身分	従属	従属	従属警察が主導NGO のリーダーを後援	従属
参画の形態	主体的住民リーダーの参画の手続きは公表（既存メンバーの推薦と申請書の提出）	受動的警察が住民リーダーを選出	受動的警察が住民リーダーを選出	受動的住民リーダー参画時に警察が審査（申請書の提出）	受動的警察が住民リーダーを選出	受動的警察が住民リーダーを選出	受動的警察が住民リーダーを選出
資金源	企業および個人からの寄付	警察の法執行活動の一環	警察の法執行活動の一環	州予算	州予算	警察の法執行活動の一環	警察の法執行活動の一環

	住民リーダーは非武装		一般警察官と同様の装備で武装	住民リーダーは非武装制服と身分証の付与			州警察は一般警察官と同様の武装を求めていたが，ナールシングガールでは不明
武装化	住民リーダーは非武装	住民リーダーは非武装	一般警察官と同様の装備で武装	住民リーダーは非武装制服と身分証の付与	住民リーダーは非武装	住民リーダーは非武装	州警察は一般警察官と同様の武装を求めていたが，ナールシングガールでは不明
州政府の公認と法制度化	公認あり	公認なし	公認なし 1861年インド警察法で制度化された特別警察官の採用	公認あり	公認あり 2011年ケーララ州警察法で法制化	公認なし	公認あり 2002年マディヤ・プラデーシュ州村落および町の防衛組織に関する法で法制度化
宗教コミュニティ間関係の変容	会合，レクリエーションをつうじたヒンドゥー，ムスリム，クリスチャンの警察，住民リーダー，住民間の交流の促進	ヒンドゥーとムスリムの住民リーダーを一律に選出宗教コミュニティ間関係の均衡化を図る	不明	クリスチャンの警察リーダーが創設所属宗教に比重を置いていない	女性，指定カースト，指定部族をはじめとするマイノリティを含む住民リーダーの選出をつうじて，意見表明の場を創出	不明	祝祭中に一部住民による意図的な暴動発生の企図が発覚
重視していた価値	宗教コミュニティ間の多文化主義的な共生「我々はみな一つだ」	暴動予防および住民による秩序維持の行動の定着	住民寄りの警察対応「デリー市警察はいつもあなたとともにいます」	警察と住民の友好的関係の構築「住民を警察の友人に」	警察と住民の協力関係の構築「住民との積極的な協力によって安全を確保する」	住民との連携強化	祝祭時の秩序維持

出典）筆者作成。

　民への過度の武力制圧を行っていたことを問題視した警察リーダーが，1988年から暴動予防を目的とした監視・巡回に着手したことにあった。

　マハーラーシュトラ州ムンバイー市でモハッラー・コミッティ・ムーブメント・トラストが創設されたのは，大規模暴動とテロ事件の連発によって，警察と住民の間での不信が高まり，暴動の予防と多文化主義的な共生が喫緊の課題となっていた。ゆえに，当初は同時期に近接するビワンディー市で暴動予防を

達成していたモハッラー・コミッティの活動を模倣する形で導入していた。タミル・ナードゥ州でも創設を主導した県警視自らが元首相の暗殺テロ事件に巻き込まれて瀕死の状態に陥った経験から，住民と治安維持の責務を共有する必要性を実感したことにあった。

　西ベンガル州コルカタ市の革新的ポリシング計画は，1997 年から次第に展開されていたが，本格化したのは 2002 年 1 月に市警察官が死傷したテロ事件以降のことであった。マディヤ・プラデーシュ州ナールシングガール市でナガル・ラクシャ・サミティが再組織化された背景には，2007 年 4 月に宗教祝祭の場で小規模暴動の発生がある。

　他方，ケーララ州のジャーナマイシュリ・スラクシャ計画は，2003 年に州警察の改革を提言したトマス委員会の提言にしたがい，州政府が 2007 年 10 月から創設に向けて動き出し，翌 2008 年 6 月の創設に至っていた。

　以上のように，インドでは暴動やテロといった安全に影響を及ぼす出来事がコミュニティ・ポリシング活動を創設する起因となる傾向にあったものの，州政府が州警察の改革の一環として着手した事例も確認できた。

活動規模

　インドのコミュニティ・ポリシング活動事例は，州・県・市の域内全域，特定の県・市の域内，もしくは居住区域や警察署の管轄区域の，主に 3 つの規模を設定できる。タミル・ナードゥ州のフレンズ・オブ・ポリス運動は州政府が州内全域での導入を発令した最初の事例であった。ケーララ州の事例は州内全域での展開が掲げられていたが，2013 年時点で州内の警察署のおよそ 5 割にあたる 248 か所の管轄区で展開されていた。

　コルカタ市の革新的ポリシング計画は市内にある全 48 か所の市警察署の管轄区において展開されていた。こうした動きに対し，ムンバイー市の事例では，市内にある警察署のうち 4 割にあたる警察署の管轄区で活動を展開していた。

　一方で，再組織化されたナールシングガール市のナガル・ラクシャ・サミティは，祝祭時の監視・巡回に特化していたために市内全域とも言えるが，常態的に活動を展開していたわけではなく，厳密には活動規模の特定には至らなかった。

警察と住民との関係性

インドのコミュニティ・ポリシング活動における警察と住民との関係は，対等もしくは従属と大別できる。ここで対等とみなすのは，警察リーダーが住民を排除することなく，住民側の情報，要望および評価を重視し，また会合や講習の場で同席して，コミュニティ・ポリシング活動の権限を共有している状況である。他方，従属とみなすのは，警察が主導して住民リーダーを選出し，限られた住民リーダーのみの参画を認め，時に一般住民との関係は途絶した状況である。ムンバイー市の事例では，警察と住民の関係は対等で，コミュニティ・ポリシング活動の権限を共有していた。一方で，他の6事例では，住民は警察の代替組織に位置づけられたり，活動を放任されており，概して従属する関係にあった。

参画の形態

参画の形態は，住民リーダーが活動に主体的，もしくは受動的に参画してきたのかにより二分できる。主体的とは，住民リーダーが監視・巡回，生活改善といった活動に参画して，住民から表出された要望や意見を警察とともに活動に反映させていく形態と捉えている。他方，受動的とは，警察リーダーが主導する監視・巡回，住民の組織化，生活改善に対し，住民リーダーは自らの要望や意見を問わず，関与していく形態とみなす。

ムンバイー市の事例とタミル・ナードゥ州の事例ではメンバーとなることを希望する住民には申請書の提出が要件として公表されていた。ケーララ州の事例では，州警察から配置された巡回警察官が活動を展開していたが，県警視の選出した委員会メンバーが住民の代表者として要望や評価の表出を担っていた。一方，他のデリー市，ビワンディー市，コルカタ市，ナールシングガール市の4事例において，参画の形態は警察リーダーの選出による受動的なもので，それぞれ参画の手続きも明示されておらず，不明瞭であった。

資金源

コミュニティ・ポリシング活動の資金は，政府予算もしくは寄付のように，その拠出元によって活動の方向性に影響を及ぼしてきた。州政府が活動の遂行

のために予算拠出していたのは，タミル・ナードゥ州のフレンズ・オブ・ポリス運動とケーララ州のジャーナマイシュリ・スラクシャ計画であった。一方，マハーラーシュトラ州ムンバイー市のモハッラー・コミッティ・ムーブメント・トラストは，企業および個人からの寄付からの支援を受けており，その主な使途はイベント開催，就職支援，ニューズレターおよび年次報告書の刊行であった。政府予算から拠出されることで，当面の間は活動を持続することが担保されたことになるものの，実際にはその時々の州政権の意向が反映されるために，活動の規模縮小にもつながりかねない。寄付金での運営は比較的自由度が高いため，住民リーダーが担当区域の実情に応じたコミュニティ・ポリシング活動を展開し，結果として，住民からの信頼を獲得して，活動を牽引することにつながったと考えられる。

　デリー市，ビワンディー市，コルカタ市，ナールシングガール市の4事例は，州政府および州警察がコミュニティ・ポリシング活動の遂行を対象として予算を拠出していた事実を確認できず，通常の警察の法執行活動の一環と見なされていた。したがって，危機が去ったのちは次第に警察および住民リーダーの関心が薄れて，活動の形骸化と瓦解に帰結する傾向にあった。

武装化

　本書で論じてきたように，元来，コミュニティ・ポリシングの概念と手法は，住民が日常的に抱える問題が犯罪を誘発するとみなし，その解決に焦点を当てる取り組みであり，住民に警察力を付与することを目的としていない。本書が分析してきた7事例のうち，住民リーダーに対して武装化が認められていたのは，デリー市の特別警察官の事例で，一般警察官と同等の権限および責務が与えられた。またマディヤ・プラデーシュ州のナガル・ラクシャ・サミティも，州政府から住民リーダーに武器が支給されて訓練を受けることが定められていた。ただし，ナールシングガール市の事例は例外で，警視次官が選出した70人の住民リーダーは祝祭の監視・巡回のみに従事しており，武器の所持が認められていたか否かは不明である。

　上記2事例を除くと，他の5事例はいずれも住民リーダーは武装しておらず，あくまで犯罪および暴動の発生時に武力制圧を担うのは警察の職務であった。

州政府の公認と法制度化

先述のように，インドのコミュニティ・ポリシング活動の持続には，州の公認が不可欠との要件を導き出した。ムンバイー市，タミル・ナードゥ州，ケーララ州の事例は，州政府からの公認を得ていた。

他方，インドでは，1977年より連邦内務省が設置した4つの警察改革委員会が警察改革を提言してきた中で，コミュニティ・ポリシング活動の制度化を模索してきたものの，いまだ連邦としての法制度化には至っていない。こうした状況下で，デリー市の特別警察官はその位置づけが1861年インド警察法で，またマディヤ・プラデーシュ州のナガル・ラクシャ・サミティは2002年に「マディヤ・プラデーシュ州村落および町の防衛組織に関する法」で，それぞれ制度化されていた。加えて，ケーララ州では，2011年ケーララ州警察法で，巡回警察官によるコミュニティ・ポリシング活動が法制度化されていた。

では，活動が法制度化されていなければ，創設や拡充は困難なのだろうか。この問いに対し，現時点で活動の持続に最も重要な要件として指摘できるのは，住民の要望を組み込んだ形での住民参画を促してきたか否かという点である。本書はマハーラーシュトラ州ムンバイー市の事例では，コミュニティ・ポリシング活動の構成6要素が機能しており，予防の効果を発揮していると判断した。法制度化も活動の普及や持続に正の効果を及ぼしそうなものであるが，実際には断絶を招いた事例も含まれていた。インドにおいて，活動が法制度化された事例はいまだ稀少であるがゆえ，今後の検討課題として挙げたい。

宗教コミュニティ間関係の変容

本書の目的は，コミュニティ・ポリシング活動による暴動予防の効果を分析することであるから，活動を通じて地域社会における宗教コミュニティ間関係に変容をもたらしたのかという点を総括する。そもそも活動目的に宗教コミュニティ間の多文化主義的な共生を掲げていたのはムンバイー市の事例であり，ヒンドゥー，ムスリム，クリスチャンの住民リーダーの主体的な参画の下に，会合やレクリエーションをつうじて宗教の差異を超えた住民間の交流を達成していた。失敗事例との評価を下したビワンディー市の事例では，住民の6割をムスリムが占めていたものの，住民リーダーとしてヒンドゥーとムスリムをそ

れぞれ同数ずつ選出しており，双方に均衡を図るねらいがあった。この点で，ビワンディー市の事例は，7事例の中で住民リーダーが所属する宗教を思慮していたと言える。

　タミル・ナードゥ州のフレンズ・オブ・ポリス運動は創設者がクリスチャンであったものの，住民リーダーの所属宗教に特段比重は置いていなかった。ケーララ州のジャーナマイシュリ・スラクシャ計画では，ヒンドゥー，ムスリム，クリスチャン，ブッディスト，指定カーストおよび指定部族の男女から構成された委員会メンバーによる意見表明の場を創出していたと考えられる。

　ナールシングガール市でナガル・ラクシャ・サミティが再組織化される契機となったのは，宗教祝祭時の暴動であったため，住民リーダーは監視・巡回を行って，祝祭の安全な進行を担っていた。だが，目的に特化したコミュニティ・ポリシング活動の結果，暴動を企図する動きが発露しており，宗教コミュニティ間の多文化主義的な共生を実現するには至っていない。

　すでに説明したように，デリー市の事例ではヒンドゥーとスィクの間での暴動とヒンドゥーとムスリムの間での暴動が，コルカタ市の事例ではテロ事件が創設の背景にあった。しかし，住民リーダーの選出に際して，所属宗教への配慮や，また宗教コミュニティ間の多文化主義的な共生を達成した実践を確認できなかったため，「不明」との判断を下した。

　確かに，インドにおいて宗教コミュニティ間，特にヒンドゥーとムスリムの対立がなくなるわけではない。留意すべきは，対立が諍いから生じて，憎悪犯罪，暴動へと悪化してきた状況を理解することである。特に，警察が住民間の諍いを発見することは容易ではなく，それが表出する時には憎悪犯罪へと悪化している場合が多い。そのため，住民が主体的に参画したコミュニティ・ポリシング活動によって，警察と住民が連携して諍いに介入し，憎悪犯罪から暴動へと悪化する以前に予防することが枢要となる。

重視していた価値

　インドの全7事例は宗教寛容，秩序維持，住民と警察の協力関係のいずれかを方針に掲げており，これを重視されていた価値とみなすことができよう。ムンバイー市の事例では，「我々はみな一つだ」とのスローガンと宗教コミュニ

ティ間の多文化主義的な共生を体現したシンボルマークを掲げていた。

他方，ビワンディー市の事例は，暴動予防および住民への秩序維持の定着を，デリー市の事例は，警察リーダーが「デリー市警察はいつもあなたとともにいます」とのスローガンを掲げたことから，住民寄りの警察対応を重視していた。タミル・ナードゥ州の事例は，「住民を警察の友人に」という組織の名称が表すように，警察と住民の友好的関係の構築を重視していた。ケーララ州の事例もその名称が意味する「住民との積極的な協力によって安全を確保する」，つまり警察と住民の協力関係の構築が重視されていた。コルカタ市の革新的ポリシング計画も警察と住民との連携強化，そしてナールシングガール市の事例は祝祭時の秩序維持を，それぞれの活動目的として確認できた。

(4) 7事例の総合的評価

本書のインド全7事例への議論を踏まえた上で，創設の契機から帰結までを図5-3「インドのコミュニティ・ポリシング活動の持続と断絶に至る経路」としてまとめている。

インドにおいてコミュニティ・ポリシング活動が創設される背景には，犯罪の増加による治安悪化，暴動やテロ事件といった外的要因が主であった。当該地域に人的，物的被害がもたらされ，かつ警察による事態収束の遅延，不当逮捕や無差別発砲，暴徒への加担などの機能不全が露呈すると，警察不信は増幅する。コミュニティ・ポリシング活動は機能不全と不信の回復という事態を打開するために導入が検討されることとなる。また　警察改革の一環として創設された事例も確認される。

インドにおいてコミュニティ・ポリシング活動が持続に至る過程では，その初期および中期の段階で州政府からの公認を得ることが不可欠となる。州政府による公認は，州警察および住民の双方から信頼と協力を得て，活動を牽引することを可能とする。

州政府による公認で活動に正統性が担保されると，州警察や市警察は模倣すべく他のコミュニティ・ポリシング活動について調査を実施，住民参画のための申請書の作成，周知活動のためのパンフレットの作成およびワークショップの開催といった創設の準備に取り掛かる。さらに，明確な活動目的を設定する

ことは，住民参画を促す上で最も肝要な段階である。活動目的はスローガンとして警察および住民の双方に明確に設定され，その象徴にシンボルマークが掲げられることが望ましい。なぜならば，シンボルマークの存在によって，活動の目的と方針がメッセージ性を帯びて平明に周知されるためである。

　加えて，本格的な展開に向けて活動資金を投入する段階となる。活動資金は州政府予算から拠出される場合もあれば，活動に賛同した企業や個人からの寄付による場合もある。州政府から予算が拠出される場合には，県や州全域といった広範囲に活動が拡充する一方で，その時々の州政権の意向が活動に反映される傾向にある。寄付金の場合には住民の要望に応じた，比較的自由度の高い活動を展開し，住民からの求心力を得ることにもつながる。活動資金は警察および住民リーダーへの訓練や講習会の実施，年次報告書の刊行などに充てられ，創設時のみならず，持続的に投入される必要がある。

　活動目的を設定し，活動資金を投入したのちに，警察リーダーは，住民に対してコミュニティ・ポリシング活動の理解を促し，活動への参画を呼び掛けていく。住民の参画を促す上で，警察リーダーは住民の居住区に赴き，住民の抱える警察への苦情や要望を聞き取って，状況を把握し，創設に向けた基盤を構築することとなる。警察リーダーによる住民との対話と歩み寄りが，コミュニティ・ポリシング活動において協力関係を形成する上で不可欠である。住民の参画には，住民同士の紹介制，申請書の提出などの明瞭な手続きを踏むことで，住民のコミュニティ・ポリシング活動への動機づけとリーダーシップの確立につながり，活動の持続に帰結する。

　警察リーダーは住民を対象として定例会合を開催し，住民が抱える問題を把握して，表出される要望を分析，どのような対応が求められるのか協議を重ねていく。会合にはヒンドゥー，ムスリム，クリスチャン，スィクなどの異なる宗教コミュニティと多様な職層を代表した住民リーダーに加え，周辺住民への出席も促し，開かれた形態での開催が必要となる。会合で違法薬物の売買，住居侵入，強盗，放火といった犯罪の増加が明らかになった場合には，警察リーダーと住民リーダーが監視・巡回を行う。監視・巡回によって，警察リーダーは住民間の諍い，失業者の存在，電力や清潔な水の安定的供給の不足，犯罪を誘発する暗所などを把握するようになって，住民の生活状況の理解を深める。

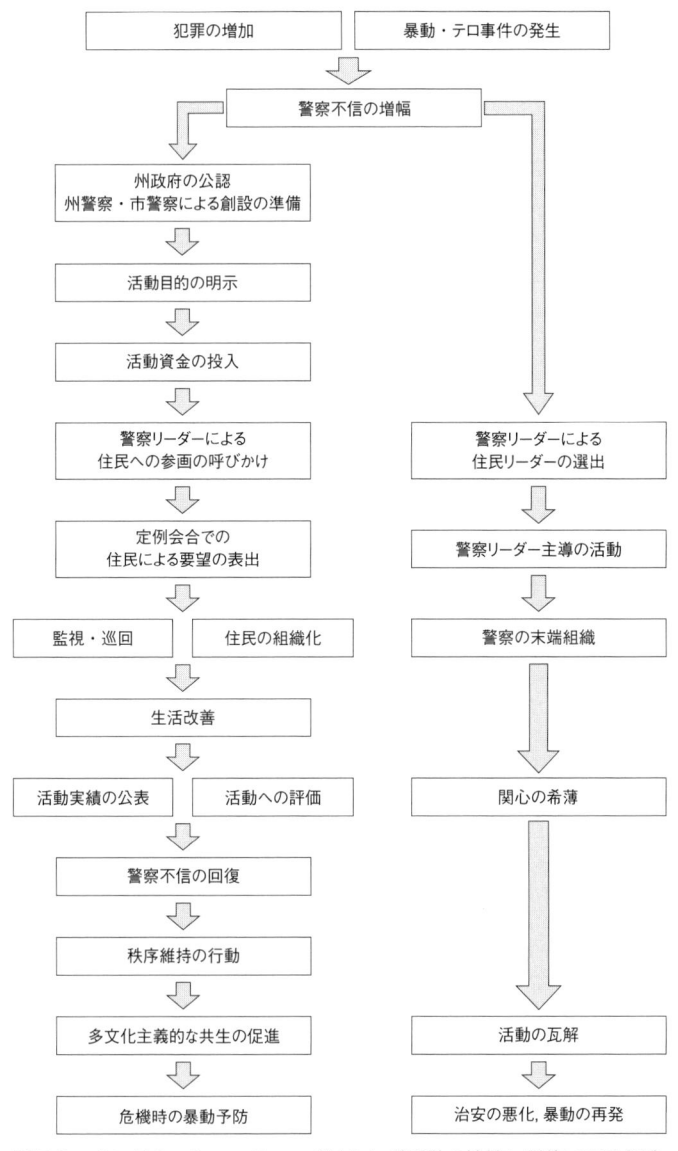

図5-3 インドのコミュニティ・ポリシング活動の持続と断絶に至る経路
出典）筆者作成。

監視・巡回の中で，周辺住民からの諍いや犯罪者の情報提供の機会が増えるという点でも有用となる。警察と住民リーダーが共同で監視・巡回を行うことで，その存在は可視化され，潜在的な犯罪発生の抑止にもつながる。従来，警察単独での立ち入りが回避されてきたスラムや路上生活者が住む地区にも住民リーダーとともに監視・巡回を行うことで，より綿密な活動を展開し，域内全体の治安につながる。祝祭時や暴動再発の危機時にも監視・巡回は対立を扇動するスピーチ，悪意ある噂の流布といった憎悪犯罪の発露と検挙に効果をもたらす。会合では，警察リーダーと住民リーダーが失業者の就労支援，貧困層を対象とした無料の健康診断や献血キャンプの実施，クリケット大会や宗教祝祭の開催について企画し，協議する場としても機能する。警察リーダーと住民リーダーは住民を組織化し，住民側の要望を組み込んだ活動を展開していく。住民の主体的な参画は，住民の要望に応じて展開され，住民の問題解決を積み重ねていくと，生活改善に帰結する。監視・巡回，住民の組織化，生活改善はコミュニティ・ポリシング活動を遂行する一連の動きにおいて，相互に作用しあい，補完する関係にあると捉えられる。

　コミュニティ・ポリシング活動の持続には，活動の実績を年次報告書やニューズレター，ウェブサイトを介して公表し，活動実態の可視化を行うことが鍵となる。活動の公表には際しては，どのような目的を掲げ，いかに問題解決を図り，何が達成されたのか，課題として何が浮き彫りになったのか，という点に着目して，活動の透明性を維持する必要がある。活動実績の公表は，住民の主体的な参画を促し，また外部調査機関，新聞およびテレビといった報道メディア，研究者から活動への評価にもつながる。活動への評価は州政府からの支援を強化し，また警察と住民からの関心を集めて，活動の拡充に帰結することになる。

　コミュニティ・ポリシング活動を通じて，住民は常態的に犯罪を予防する重要性を理解すると，秩序維持の行動を遵守するようになる。実際，住民は住居侵入を予防するために警報器を設置したり，放火時の救出や消火活動に従事していた。また誘拐犯を追跡し，密造酒や違法薬物の売買に対して迅速な通報を行って，現行犯逮捕につながった事例が確認された。持続的なコミュニティ・ポリシング活動の展開を通じて，住民は犯罪を看過することなく，情報を通報

して，警察の法執行活動に協力していた。

　コミュニティ・ポリシング活動が進展するにつれ，警察リーダーと住民リーダーは住民を組織化し，スポーツを介した交流や宗教祝祭において宗教の差異を越えた多文化主義的な共生を促進する動きが見出されるようになる。危機時にも憎悪犯罪に触発されることなく，秩序維持を遵守するという動きとして顕現する。

　危機時にコミュニティ・ポリシング活動がどのように暴動予防に作用するのかという点は，すでに本書第3章および第4章で論じてきたことであるが，ここで再び確認しておきたい。近隣地域で暴動が発生し，その波及が危惧される時に，警察リーダーと住民リーダーは緊急で会合を開催して情報を共有し，暴動予防の対応を講じるための協議を交わす。警察リーダーは州や市自治体，近接地域の警察機関とともに連携し，暴動発生を予期した緊急時の対応の一致を図る。自治体や警察機関との連携は，州政府からの公認を得ているからこそ迅速に進展しうるものである。暴動発生前に見出される憎悪犯罪には，警察リーダーは報道メディアを通じて，住民に扇動に動じることなく秩序維持の行動を遵守するように主張する。住民リーダーは巡回を行いながら，犯罪者情報を把握した場合には警察に通報しつつ，憎悪犯罪に激高する住民と扇動に乗じたり，暴力で報復することのないように対話を交わす。同時に警察リーダーと住民リーダーは徹底した監視・巡回を行って，住民間の諍いに介入して解決を図り，悪意ある噂を聞き出して流布した人物の特定に努め，放火を発見した場合には消火活動を行う。日常的にコミュニティ・ポリシング活動が展開してきたことで，組織化された住民は住民リーダーと監視・巡回を遂行し，生活改善を図ろうとする警察リーダーへの不信を回復し，秩序維持の行動を遵守していく。コミュニティ・ポリシング活動が結実し，多文化主義的な共生が促進されると，住民は憎悪を煽ろうとするスピーチやスローガン，悪意ある噂に動じず，秩序維持の行動を遵守する。警察と住民が構築してきたコミュニティ・ポリシング活動による連携関係は，危機時においても暴動の予防に効果をもたらす。

　インドにおいてコミュニティ・ポリシング活動が断絶に至る過程では，警察リーダーが住民リーダーを選出し，警察主導の活動を展開した結果，いわば警察の法執行活動を下請けする末端組織化という状況に陥る。住民は警察リー

ダーに従属的な関係にあり，また住民リーダーと住民との関係は対話が交わされないままで，途絶する。活動の目的や情報公開の周知が十分でないために，住民からのコミュニティ・ポリシング活動の理解と協力を引き出すことは困難となる。活動は警察リーダーと彼らに選出された住民リーダーとの間での限定的な範囲に留まり，当該地域の住民の生活改善に寄与しないために，警察不信の回復には至らず，住民も秩序維持の行動を遵守しない。警察リーダーが転任したり，暴動発生の危機が去ると，活動への関心が希薄となって，次第に活動の停滞，瓦解に帰結する。コミュニティ・ポリシング活動の瓦解は，当該地域の治安の悪化，そして暴動の再発を引き起こすこととなり，さらなる警察不信の深化をもたらす。

(5) インドのコミュニティ・ポリシング活動における課題

　本書では，インドで遂行されてきた7事例をコミュニティ・ポリシング活動構成6要素に基づき，分析してきた。創設の段階から比較的容易に導入できたのは，従来警察の法執行活動の一環として遂行されて監視・巡回である。監視・巡回は，住民が抱える諍いや問題解決を図って生活改善に寄与し，その結果として警察不信の回復に帰結すると捉えている。監視・巡回にどのように住民を主体的に参画させるためには，活動の明確な活動目的を設定して活動方針を住民に説明し，訓練や講習を実施して，監視・巡回の有用性と手法を伝えることが必要となる。

　繰り返しになるが，警察と住民が持続的にコミュニティ・ポリシング活動に参画するには，州の公認が不可欠と考える。活動の存在意義とその正統性を担保されたことを意味しており，警察および住民双方から信頼と協力を獲得し，活動を牽引しうると見出される。

　さらに，住民の参画は住民リーダーとして模範となる秩序維持の行動を遵守し，組織化された住民が同様に秩序維持の行動を遵守する向きに変わりうるとの側面も指摘できる。警察のリーダーシップによる創設であっても，徐々に住民リーダーに活動を委任していくことで住民の主体的な参画を促進できる。ただし，放任ではなく，あくまで警察リーダーは活動に関与し，必要に応じて介入することが求められる。住民の主体的な参画には，活動目的と方針を説明し，

住民からの理解を得た上で，彼らの貢献意欲を引き出し，動機づけを行うことが鍵となるだろう。住民参画の促進には，州政府の公認の下に，警察と住民リーダーが対等な関係を構築し，監視・巡回を通じて，住民の要望を引き出して生活改善を図ったり，同時に活動実績を公開して，警察不信を払拭することが至要となるのである。

新たな共生の模索

コミュニティ・ポリシングの
効果と展望

反英独立運動を率いたマハトマ・ガーンディーの像（2017 年 2 月 25 日，タミル・ナードゥ州チェンナイ市にて筆者撮影）

本書の目的はインドのヒンドゥー・ムスリム間暴動に対して，コミュニティ・ポリシング活動がいかに効果を発揮してきたのか，その成否を分ける要因とは何か，明らかにすることであった。本書はマハーラーシュトラ州ムンバイー市の事例を住民参画型の成功として，ビワンディー市の事例を警察主導型の失敗としてそれぞれ分析してきた。分析に際しては，暴動研究と犯罪研究を接合して，インドではコミュニティ・ポリシング活動が暴動予防に有用であることを検討してきた。終章では，これまでの議論を踏まえ，本研究の意義とインドのコミュニティ・ポリシング活動への提言を行う。その上で，今後の研究課題として，概念研究および現地調査における課題とコミュニティ・ポリシング活動の拡充に貢献するための将来的な課題について論じる。

本書の意義

　本書では以下4点にわたって議論を展開してきた。第一に，暴動研究と犯罪研究を接合させて，ヒンドゥーとムスリムの間で発生する暴動とコミュニティ・ポリシング活動の因果関係を明らかにするため，暴動ベクトルとの概念枠組みを導出してモデル化した。この暴動ベクトルは，暴動へと悪化していく過程を，安全，諍い，憎悪犯罪，小規模暴動，大規模暴動の各概念を用いて説明した。暴動ベクトルの導出に際して，1961年から2008年までにインドで発生した暴動のうち79事例の発生状況への分析を踏まえており，一定の説明力と妥当性を有していると言える。コミュニティ・ポリシング活動による暴動予防には，a）監視・巡回，b）警察および住民のリーダーシップ，c）住民の組織化，d）生活改善，e）警察不信の回復，f）秩序維持の行動，から成る6要素の機能を提起した。

　第二に，インド警察に抱えてきた構造的欠陥と機能不全を浮き彫りにした。その上で，1979年以来，連邦内務省の指揮下に設置された4つの警察改革委員会がコミュニティ・ポリシング活動の着手を提唱してきたことを確認した。植民地支配下に制定された法制度が残存しつつも，一部の地域では，連邦内務省の提唱する警察改革に則って，インド警察は法制度や職務規定による規定がないままにコミュニティ・ポリシング活動を遂行してきた。

第三に，コミュニティ・ポリシング活動がいかに暴動予防の効果をもたらしてきたのか，その成否を分ける要因を明らかにするために，事例検討を行った。特に暴動が頻発傾向にあり，かつ過去に複数回の暴動発生が認められたマハーラーシュトラ州ムンバイー市とビワンディー市で遂行されてきた2つのコミュニティ・ポリシング活動を事例として，比較検証を行った。ムンバイー市の事例は持続的に憎悪犯罪および暴動の予防に効果を発揮していた一方，ビワンディー市の事例はいったん暴動予防において成功を収めたものの，のちに住民と警察の間での諍いから暴動が再発し，活動は瓦解していた。1990年代前半に同州内の近接した地域において，それぞれ暴動後に創設された活動であったが，その成否を分けた要因は，住民の参画を促していたか否かという点であった。

　第四に，インドで実態が確認された5事例を加えて，比較による総合考察を行った。本書はデリー市，タミル・ナードゥ州，ケーララ州の事例は警察代替型として，コルカタ市の事例は活動放任型として，そしてナールシングガール市の事例は目的特化型として，それぞれ類型化を行って，活動の特徴と課題を論じた。

　本書が提起した問題設定に対する答えとして，以下のようにまとめることができる。インドでは住民参画型に集約されるコミュニティ・ポリシング活動が憎悪犯罪および暴動の予防に効果を発揮していた。住民参画型のコミュニティ・ポリシング活動では，明確な目的を設定し，周知や訓練のために一定の準備期間を経たのちに，活動に対する州政府からの公認を得て，かつ明瞭な手続きを通じた主体的な住民参画の下に着手されていた。住民の要望を組み込んだ住民の主体的な活動は，生活改善に重点を置き，かつ住民との交流を図るために活動拠点を設置して，情報を公開し，活動への開放性と透明性を確保していたという結論に達した。

　本書の意義は，概念の発展と政策含意に寄与した点にある。犯罪予防の手法として生成されたコミュニティ・ポリシング概念を，インドの事例に適する概念に再構成して，暴動予防の分析枠組みを構築した。これによって，犯罪研究における予防概念とインドの暴動の発生構造を組み合わせ，暴動ベクトルとコミュニティ・ポリシング活動の因果関係を示すモデルを導出した。その上で暴動が頻発してきた地域での聞き取り調査と参与観察による事例検証と，インド

国内で実態が確認できた5事例を加えて全7事例を比較検討してコミュニティ・ポリシング活動の実態を解明することに努めた。

　　インドにおけるコミュニティ・ポリシング活動への提言

　議論を締めくくるにあたり，本書での分析を通じて浮き彫りになった課題に基づき，インドにおけるコミュニティ・ポリシング活動への提言を行うこととする。

　インドでは植民地支配下に制定された法制度化での矛盾を抱えながらも，インド警察職が連邦内務省の提唱する警察改革に則って，特に制度的な確立がないままにコミュニティ・ポリシング活動を創設する傾向にあり，必ずしも十分な財政支援を受けてこなかった。それゆえに，インド警察がコミュニティ・ポリシング活動を創設，遂行すること自体が稀有であり，その取り組みに意義が見出される。

　本書は将来的なインドでのコミュニティ・ポリシング活動の拡充に関して，以下5点の政策提言を付す。第一に，連邦内務省が州政府および州警察と連携して活動に着手し，成功事例を全国に周知していくことである。第二に，州政府および州警察は，活動の周知を行いながら，成功事例の要訣をまとめ，ロールモデルとして具体的にその効果を提示し，警察と住民の関心を喚起する。ここで留意すべきは，コミュニティ・ポリシング活動を国家の社会統制の強化や警察の末端組織化を招くものとしてではなく，住民の要望を組み込んだ問題解決を可能とする活動として，その重要性を伝えていくことである。第三に，住民の主体的な参画を促すためには，コミュニティ・ポリシング活動による生活改善の実現といった動機づけを行って貢献意欲を引き出すことである。第四に，州政府および州警察はコミュニティ・ポリシング活動の成果を可視化し，同時に外部機関からの評価を公表するなど，実践を伝えていくことである。第五に，成功と同様に失敗事例から得られる教訓を活用することである。ビワンディー市の事例は暴動予防に効果をもたらし，全国的に成功事例として評価されていたが暴動の再発を招いた。かつて成功として全国的に評価されていた事例がなぜ失敗に陥ったのか。成功事例は失敗へと陥る蓋然性を有していることを十分に熟慮しつつ，失敗に至った要因を検証し，その周知を行うことが肝要となる。

今後の研究課題

筆者が 2010 年からおよそ 6 年にわたってマハーラーシュトラ州で実施してきた現地調査で浮かび上がったのは，大規模暴動を経験した警察官と住民リーダーが懸命に暴動予防に従事する労苦に満ちた姿であった。暴動発生の危機が常に内在する社会において，彼らは武力制圧が憎悪を増幅させ，コミュニティ・ポリシング活動が公正かつ迅速な警察の法執行活動の遂行には不可欠と理解していた。

最後に，概念枠組みと事例検証から新たに生じてきた 3 点の課題を提示し，今後研究を進展させる上での方向性を模索する。

第一に，マハーラーシュトラ州のコミュニティ・ポリシング活動に対して，行政側の見解を改めて把握することである。確かにビワンディー市とムンバイー市のいずれの事例も会議派の州政権下に創設されていた。ムンバイー市の事例はマハーラーシュトラ州首相から公認を受け，かつ 1996 年にはその活動に対して正式な法的認可が下されていた。2014 年のインド人民党政権への交代以降，州内ではコミュニティ・ポリシング活動を拡充する動きは見出されるのか，州行政との関係性に着目して，さらに検証を加えていく。

第二に，インドで暴動が頻発する地域とみなされてきたグジャラート州とウッタル・プラデーシュ州との比較研究を展開することである。マハーラーシュトラ州のようにこれらの州では，暴動予防の取り組みが遂行されてきたのか。予防をめぐる暴動州での州間比較研究を試行する。

第三に，インドのコミュニティ・ポリシング活動への総合的な研究を深め，展開することである。とりわけ活動が持続してきたものの，警察の代替組織化が進んできたタミル・ナードゥ州およびケーララ州の事例について，現地調査を継続して，インドのコミュニティ・ポリシング活動の総括的なモデルの構築を試行する。

本書で得られた論証と知見をさらに活用し，コミュニティ・ポリシング活動への理解と協力を広げ，活動の実践は拡充していくのかという点に注視し，分析を深化させていく。本書の試みがインドでの多文化主義的な共生とコミュニティ・ポリシング活動の拡充を促す一助となることを期待し，今後の課題としたい。

あとがき

　本書は，2016 年 1 月に神戸大学大学院国際文化学研究科に提出した博士論文「現代インドのコミュニティ・ポリシング活動による暴動予防に関する研究」（2016 年 3 月学位取得）に加筆・修正を行ったものである。博士論文の提出に至るまでの長い大学院生活の中で，的確で親身なご指導と叱咤激励を頂いた国際関係・比較政治コースの阪野智一先生，坂井一成先生，中村覚先生，安岡正晴先生，近藤正基先生に御礼申し上げる。政治学を学ぶ上での理論も手法も未熟な筆者に対して，ご理解を寄せて下さり，快く指導を引き受けて下さった。ゼミでの筆者の報告に際して，鋭く洞察に満ちた有用なご助言を数多く頂き，議論を鍛えて下さった。本書の核であるコミュニティ・ポリシング，紛争予防，暴動予防という分析枠組みは先生方の数々の貴重なコメントによって，議論が深められた結果，得られたものである。博士論文の審査をお引き受け下さったアジア経済研究所の近藤則夫先生には特にインド地域研究に関し，大変貴重なコメントを下さった。

　現地調査を行ったマハーラーシュトラ州では，実に多くの方々からのご支援を頂いた。2004 年に初めてインドを訪問して以来，インド工科大学ボンベイ校人文社会科学研究科（Indian Institute of Technology Bombay, Department of Humanities and Social Sciences）で右も左もわからない筆者を受け入れて下さったトリヴェディ教授（Prof. Pushpa Trivedi），いつも親身に相談にのってくれたシャルマ博士（Dr. Pritee Sharma）には，マハーラーシュトラ州の基本情報から生活全般まで，公私にわたってご助言を頂き，長く親交を深めて下さっている。セキュラリズムと社会研究センターの故アスガール・アリー・エンジニア博士（Dr. Asghar Ali Enginner）のご助力により，ビワンディー市での現地調査が可能となり，暴動予防という骨子の着想に至った。

　暴動と予防という，ともすれば自身の安全を脅かしかねないセンシティヴな事象にもかかわらず，聞き取り調査を応じ，参与観察を承諾してくださった皆

さんに御礼を申し上げる。筆者が現地を訪れると，毎回快く聞き取り調査に応じて下さり，温かいご支援を頂いた。ビワンディー市の元市警察次官であるスレーシュ・コープデー氏，ムンバイー市の元市警察長官のジュリオ・リベイロ氏，サティーシュ・サハネイ氏とロニー・メンドンサ氏は本稿の分析枠組みであるコミュニティ・ポリシングによる暴動予防という分析枠組みについて，多くのご助言を寄せて下さった。また，ムンバイー市警察，タネー市警察，プネー市警察，チェンナイ市警察，マハーバリプラム市警察の皆さんには筆者の調査に対して，多大なご協力を頂いた。紙幅の関係上，全ての方々のお名前を挙げることはできないが，インドの皆さんのご協力なくして，現地調査で成果を得ることは困難であった。

筆者が 2012 年 4 月から 2014 年 11 月まで特任助教として務めてきた広島大学大学院社会科学研究科の吉田修先生，人間文化研究機構地域研究推進センターから研究員として派遣されて 2014 年 12 月から務めている現在の職場である広島大学現代インド研究センターの岡橋秀典先生，友澤和夫先生には，筆者の研究にご理解を頂き，博士論文の執筆に際して格別のご高配を頂いた。筆者に研究報告の機会を下さり，その都度，大変貴重なご助言を頂いた。

本書の編集に際して，昭和堂の松井久見子さんには，数々の有用かつ的確なご指摘を頂き，作業が遅れがちの筆者を辛抱強く待って下さり，大変お世話になった。

また個別にお名前を挙げることはできないが，研究会や学会の場で多くの方々からご助言と励ましを頂いた。

本書は，日本学術振興会平成 29 年度科学研究費補助金（研究成果公開促進費）を頂いたことにより出版にいたった。本書の審査に携わってくださった委員の先生方に御礼申し上げる。

また以下の機関から研究助成を頂き，ご支援によりインドでの現地調査が可能となった。貴重な機会を頂けたことに深謝申し上げる。

・松下幸之助記念財団　研究助成「インドにおける紛争予防──警察と地域の協働による防犯活動の実証分析」（2010 年度）
・日本学術振興会特別研究員（DC2），同科学研究費補助金（特別研究員奨励金）

「インドにおける紛争予防——警察と地域の協働による防犯活動の実証分析」（2011 年度）

・人間文化研究機構プログラム「現代インド地域研究」龍谷大学現代インド研究センター研究活動支援（2012 年度）

・科学研究費補助金（基盤研究 A：代表者・吉田修）（研究分担者）「グローバル化のなかのインド「州」政治——開発・環境・暴力をめぐる全 28 州の比較分析」（2012 年度〜 2016 年度）

・りそなアジア・オセアニア財団調査研究助成「現代インドにおける政治と暴力に関する州間比較研究——地域連携と予防の効力を中心に」（2014 年度〜 2015 年度）

・人間文化研究機構地域推進研究センター研究員基礎活動費（2014 年度〜 2015 年度）

・科学研究費補助金（若手研究 B）「現代インドのコミュニティ・ポリシングによる暴動予防への州間比較研究」（2015 年度〜 2018 年度）

　最後に，博士論文の執筆に，いつも理解を寄せてくれた父母についてふれたい。筆者がインドへ調査で向かう度に心配をかけ続け，長きにわたる大学院生活を支えてくれたことに謝意を表したい。本書の完成を待ち望んでいた父母に捧げたい。

　　　　2017 年 12 月

油井美春

参考文献一覧

1. 政府刊行物・政府文書・法律文書

Administrative Reforms and Training Department, Government of Assam."The Police Forces（Restriction of Rights）Act, 1966". n.d..
　http://artassam.nic.in/Home%20Department/The%20Police%20Forces%20%28Restriction%20of%20Rights%29%20Act,%201966.pdf（2014年1月24日閲覧）.

Bureau of Police Research & Development, Ministry of Home Affairs, Government of India. *Date on Police Organizations in India as on January 1, 2011*. New Delhi: Chandu Press, 2012.

Chief Minister of Maharashtra."Discussion on Internal security, Chief Ministers Meeting Nainital, 23rd & 24th Sept, 2006". 2006.
　http://www.maharashtra.gov.in/english/chiefminister/internal_security_issue_maharashtra.pdf（2008年11月28日閲覧）.

Collector Office, Nashik. Official Website of Nashik District."Municipal Corporation/Council". n.d..
　http://nashik.nic.in/htmldocs/mcc.htm（2014年2月4日閲覧）.

A Community Policing Initiative of Kerala Police. *Janamaithri Almanac-2013*. 2013.
　http://keralapolice.org/newsite/janamaithri_news.html（2013年9月29日閲覧）.
　――. *Janamaithri Almanac-2014*. 2014.
　http://www.keralapolice.org/newgallery/jana_maithri/newsletter/almanac_2014.pdf（2015年8月20日閲覧）.

Directorate of Economics and Statistics, Government of Maharashtra. *Statistical Abstract of Maharashtra State 1989-90 & 1990-91*. Mumbai: Director of Economics & Statistics, 1996.
　――. *Statistical Abstract of Maharashtra State 1997-98 & 1998-99*. Mumbai: Director of Economics & Statistics, 2001.

Directorate of Economics and Statistics, Government of Maharashtra. *Statistical Abstract of Maharashtra State 2007-08*. Mumbai: Director of Economics & Statistics, 2010.

District Nashik."Nashik District Map". n.d..
　http://nashik.nic.in/htmldocs/distmaps.htm（2014年2月4日閲覧）.

The Federal Bureau of Investigation."FBI Releases 2012 Hate Crime Statistics". 2013.
　http://www.fbi.gov/news/pressrel/press-releases/fbi-releases-2012-hate-crime-

statistics（2014 年 3 月 22 日閲覧）.

――."Hate Crimes". n.d..
http://www.fbi.gov/about-us/investigate/civilrights/hate_crimes（2013 年 12 月 4 日閲覧）.

Gazetteers Department, Government of Maharashtra. *Gazetteer of India: Maharashtra State Gazetteers, Thane District*. Bombay: Government of Maharashtra, 1982.

Government of India. *White Paper on Ayodhya*. New Delhi: Government of India Press, 1993.

Government of Kerala, The Official Web Potal."Kerala at a Glance". n.d..
http://www.kerala.gov.in/index.php?option=com_content&view=article&id=2818&Itemid=2263（2015 年 8 月 20 日閲覧）.

Kerala Police."Legal Stuff, KP Act 2011". n.d..
http://www.keralapolice.org/newsite/pdfs/kp_act/kerala_police_act_eng_2011.pdf（2014 年 7 月 11 日閲覧）.

――."Janamaithri Suraksha Programme". n.d..
http://www.keralapolicehistory.com/jmait.html（2015 年 8 月 15 日閲覧）.

Kolkata Police Community Policing Wing. n.d.. https://www.facebook.com/Kolkata-Police-Community-Policing-Wing-144943688948851/?fref=ts（2015 年 4 月 30 日閲覧）.

Law and Judiciary Department, Government of Maharashtra."Sheriff of Mumbai". n.d..
http://mahaljd.gov.in/htmldocs/sheriff.htm（2011 年 10 月 31 日閲覧）.

Madhya Pradesh Police. n.d..
http://www.mppolice.gov.in/（2015 年 7 月 31 日閲覧）.

――."Community Policing". n.d..
http://mppolice.gov.in/Static/Community/GeneralIntro_e.aspx（2015 年 7 月 31 日閲覧）.

――."Nagar Suraksha Samiti（Town Defense Committee）". n.d..
http://mppolice.gov.in/Static/Community/initiatives_history_e.aspx（2015 年 7 月 31 日閲覧）.

――."Madhya Pradesh Gram Tatha Nagar Rakshta Dal Adhiniyam". n.d..
http://www.mppolice.gov.in/Static/HTML/CommunitypolicyAct.doc（2015 年 7 月 31 日閲覧）.

――."Initiatives and history". n.d..
http://mppolice.gov.in/Static/Community/initiatives_history_e.aspx（2015 年 7 月 31 日閲覧）.

Mayor's Office for Policing and Crime."The Metropolitan Police how it all began". n.d..
http://content.met.police.uk/Article/The-Metropolitan-Police-how-it-all-beg

an/1400015336362/1400015336362（2014 年 1 月 20 日閲覧）.

Ministry of Home Affairs, Government of India. Annual Report. 2003-2004; 2004-2005; 2005-2006; 2006-2007; 2008; 2008-2009; 2009-2010.

http://www.mha.nic.in/annualreports（2014 年 3 月 30 日閲覧）.

——."The Code of Criminal Procedure, 1973". n.d..

http://www.mha.nic.in/sites/upload_files/mha/files/pdf/ccp1973.pdf（2011 年 10 月 18 日閲覧）.

——. *Guideline on Central Scheme for Assistance to Victims of Terrorist and Communal Violence.* New Delhi, 2007.

http://www.mha.nic.in/writereaddata/12240029071_T-Guide141008.pdf（2011 年 10 月 19 日閲覧）.

——. *Guidelines on Communal Harmony.* New Delhi, 2008.

http://www.mha.nic.in/pdfs/ComHar141008.pdf（2011 年 10 月 19 日閲覧）.

——. *Report of the Liberhan Ayodhya Commission of Inquiry.* New Delhi: Government of India, 2009.

——."Revised Guidelines of Central Scheme For Assistance to Civilians Victims / Family of Victims of Terrorist, Communal and Naxal Violence". 2010.

http://mha.nic.in/pdfs/T-Guide141008.pdf（2011 年 10 月 28 日閲覧）.

——."Indian Police Service". n.d..

http://mha.nic.in/ips/ips_home.htm（2012 年 8 月 16 日閲覧）.

——."The Indian Penal Code 1860". n.d..

http://www.mha.nic.in/sites/upload_files/mha/files/pdf/IPC1860.pdf（2014 年 1 月 21 日閲覧）.

——."Constitution of Committee to draft a new Police Act". n.d..

http://mha.nic.in/policeadc（2014 年 1 月 22 日閲覧）.

——."PADC proposed Bill of the MODEL POLICE ACT, 2006". n.d..

http://mha.nic.in/policeadc（2014 年 1 月 22 日閲覧）.

——."Police Act Drafting Committee, A Brief Note on the Bill proposed for the Model Police Act, 2006". 2006.

http://mha.nic.in/hindi/sites/upload_files/mhahindi/files/pdf/Press_Brief_Oct_30.pdf（2014 年 1 月 22 日閲覧）.

——."Divisions of Ministry of Home Affairs". n.d..

http://mha.nic.in/divisions（2014 年 1 月 23 日閲覧）.

——."Judicial Division Acts, The Commissions of Inquiry Act, 1952". n.d..

http://www.mha.nic.in/sites/upload_files/mha/files/pdf/CIAct1952.pdf（2014 年 1 月 23 日閲覧）.

——."Prevention of Communal and Targeted Violence Access to Justice and Preparation)Bill, 2011". PRS Legislative Research."Security / Law / Strategic affairs". 2012.
http://www.prsindia.org/uploads/media/draft/NAC%20Draft%20Communal%20Violence%20Bill%202011.pdf（2014 年 12 月 25 日閲覧）.

——."The Police Act, 1861". n.d..
http://mha.nic.in/sites/upload_files/mha/files/pdf/police_act_1861.pdf（2015 年 4 月 7 日閲覧）.

Ministry of Information and Broadcasting, Government of India. *Indira Gandhi, The Years of Endeavour: Selected Speeches of Indira Gandhi, August 1969-August 1972*. New Delhi: Ministry of Information and Broadcasting Publications Division, 1975.

Ministry of Law and Justice, Governmnet of India. India Code."Constitute of India". n.d..
http://lawmin.nic.in/coi/coiason29july08.pdf（2015 年 4 月 10 日閲覧）.

Ministry of Social Justice and Empowerment, Government of India."Table 1.8 : Population of India by Religion". n.d..
http://socialjustice.nic.in/pdf/tab18.pdf（2014 年 3 月 18 日閲覧）.

Mumbai Police."About us". n.d..
http://mumbaipolice.org/aboutus/index.htm（2011 年 10 月 19 日閲覧）.

——."Police Station Maps". n.d.. https://mumbaipolice.maharashtra.gov.in/map.asp（2014 年 2 月 5 日閲覧）.

——."Organization". n.d.. https://mumbaipolice.maharashtra.gov.in/organization.asp（2014 年 4 月 16 日閲覧）.

Municipal Corporation of Greater Mumbai."City Map". 2015.
http://www.mcgm.gov.in/irj/portal/anonymous?NavigationTarget=navurl://ce7407c74001ac932426502e58da0827（2015 年 8 月 20 日閲覧）.

The Office of Community Oriented Policing Service, U.S. Department of Justice. *The COPS Office: 20 Years of Community Oriented Policing*. 2014.
http://ric-zai-inc.com/Publications/cops-p301-pub.pdf（2015 年 7 月 12 日閲覧）.

The Official website of Kolkata Police."Community Policing". n.d..
http://www.kolkatapolice.gov.in/CommunityPolicing.aspx（2015 年 4 月 30 日閲覧）.

Organization for Security and Co-operation in Europe. *Preventing Terrorism and Countering Violent Extremism and Radicalization that Lead to Terrorism: A Community-Policing Approach*. Vienna: Stanzell Druck, 2014.
http://www.osce.org/atu/111438?download=true（2015 年 3 月 13 日閲覧）.

Police Department, Government of Tamil Nadu, Economic Offences Wing."FOP Scam
258

Buster". n.d..

　http://www.tneow.gov.in/FOP_Scambuster.html（2015 年 8 月 18 日閲覧）.

PRS Legislative Research."The Communal Violence（Prevention, Control and Rehabilitation of Victims）Bill, 2005". n.d..

　http://www.prsindia.org/uploads/media/1167470057/1167470057_The_Communal_Violence_Prevention_Control.pdf（2014 年 12 月 25 日閲覧）.

Reaves, Brian A.,"Local Police Departments, 2013: Personnel, Policies, and Practices". Bureau of Justice Statistics, Office of Justice Programs, U.S. Department of Justice, 2015.

　http://www.bjs.gov/content/pub/pdf/lpd13ppp.pdf（2015 年 11 月 21 日閲覧）.

United State of Commission on International Religious Freedom."About USCIRF". n.d..

　http://www.uscirf.gov/about-uscirf（2015 年 7 月 10 日閲覧）.

──."India: Commission Deeply Concerned About Visit of Gujarat State Minister". 2005.

　http://www.uscirf.gov/news-room/press-releases/india-commission-deeply-concerned-about-visit-gujarat-state-minister-0（2015 年 7 月 10 日閲覧）.

U.S. Citizenship and Immigration Services."The Immigration and Nationality Act". n.d..

　http://www.uscis.gov/iframe/ilink/docView/SLB/HTML/SLB/act.html（2015 年 7 月 10 日閲覧）.

U.S. Department of Justice. *21st Century Guide to COPS: Community Oriented Policing Services（COPS）at the U.S. Justice Department Police Guides, Application Kits, Guide for Police Problem Solvers, Grant Monitoring Standards, Guidebooks for Law Enforcement.* Washington D.C.: Progressive Management, 2003.

U.S. Department of Justice. Bureau of Justice Assistance. *Understanding Community Policing, A Framework for Action.* Washington DC: Bureau of Justice Assistance Response Center, 1994.

U.S. Department of Justice. Community Oriented Policing Services Office."About Community Oriented Policing Services Office". n.d..

　http://www.cops.usdoj.gov/Default.asp?Item=35（2014 年 4 月 11 日閲覧）.

U.S. Department of State."International Religious Freedom Act of 1998". n.d..

　http://www.state.gov/documents/organization/2297.pdf（2015 年 7 月 10 日閲覧）.

U.S. Government Publishing Office."Violent Crime Control and Law Enforcement Act". n.d..

　http://www.gpo.gov/fdsys/pkg/BILLS-103hr3355enr/pdf/BILLS-103hr3355enr.pdf（2015 年 3 月 24 日閲覧）.

Uttar Pradesh State Police."Provincial Armed Constabulary". n.d..

http://uppolice.up.nic.in/pac.html（2014 年 1 月 17 日閲覧）.

A Website of Maharashtra State Police."Bombay Police Act, 1951". n.d..
　　http://www.mahapolice.gov.in/mahapolice/jsp/temp/html/bombay_police_
　　act_1951.pdf（2011 年 10 月 18 日閲覧）.
　　――."Organization Chart of Maharashtra State Police". n.d..
　　http://www.mahapolice.gov.in/（2014 年 4 月 16 日閲覧）.

2. データセット

Graff, Violette and Juliette Galonnier."Hindu-Muslim Communal Riots in India I（1947-
　　1986)". Online Encyclopedia of Mass Violence. 2013a.
　　http://www.massviolence.org/Hindu-Muslim-Communal-Riots-in, 736（2014 年 3 月
　　30 日閲覧）.
　　――."Hindu-Muslim Communal Riots in India II（1986-2011)". Online Encyclopedia
　　of Mass Violence. 2013b.
　　http://www.massviolence.org/Hindu-Muslim-Communal-Riots-in,738（2014 年 3 月
　　30 日閲覧）.

Varshney, Ashutosh and Steven Wilkinson."Varshney-Wilkinson Dateset on Hindu-
　　Muslim Violence in India, 1950-1995, Version 2". Inter-University Consortium for
　　Political and Social Research. Michigan, 2004.
　　http://www.icpsr.umich.edu（2011 年 6 月 8 日閲覧）.

3. 報告書

Agnihotri, S.K., ed., *Commissions of Inquiry on Communal Disturbances: A Study.*
　　Vols. 4. New Delhi: National Foundation for Communal Harmony, 2007.

B.N. Srikrishna Commission. *Report of the Justice B.N.Srikrishna Commission on the
　　Mumbai Riots of 1992-1993.* Mumbai: Sabrang Communications and Publishing
　　Pvt. Ltd., 1998.

The Committee for the Protection of Democratic Rights. *The Bombay Bhiwandi
　　Riots, A CPRD Report.* Bombay: The Committee for the Protection of Democratic
　　Rights. 1984.

Commonwealth Human Rights Initiative."The Ribeiro Committee on Police Reforms.
　　First Report National Police Commission". 1998.
　　http://www.humanrightsinitiative.org/publications/police/recommendations_
　　ribeiro.pdf（2014 年 1 月 29 日閲覧）.
　　――."Report of the Ribeiro Committee on Police Reforms, A Critical Analysis".
　　1999.

http://humanrightsinitiative.org/programs/aj/police/india/initiatives/analysis_ribeiro.pdf（2014 年 1 月 29 日閲覧）.

——."The Padmanabhaiah Committee on Police Reforms". 2001a.
http://humanrightsinitiative.org/index.php?option=com_content&view=article&catid=91%3Ashiva&id=687%3Apolice-india-padmanabhai-committee&Itemid=100（2014 年 1 月 29 日閲覧）.

——."Report of the Kerala Police Performance and Accountability Commission". 2005a.
http://humanrightsinitiative.org/publications/police/report_on_police_accountability_commission_kerala.pdf（2014 年 7 月 4 日閲覧）.

——."Police reform debates in India - Selected recommendations from the National Police Commission, Ribeiro Committee, Padmanabhaiah Committee and the Supreme Court directives in Prakash Singh v/s Union of India". 2007.
http://www.humanrightsinitiative.org/publications/police/police_reform_debates_in_india.pdf（2014 年 1 月 29 日閲覧）.

Concerned Citizens Tribunal. *Crime against Humanity. Vols.2. An Inquiry into the Carnage in Gujarat. Findings and Recommendations.* Mumbai: Citizenz for Justice and Peace, 2002.

Dayal, John. ed., *Gujarat 2002: Untold and Re-told Stories of the Hindutva Lab.* Delhi: Media House, 2002.

D.P. Madon Commission. *Report of the Commission of Inquiry into the Communal Disturbances at Bhiwandi, Jalgaon and Mahad in May 1970,* Vols.6. Bombay: Government Central Press, 1974.

Engineer, Asghar Ali. ed., *Bhiwandi-Bombay Riots Analysis and Documentation.* Bombay: Institution of Islamic Studies, 1984.

George, Abey and Jyothi Krishnan. *An Evaluation of the Community Policing Programme in Kerala.* Thiruvananthapuram: TISS Mumbai, Kerala Centre, 2013.
http://www.keralapolice.org/newsite/pdfs/janamaithri/Janamaithi%20evaluation%20report_2013.pdf（2013 年 9 月 29 日閲覧）.

Human Rights Watch."We have no orders to save you". State Participation and Complicity in Communal Violence in Gujarat'. *Human Rights Watch.* vol.14, no.3. New York: Human Rights Watch, 2002.
http://www.hrw.org/reports/2002/04/30/we-have-no-orders-save-you（2014 年 8 月 5 日閲覧）.

Indian Social Institute. *The Gujarat Pogrom Indian Democracy in Danger.* New Delhi: Indian Social Institute, 2002.

The Indian People's Human Rights Commission. *The People's Verdict. An Inquiry into the Dec 92 & Jan 93 riots in Bombay by The Indian People's Human Rights Tribunal Conducted by Justice S.M. Daud & Justice H. Suresh.* Bombay: Indian People's Human Rights Commission, 1993.

Lokshahi Hakk Sanghatana and the Committee for the Protection of Democratic Rights. *Malegaon: Anti-War Protest Suppressed, Communal Riots Provoked.* Mumbai: Lokshahi Hakk Sanghatana, 2001.

The Mohalla Committee Movement Trust. *The Mohalla Committee Movement Trust 12th Annual Report.* Mumbai: The Mohalla Committee Movement Trust, 2010.

Nanavati, G. T. and Akshay H. Mehta. *Report by the Commission of Inquiry Consisting of Mr. Justice G. T. Nanavati and Mr. Justice Akshay H. Mehta. PART1（Sabarmati Express Train Incident at Godhra）.* Ahmedabad: Government of Gujarat, 2008.

People's Union for Democratic Rights. *Walled City Riots, A Report on the Police and Communal Violence in Delhi 19-24 May, 1987.* Delhi: People's Union for Democratic Rights, 1987.

4. 統計資料

Banthia, J.K., ed., *Census of India, 1991. Series 14, Pt.4-B（ii）. Religion.* Bombay: Director of Census Operations, 1994.

Chari, R.B., ed., *Census of India 1971, pt.VI-A, Town Directory.* Delhi: Office of the Director of Census Operations, Maharashtra India, 1975.

　　——. ed., *Census of India 1971, ser.11, Maharashtra, pt.II-C（1）, Social and Cultural Tables.* Delhi: Office of the Director of Census Operations, Maharashtra India, 1976.

National Crime Records Bureau, Ministry of Home Affairs."TABLE 99 Representation Of SCs/STs And Muslims In Police Force During 2001". *Crime in India 2001*（電子版）. 2001.
　　http://ncrb.gov.in/index.htm（2015 年 6 月 1 日閲覧）.

　　——."TABLE 17.12 Representation Of SCs/STs And Muslims In Police Force During 2011". *Crime in India 2011*（電子版）. 2011.
　　http://ncrb.gov.in/index.htm（2015 年 6 月 1 日閲覧）.

　　——."TABLE-17.11 Organisational Setup During 2013". *Crime in India 2013*（電子版）. 2013.
　　http://ncrb.gov.in/（2015 年 9 月 1 日閲覧）.

Office of the Registrar General & Census Commissioner, Ministry of Home Affairs. Government of India. *Census of India 2001, The First Report on Religion Data.*

New Delhi: Controller of Publications, 2004.

――. *Census of India 2001, Series 1, Slum Population*.Vol.1. New Delhi: Controller of Publications, 2005.

――. *Census of India 2011. Administrative Atlas, Maharashtra.* Vol.2. New Delhi: Controller of Publications, 2013.

――. *Census of India 2011*."Provisional Population Totals Paper 2 of 2011: Maharashtra".n.d..

http://www.censusindia.gov.in/2011-prov-results/paper2/ prov_results_prov_results_paper2_mah.html（2014 年 4 月 30 日閲覧）.

――. Census of India 2011."C-01 Population By Religious Community（India & States/UTs/District/Sub-Distt/Town Level)". Population Enumeration Data（Final Population)". n.d..

http://www.censusindia.gov.in/2011census/ population_enumeration.html（2015 年 8 月 27 日閲覧）.

――."Implication of Terms Used in Indian Censuses". n.d..

http://censusindia.gov.in/Data_Products/Library/Indian_perceptive_link/ Census_Terms_link/censusterms.html（2014 年 5 月 8 日閲覧）.

――. Census of India 2011."State of Literacy". n.d..

http://censusindia.gov.in/2011-prov- results/data_files/india/Final_PPT_2011_chapter6.pdf（2015 年 8 月 20 日閲覧）.

Rambhau Mhalgi Prabodhini. *Police- Muslim Miscreants Confrontation in Bhiwandi. A Report.* Mumbai: Center for Human Right's Studies and Awareness, 2006.

Sharma, Kalpana. *Mohalla Ekta Committees, A Documentation.* Mumbai: The Mohalla Committee Movement Trust, n.d..

Shinghal, N.K., *Study Report on "Communal Peace in Aligarh（U.P.)and Bhiwandi （Maharashtra)During December, 1992 and January 1993".* New Delhi: Delhi Regional Branch, Indian Institute of Public Administration, 1998.

5. 映像資料

"Bhiwandi falls prey to hardline politics". NDTV（ニュース映像）. July 10, 2006.

http://www.ndtv.com/video/player/news/bhiwandi-falls-prey-to-hardline-politics/5176（2014 年 3 月 7 日閲覧）.

Khan, Waqar P. and Baul Korde. *Ham Sab Ek Hain: Ekta Sandesh, A Film by Message of Unity for Communal Harmony,* 2001.

Monteiro, Anjali and K. P. Jayasankar. *The Bond*（*Naata*）. Mumbai: Centre for Media and Cultural Studies. Tata Institute of Social Sciences.（documentary film about

Bhau Korde and Waqar Khan, two activities and friends. who have been involved in conflict resolution, working with neighborhood peace committees in Dharavi in Mumbai), 2003.

6. 外国語一次文献

Barve, Sushobha. *Healing Streams, Bringing Back Hope in the Aftermath of Violence.* New Delhi: Penguin Books, 2003.

Bharatiya Janata Party. *BJP's white paper on Ayodhya & the Rama Temple movement.* New Delhi: Bharatiya Janata Party, 1993.

―. *Communal Face of Congress Exposed*, New Delhi: Bharatiya Janata Party, 2011.
http://www.bjp.org/images/publications/communal%20violance%20bill_booklet%20e%20part%202.pdf（2017 年 6 月 22 日閲覧）.

―."Ek Bhrat, Shresta Bharat, Sabka Saath, Sabka Vikas, Election Manifesto 2014". 2014.
http://www.bjp.org/images/pdf_2014/full_manifesto_english_07.04.2014.pdf（2015 年 6 月 5 日閲覧）.

―."Current CM/Deputy CM".
http://www.bjp.org/leadership/chief-ministers 2017.（2017 年 6 月 22 日閲覧）.

Commonwealth Human Rights Initiative."The Police Act of 1861, Model Police Bill of the National Police Commission, the Madhya Pradesh Police Vidheyak, 2001 and the Police Acts of three Commonwealth Countries, A Comparative profile". 2001b.
http://www.humanrightsinitiative.org/publications/police/mp_police_vidheyak.pdf（2014 年 1 月 30 日閲覧）.

―."Police Organisation in India, Some basic information". 2002.
http://www.humanrightsinitiative.org/publications/police/police_organisations.pdf（2014 年 4 月 16 日閲覧）.

Fernandez, Clarence and Naresh Fernandes."A City at War with itself". in Dileep Padgaonkar. ed., *When Bombay Burned, Reportage and Comments on the Riots and Blasts from the Times of India.* New Delhi: UBS Publisher's Distributors Ltd. 1993, 42-108.

Fernandes, Allwyn."When the Police Failed". in Dileep Padgaonkar. ed., 1993. *When Bombay Burned, Reportage and Comments on the Riots and Blasts from the Times of India.* New Delhi: UBS Publisher's Distributors Ltd. 1993, 211-242.

Friends of Police."Friends of Police Movement: Objectives". n.d..

http://friendsofpolice.com/FOP_Concept_Objectives.htm（2015 年 8 月 1 日閲覧）.

Hunter, W.W., *The Indian Musalmans.* Lahore: Sang-e-Meel Publications, 1999（First Edition in 1871）.

Khopade, Suresh. *Bhivandi Riots 1984.* Mumbai: Granthali, 1998.

――. *Megacity Policing. Mumbai North Region Experiment,* Mumbai: Jaymalhar Printing Press, 2009.

――. *Why Mumbai Burned…And Bhiwandi Did Not.* Pune: Sneh Prakashan, 2010.

Mishra, Veerendra. *Community Policing, Misnomer or Fact?* New Delhi: Sage Publications, 2011a.

The Mohalla Committee Movement Trust. *Towards Gender Justice and Peace, Ten Years of Women's Grievances Redressal Cell.* Mumbai: The Mohalla Committee Movement Trust, 2008.

Philip, Prateep V., The "Friends of Police" Movement in India. *The Police Journal.* Vol. 69, No.2, 1996, 126-130.

――. *The Friends of Police Movement, A Roadmap for Proactive People Protection.* Hyderabad: The Icfai University Press, 2006.

――. "Friends of Police（FOP）: A Concept for Empowerment and a Movement in Community Policing". in Arvind Verma, Dilip K. Das, and Manoj Abraham eds., *Global Community Policing, Problems and Challenges,* New York: CRC Press, 2013, 103-116.

Ribeiro, Julio. *Bullet for Bullet, My Life as a Police Officer.* New Delhi: Penguin Books India, 1998.

Sandhya, B., "Janamaithri Suraksha Project, Community Policing Project of the Government of Kerala", in Arvind Verma, Dilip K. Das, and Manoj Abraham eds., *Global Community Policing. Problems and Challenges.* New York: CRC Press, 2013, 117-131.

7. 新聞記事・ウェブ記事・雑誌記事

Abraham, Amrita. "Carnage Which Had to Happen". *Economic and Political Weekly.* Vol. 19, No. 20-21, May 19-26, 1984, 828-830.

All India Christian Council. "Bombay Police Act,1951". n.d..
http://www/christiancouncil.in（2011 年 10 月 18 日閲覧）.

"An anti-Muslim pogrom, PUCL report on Coimbatore violence in late-1997". *Frontline*（電子版）. Vol. 15, No. 5, March 7, 1998.
http://www.frontline.in/static/html/fl1505/15051150.htm（2015 年 8 月 2 日閲覧）.

Awasthi, Dilip. "A Nation's Shame", *India Today.* December 31, 1992, 14-27.

"Ayodhya, Godhra events stoke fear in the city". *The Times of India*. February 28, 2002.

"Babri demolition revisited". *Hindustan Times* (電子版). December 6, 2011.
http://www.hindustantimes.com/photos-news/photos-india/babrimasjidayodhya/Article4-602441.aspx#602432 (2014 年 8 月 6 日閲覧).

Banu, Marie. J., "Interview with Dr. Prateep V. Philip IPS". Chennaionline.com. October 24, 2013.
http://chennaionline.com/City360/Interviews/20133924043934/Interview-with-Dr-Prateep-V-Philip-IPS.col (2015 年 8 月 1 日閲覧).

Bhatt, Miloni. 2006."Bhiwandi falls prey to hardline politics".
http://www.hvk.org/articles/0706/85.html (2011 年 5 月 28 日閲覧).

"Bhiwandi pattern to show the way to Third World". *Indian Express*. October 7, 1998.

"Bombay screening banned in Agra". *Pioneer*. April 10, 1995.

Carvalho, Nirmala."India, Babri Masjid demolition planned by Hindu party". Asia News It. 2014.
http://www.asianews.it/news-en/India,-Babri-Masjid-demolition-planned-by-Hindu-party-30757.html (2014 年 8 月 6 日閲覧).

Central India News."Three killed in communal violence in Narsinghgarh town in Madhya Pradesh". 2007.
http://ebhopal.blogspot.jp/2007/04/1-killed-in-clash-in-madhya-pradesh.html (2015 年 8 月 1 日閲覧).

Citizens for Peace."Tribute to Waqar Khan". 2009.
http://www.citizensforpeace.in/index.php/articles-a-books/156-waqar-khan (2015 年 7 月 31 日閲覧).

City Population Population Statistics for Countries, Administrative Areas, Cities and Agglomerations."Bhiwandi Nizampur (Thane)". n.d..
http://www.citypopulation.de/php/indiamaharashtra.php?cityid=2742127000 (2014 年 2 月 28 日閲覧).

"Create more Friends of Police, trainees told". *The Hindu* (電子版). November 10, 2005.
http://www.thehindu.com/2005/11/10/stories/2005111018120300.htm (2015 年 8 月 3 日閲覧).

"Curfew in force, toll in Muzaffarnagar climbs to 28". *Tehelka* (電子版). September 9, 2012.
http://www.tehelka.com/muzaffarnagar-violence-claims-26-lives-firs-agst-4-bjp-

266

mlas/（2014 年 2 月 1 日閲覧）.

Datta, P.T. Jyothi.“Former Mumbai Sheriff, Fakhruddin T. Khorakiwala Passes Away”. *The Hindu, Business Line*. 2011.

http://www.thehindubusinessline.com/government-and-policy/former-mumbai-sheriff-fakhruddin-t-khorakiwala-passes-away/article2161764.ece（2011 年 10 月 31 日閲覧）.

Davey, Monica and Julie Bosman.“Protests Flare After Ferguson Police Officer Is Not Indicted”. *The New York Times*（電子版）. November 25, 2014.

http://www.nytimes.com/2014/11/25/us/ferguson-darren-wilson-shooting-michael-browngrandjury.html?action=click&contentCollection=U.S.&region=Footer&module=WhatsNext&version=WhatsNext&contentID=WhatsNext&moduleDetail=undefined&pgtype=Multimedia（2015 年 8 月 25 日閲覧）.

D'souza, Dilip.“Crime and punishment, combating the Shiv Sena Menace in Bombay”. *Manushi*. Vol.78, 1993, 22-26.

“81 kar sevaks held, but VHP ways more on their way”. *The Times of India*. March 3, 2002.

Engineer, Asghar Ali.“Punishing Guilty Police Officers in Mumbai Riots”. *Secular Perspective*. Mumbai: Centre for Study of Society and Secularism. 2001a.

http://www.csss-isla.com/arch%20200.htm（2011 年 10 月 31 日閲覧）.

Fernandes, G.,“Bhiwandi and Its Lessons”. *Mainstream*. May 23, 1970, 15-17, 36-37.

Ghadially, Rehana.“Initiatives among Mumbai Muslims”. 2004.

http://www.i4donline.net/issue/feb04/initiative.pdf（2011 年 10 月 21 日閲覧）.

“Godhra train fire accidental: Banerjee report”. *The Times of India*, March 4, 2006.

“Gujarat train attackers to be detained under Poto: Modi”. *The Times of India*. Feburary 28, 2002.

“Gunmen kill five in attack on American offices”. *The Telegraph*（電子版）. January 23, 2002.

http://www.telegraph.co.uk/news/worldnews/asia/india/1382452/Gunmen-kill-five-in-attack-on-American-offices.html（2015 年 4 月 30 日閲覧）.

Hameed, Abdul.“Waqar Khan Passes away Leaving Dharavi Orphaned”. Twocircles. net April 10, 2009.

http://twocircles.net/node/142119（2011 年 3 月 25 日閲覧）.

Kaur, Naunidhi.“Rebuilding Mutual Trust”. *Frontline*. vol.20, Issue 14, 2003.

“Khorakiwala appointed Jamia Millia chancellor”. *The Times of India*. April 20, 2003.

Koppikar, Smruti.“How Bhiwandi avoided riots and chose peace”. *The Indian Express*（電子版）. May 6, 2002.

http://www.indianexpress.com/oldStory/2171/（2011 年 5 月 28 日閲覧）.

Kumar, Kanti."Bhiwandi: In a Spirit of Give and Take". 2008.
http://kantikumar.com/articles/news-articles/ayodhya/bhiwandi/（2011 年 5 月 28 日閲覧）.

Lakdwala, M.H., "Hands of law finally reach the mighty". *The Milli Gazette*. 2001.
http://www.milligazette.com/Archives/01092001/16htm（2011 年 7 月 27 日閲覧）.

Live Chennai.com."Tamil Nadu Chief Minister's conference with Collectors and Police officers commences today". December 11, 2013.
http://www.livechennai.com/detailnews.asp?catid=&newsid=8173&nav=n（2015 年 8 月 2 日閲覧）.

"Manmohan advocates community policing to check growing urban crimes". *The Hindu*（電子版）. November 23, 2013.
http://www.thehindubusinessline.com/economy/manmohan-advocates-community-policing-to-check-growing-urban-crimes/article5383843.ece（2014 年 4 月 21 日閲覧）.

"Mike Brown notched a hard-fought victory just days before he was shot: A diploma". *The Washington Post*（電子版）. August 12, 2014.
http://www.washingtonpost.com/politics/mike-brown-notched-a-hard-fought-victory-just-days-before-he-was-shot-a-diploma/2014/08/12/574d65e6-2257-11e4-8593-da634b334390_story.html（2015 年 3 月 24 日閲覧）.

Mishra, Dilip."Bajrang Dal activists threaten couples celebrating Valentine's Day in Kanpur". Thaindian News. 2011b.
http://www.dailyindia.com/show/424753.php（2015 年 3 月 19 日閲覧）.

"Mohalla Committee Movement Trust". n.d..
http://ccbtindia.org/page1.html（2011 年 10 月 21 日閲覧）.

"Mohalla Peace Panels Meet on Bandh Eve". *The Indian Express*. March 1, 2002.

"Mohalla Peace Groups Unite against Bandhs". *The Indian Express*. September 26, 2002.

Momin, A.R., "Bhiwandi Shows the Way". *The Sunday Times of India*. January 10, 1993.

"Muzaffarnagar riots: 14 police outposts set up in affected areas, plans on for 33 more". *The Indian Express*（電子版）. September 24, 2013.
http://www.indianexpress.com/news/muzaffarnagar-riots-14-police-outposts-set-up-in-affected-areas-plans-on-for-33-more/1173505/（2013 年 9 月 29 日閲覧）.

Nandwani, Deepali."Mohalla Committees to Strive for Peace". *Mid-Day*. August 18, 1993.

Nations Root."Municipal Corporation in India". n.d..

　　http://www.nationsroot.com/municipal-corporation.php（2014 年 4 月 16 日閲覧）.

"Nation's Shame". *India today*. December 31, 1992.

Newzfirst Correspondent."Bulldozed and Homeless: Residents continue their dharna
　　in Mumbai". 2011.

　　http://www.newzfirst.com/web/guest/full-story/asset_publisher/ Qd8l/
　　content/bulldozed-and-homeless:-residents-continue-their-dharna-in-mumbai?
　　redirect=/web/guest/home（2013 年 1 月 7 日閲覧）.

Nikade, Nilesh."Cop stations are under water". *Mumbai Mirror*（電子版）. July 2, 2008.

　　http://www.mumbaimirror.com/index.aspx?Page=article&sectname=News%20
　　-%20City&sectid=2&contentid=20080702200807020215542534752946（2011 年 9 月
　　14 日閲覧）.

Noorani, A.S., "Modi and his visa". *Frontline*. Vol.22, No.8, April 2, 2005, 47-55.

"Noorul Huda Maqbool Ahmed vs Ram Deo Tyagi and Others on 4 July, 2011". n.d..
　　http://indiankanoon.org/doc/1423726/（2015 年 9 月 29 日閲覧）.

"Pakistanis Attack 30 Hindu Temples". *The New York Times*（電子版）. December 8,
　　1992.

　　http://www.nytimes.com/1992/12/08/world/pakistanis-attack-30-hindu-temples.
　　html（2015 年 3 月 30 日閲覧）.

Palaniappan, V. S.,"Youth can now be'Friends of Police'". *The Hindu*（電子版）. August
　　27, 2003.

　　http://www.thehindu.com/lf/2003/08/27/stories/2003082701190200.htm（2015 年 8
　　月 3 日閲覧）.

Parulekar, G., "What really happened in Bhiwandi". *People's Democracy*. May 31,
　　1970, 15.

Peer, Gazala."Prevention of Communal and Targeted Violence（Access to Justice and
　　Reparayions）Bill, 2011: An Insight". Manupatra. n.d..

　　http://www.manupatra.co.in/newsline/articles/Upload/864BE18B-8FEB-4EAA-
　　972E-EA1340F8E669.pdf（2014 年 1 月 22 日閲覧）.

Pillai, Ajit."Bhiwandi: the Lone Voice of Samity". Pioneer. December 19, 1992.

"PM Narendra Modi's US visit: Eight highlights". *The Economic Times*（電 子 版）.
　　October 1, 2014.

　　http://articles.economictimes.indiatimes.com/2014-10-01/news/54516929_1_prime-
　　minister-narendra-modi-modi-and-obama-saath（2015 年 7 月 10 日閲覧）.

"Police gear up to ensure peaceful bandh in city". *The Times of India*. March 1, 2002.

Punwani, Jyoti."HC Upholds Discharge of Tyagi in' 93 Firing Case". *Mumbai Mirror*（電

子版）. October 17, 2009.

http://www.mumbaimirror.com/article/2/2009101720091017042453578930ad5a3/ HC-upholds-discharge-of-Tyagi-in-%E2%80%9993-firing-case.html（2011 年 7 月 27 日 閲覧）.

"Queen's Award for IPS officers". *The Hindu*（電子版）. July 5, 2002.

http://www.thehindu.com/thehindu/lf/2002/07/05/stories/2002070500930200.htm （2015 年 8 月 3 日閲覧）.

Rahman, M.,"Why Bombay Burned, and Bhiwandi Didn't". *India Today*. January 15, 1993, 43.

Rangnekar, Prashant."Two years on, a station for Bhiwandi cops remains a promise". *Express India*. July 13, 2008.

http://www.expressindia.com/latest-news/two-years-on-a-station-for-bhiwandi- cops-remains-a-promise/334922/（2011 年 9 月 14 日閲覧）.

Rattnani, Jagdish."Peace triumphs in volatile Bhiwandi". *Telegraph*. December 21, 1992.

Rediff.com."The Queen's men". 2002.

http://www.rediff.com/news/2002/jul/10spec.htm（2015 年 8 月 3 日閲覧）.

Reinhold, Robert."Riot in Los Angles: The Overview; Cleanup Begins in Los Angeles; Troops Enforce Surreal Calm". *The New York Times*（電子版）. May 3, 1992.

http://www.nytimes.com/1992/05/03/us/riot-los-angles-overview-cleanup-begins- los-angeles-troops-enforce-surreal-calm.html?_r=0&pagewanted=2（2015 年 3 月 24 日閲覧）.

"Role and Functions of the CRPF". n.d..

http://crpf.nic.in/crp_e.htm（2014 年 1 月 17 日閲覧）.

"Rumor-mongering blamed for spreading panic in city". *The Times of India*. March 18, 2002.

Saju, M.T., "20 years after Rajiv killing, TOI meets cops who lived to tell the tale". *The Times of India*（電子版）. May 20, 2011.

http://timesofindia.indiatimes.com/india/20-years-after-Rajiv-killing-TOI-meets- cops-who-lived-to-tell-the-tale/articleshow/8454288.cms（2015 年 7 月 21 日閲覧）.

Sanzgiri, Prabhakar."On Malegaon Riots". *People's Democracy*（*Weekly Organ of the Communist Party of India（Marxist）*. Vol. 25, No.45, 2001.

http://pd.cpim.org/2001/nov11/2001_nov11_maharashtra_malegoan.htm（2013 年 11 月 20 日閲覧）.

SASNET - Swedish South Asian Studies Network."Dr. Asghar Ali Engineer passed away". n.d..

http://www.sasnet.lu.se/content/dr-asghar-ali-engineer-passed-away（2014 年 2 月 21 日閲覧）.

"SC Upholds Decision of Bombay High Court on Suleman Bakery Case". July 6, 2011. http://www.indlawnews.com/NewsDisplay.aspx?6f45135b-f931-4b86-aa88-a98bae69e86f（2011 年 10 月 31 日閲覧）.

"Sena corporator convicted for inflammatory speeches". *The Times of India.* February 28, 2002.

"Sena refuses to play second fiddle on home turf". *The Times of India.* March1, 2002.

Setalvad, Teesta."When Hate Speech and Writng Infiltrate Public Discourse". Paper Prepared for the Expert Workshop fro the Asia Pacific Organised by the Office of the United Nations High Commissioner for Human Rights（OHCHR）. 2011. http://www.ohchr.org/Documents/Issues/Expression/ICCPR/Bangkok/TeestaSetalvad.pdf（2015 年 9 月 2 日閲覧）.

Sharma, Kalpana."Why were Bombay riots so fierce". *The Hindu.* December 29, 1992.

Sheikh, Zeeshan."Data on Muslims in police will no longer be public". *The Indian Express*（電子版）. November 30, 2015. http://indianexpress.com/article/india/india-news-india/data-on-muslims-in-police-will-no-longer-be-public/（2015 年 12 月 3 日閲覧）.

"Should We Run Relief Camps? Open Child Producing Centres?". *Outlook*（電子版）. September 30, 2002. http://www.outlookindia.com/article/Should-We-Run-Relief-Camps-Open-Child-Producing-Centres/217398（2014 年 8 月 15 日閲覧）.

Singh, Anil."Mohalla Magic Ensures Peace in Troubled Times". *The Times of India.* March 10, 2002a.

Singh, Anil."A Tough but Sympathetic Police Force Can Keep the Peace". *The Times of India.* March 30, 2002b.

Singh, Rahul."Lessons from Bhiwandi". *The Indian Express.* July 18, 1993.

Srinivasan, Kannan."The ASI report". *The Hindu*（電子版）. October 14, 2003. http://www.thehindu.com/thehindu/op/2003/10/14/stories/2003101400160300.htm（2015 年 7 月 29 日閲覧）.

"Stray incidents mar bandh in city". *The Times of India.* March 2, 2002.

"State police sound alert after Gujarat incident". *The Times of India.* February 28, 2002.

Suryamurthy, R., "ASI findings may not resolve title". *The Tribune*（電子版）. August 5, 2003. http://www.tribuneindia.com/2003/20030826/main6.htm（2015 年 7 月 29 日閲覧）.

Swami, Praveen and Anupama Katakam."A Hysterical Campaign". *Frontline*（電子版）.
Vol.18, No.17, 2001.
http://www/frontlineonnet.com/fl1817/18170440.htm（2011 年 7 月 27 日閲覧）.
Tandel, Faisal. "Bhiwandi's Nizampura police station submerged in water". *epaper.*
dnaindia.（電子版）. 2013.
http://epaper.dnaindia.com/story.aspx?edorsup=Sup&wintype=popup&queryed=
820037&querypage=5&boxid=9387&id=48693&eddate=2013-7-14&ed_date=2013-
7-14&ed_code=820037（2014 年 3 月 6 日閲覧）.
"Training programme for friends for police begins". *The Hindu*（電子版）. December
20, 2005.
http://www.thehindu.com/2005/12/20/stories/2005122006060300.htm（2015 年 8 月
3 日閲覧）.
"Training conducted for Fop in Erode district". *The Hindu*（電子版）. March 3, 2015.
http://www.thehindu.com/news/national/tamil-nadu/training-conducted-for-fop-
in-erode-district/article6953572.ece（2015 年 8 月 3 日閲覧）.
"Tyagi alleges humiliation: HC to hear govt today". *The Times of India.* June 20, 2001.
"Tyagi Goes Scot-Free". *Islamic Voice.* Vol.16-05, No.197, May, 2003.
http://www.islamicvoice.com/may.2003/invest.htm（2011 年 3 月 30 日閲覧）.
United States-India Educational Foundation."Dr. Veerendra Mishra". n.d..
http://www.usief.org.in/2012Indianscholarorientation/support_files/Hubert_
H.Humphrey/Dr.Veerendra-Mishra.html（2015 年 7 月 31 日閲覧）.
"VHP calls for Maharashtra bandh on Friday". *The Times of India.* Feburary 28,
2002.
Vishva Hindu Parishad. "Bajrang Dal". n.d..
http://vhp.org/vhp-glance/youth/dim1-bajrang-dal（2015 年 3 月 19 日閲覧）.
Vishva Hindu Parishad. "Swagatam". n.d..
http://vhp.org/swagatam（2015 年 3 月 19 日閲覧）.
Vishwa Hindu Parishad. "VHP for uplifting the marginalized in society". 2011.
http://vhp.org/news/media-watch/kochi（2015 年 3 月 29 日閲覧）.
Viswanath, N., "Warning Signal from Maharashtra". *Mainsteam*, May 23,1970, 13-14.
"What Happened in Ferguson?". *The New York Times*（電子版）. August 10, 2015.
http://www.nytimes.com/interactive/2014/08/13/us/ferguson-missouri-town-
under-siege-after-police-shooting.html?_r=0（2015 年 8 月 25 日閲覧）.

8. 事典

Peak, Kenneth J., ed., *Encyclopedia of Community Policing and Problem Solving.*

California: Sage Publications, 2013.

猪口孝他編，2004『政治学事典』弘文堂。

大塚和夫他編，2002『岩波イスラーム辞典』岩波書店。

辛島昇他監修，2012『新版　南アジアを知る事典』平凡社。

9.　日本語文献

井坂理穂,1995「インド独立と藩王国の統合——藩王国省のハイダラーバード政策」『ア
　　ジア経済』第36巻第3号，アジア経済研究所，33-51頁。

伊豆山真理，2009「インドのテロ対策法制——個人の権利，コミュニティ間の政治，国
　　家安全保障」近藤則夫編著『インド民主主義体制のゆくえ——挑戦と変容』アジア
　　経済研究所，317-353頁。

江原伸一，1999「タイ警察及びシンガポール警察におけるコミュニティ・ポリシング
　　の現状と課題（上）」; 2000「同（下）」『警察学論集』第52巻第12号，135-146頁；第
　　53巻第1号，160-173頁。

小川忠，2000『ヒンドゥー・ナショナリズムの台頭——軋むインド』NTT出版。

——，2004「書評論文　宗派間暴力と市民社会——A・ヴァルシュネイ著『エスニッ
　　ク紛争と公共生活——インドのヒンドゥー，ムスリム』」『国際政治』第136号，
　　117-127頁。

外務省アジア局南西アジア課，1993『インドにおける宗教問題の現状とその背景』外務
　　省アジア局。

木村真希子，2008「「暴動」をいかにとらえるか——南アジアにおける集合的暴力論の
　　理論的展開」明治学院大学国際平和研究所編『PRIME』27号，109-120頁。

栗生俊一，1994「インドの警察」『警察学論集』第47巻第7号，37-45頁。

孝忠延夫，2008「「マイノリティ」とは何か——グローバルな「市民」のあり方と21世
　　紀「国民国家」の可能性」竹中千春・高橋伸夫・山本信人編著『現代アジア研究2
　　市民社会』慶應義塾大学出版会，257-285頁。

孝忠延夫・浅野宜之，2006『インドの憲法——21世紀「国民国家」の将来像』関西大
　　学出版部。

小谷汪之，1993『ラーム神話と牝牛——ヒンドゥー復古主義とイスラム』平凡社。

近藤則夫，2008「インドにおける現代のヒンドゥー・ナショナリズムと民主主義——研
　　究レビュー」近藤則夫編『インド民主主義体制のゆくえ——多党化と経済成長の時
　　代における安定性と限界』調査研究報告書，アジア経済研究所，211-248頁。

——，2015『現代インド政治——多様性の中の民主主義』名古屋大学出版会。

近藤光博，1998「ヒンドゥー・ナショナリズムの偏在——RSSとBJP」拓殖大学海外
　　事情研究所『海外事情』第46巻第7-8号，20-35頁。

斉藤昭俊，1977『インドの祭り考』国書刊行会。

佐藤宏，2000「コミュナリズムへの視点——アヨーディーヤー事件とインド政治研究」
『アジア経済』第41巻第10-11号，108-130頁。

シェヒ，ハインツ著，比嘉康光・斎藤司共訳，2006「コミュニティによる犯罪予防——
犯罪減少に寄与するか」『法政研究』第72巻第4号，143-159頁。

関根康正，2006『宗教紛争と差別の人類学——現代インドで「周辺」を「境界」に読み
替える』世界思想社。

センプリーニ，アンドレア著，三浦信孝・長谷川秀樹訳，2003『多文化主義とは何か』
白水社。

竹中千春，2001「暴動の政治過程——1992-93年ボンベイ暴動」，日本比較政治学会編『民
族共存の条件』早稲田大学出版部，49-78頁。

田中雅一，1995「ヒンドゥー教の再生——アヨーディヤ問題の理解に向けて」田辺繁治
編『アジアにおける宗教の再生——宗教的経験のポリティクス』京都大学学術出版
会，358-385頁。

外川昌彦，2012「一本の樹の無数の枝葉——1920年代の宗派暴動とマハトマ・ガンディー
の宗教観の変遷」『現代インド研究』第2号，3-19頁。

内藤雅雄，1988「ボンベイのシヴ・セーナー運動——「地域主義」の問題をめぐって」
佐藤宏編『南アジア現代史と国民統合』アジア経済研究所，141-169頁。

中島岳志，2005『ナショナリズムと宗教——現代インドのヒンドゥー・ナショナリズム
運動』春風社。

中里成章，2008『インドのヒンドゥーとムスリム』山川出版社。

中溝和弥，2012『インド　暴力と民主主義——一党優位支配の崩壊とアイデンティティ
の政治』東京大学出版会。

――，2015「暴力革命の将来」石坂晋哉編『インドの社会運動と民主主義——変革を
求める人びと』昭和堂，164-197頁。

中村覚，2009「中東における紛争地帯と予防外交レジームの課題」神戸大学大学院国際
文化学研究科紀要『国際文化学研究』第32号，141-169頁。

パットナム，ロバート・D著，柴内康文訳，2006『孤独なボウリング——米国コミュニ
ティの崩壊と再生』柏書房。

広瀬崇子，1994「インドにおけるヒンドゥー・ナショナリズムの台頭——インド人民党
を中心に」『アジア経済』第35巻第3号，2-22頁。

宮原辰夫，1998『イギリス支配とインド・ムスリム』成文堂。

三輪博樹，2015「政党システムとガバナンス——2つの運動の事例から」『現代インド
研究』第5号，5-23頁。

油井美春，2013「現代インドにおける暴動とその予防の実証分析——マハーラーシュト
ラ州のモハッラー・コミッティによる予防活動の事例」『南アジア研究』第24号，
33-55頁。

吉田如子，2006「交番再訪——POLICE CULTURE 論を通してみる警察官の姿」『法社会学』第65号，有斐閣，148-163頁。

レビスキー，ロイ・J 著，2009「信頼，信頼形成，信頼修復」モートン・ドイッチ，ピーター・T・コールマン，エリック・C・マーカス編，レビン小林久子訳編『紛争管理論——さらなる充実と発展を求めて』日本加除出版，83-117頁。

綿貫由実子，2005「ヘイトクライムの現状に対する研究」『中央大学大学院研究年報』第35号，423-434頁。

10. 外国語二次文献

Abbas, Haider."The Historical Context". in Asghar Ali Engineer and Ram Puniyani. eds., *Making Sense of Ayodhya Verdict, Towards Efforts for a Peaceful Solution*. New Delhi: Times Group Books, 2011, 21-26.

Alphons, Mary."Resolution of Ethnic and Communal Conflicts: Approaches and Techniques for Social Work Practice". *Perspectives in Social Work*. Mumbai: College of Social Work. Vol.19, No.1, 2004, 2-11.

Arnold, David."Police Power and the Demise of British Rule in India, 1930-1947". in David M. Anderson and David Killingray. eds., *Policing and Decolonisation, Politics, Nationalism and the Police, 1917-65*. Manchester: Manchester University Press, 1992., 42-61.

Arvind Verma, Dilip K. Das, Manoj Abraham eds., *Global Community Policing. Problems and Challenges*. New York: CRC Press, 2013.

Berenschot, Ward. *Riot Politics, Hindu-Muslim Violence and the Indian State*. London: Hurst& Company, 2011.

Bharti, Dalbir. *Police and People, Role and Responsibilities*. New Delhi: APH Publishing Corporation, 2006.

Bhatia, Bela."Judging the Judgement", *Economic and Political Weekly*, Vol.46, No.30, 2011, 14-16.

Bhatt, Chetan. *Hindu Nationalism: Origins, Ideologies and Modern Myths*. Oxford: Berg Publishers, 2001.

Boeckmann, Robert J. and Carolyn Turpin-Petrosino."Understanding the Harm of Hate Crime". *Journal of Social Issues*. Vol.58, No.2, 2002, 207-225.

Bohlken, Anjali Thomas and Ernest John Sergenti."Economic Growth and Ethnic Violence: An Empirical Investigation of Hindu-Muslim Riots in India". *Journal of Peace Research*. Vol.47, No.5, 2010, 589-600.

Brantingham, Paul J. and Patricia L. Brantingham. *Environmental Criminology*. London: Sage Publications, 1981.

Brass, Paul. R., *The Production of Hindu-Muslim Violence in Contemporary India*. Seattle: University of Washington Press, 2003.

Brown, Lee P.,"Police-Community Power Sharing". in William A. Geller ed., *Police Leadership in America, Crisis and Opportunity*. New York: American Bar Foundation, 1985, 70-83.

Chakraborty, Tapan. *Community Policing in Delhi*. New Delhi: Radha Publications, 2003.

Chenoy, Anuradha M., and Kamal A. Mitra Chenoy. *Maoist and Other Armed Conflicts*. Gurgaon: Penguin Books, 2010.

Contractor, Qudsiya.'"Unwanted in My City': The Making of A'Muslim Slum'in Mumbai". in Laurent Gayner and Christophe Jaffrelot. eds., *Muslims in Indian Cities. Trajectories of Marginalisation*. New York: Columbia University Press, 2012, 23-42.

Creighton, James L., *The Public Participation Handbook, Make Better Decisions through Citizen Involvement*. New Jersey: Jossey-Bass, 2005.

Dadhich, Ramesh."Emergence of Muslim Communalism in India: The Socio-Economic Matrix". *Eastern Anthropologist*. Vol.59, No.1, 2006, 15-38.

Dhattiwala, Raheel and Michael Biggs."The Political Logic of Ethnic Violence: The Anti-Muslim Pogrom in Gujarat, 2002". *Politics & Society*. Vol.40, No.4, 2012, 483-516.

Dhillon, Kirpal. *Police and Politics in India, Colonial Concepts. Democratic Compulsions: Indian Police 1947-2002*. New Delhi: Manohar, 2005.

Draeger, Donn F. and Robert W. Smith. *Comprehensive Asian Fighting Arts*. Tokyo: Kodansha International LTD, 1969.

Eck, John E. and Dennis P. Rosenbaum."The New Police Order: Effectiveness, Equity, and Efficiency in Community Policing". in Dennis P. Rosenbaum. ed., The *Challenge of Community Policing*. Thousand Oaks: Sage Publication. 1994, 3-23.

Emsley, Clive. *The English Police, A Political and Social History*. New York: St. Martin's Press, 1991.

Engineer, Asghar Ali. *Communalism and Communal Violence in India: An Analytical Approach to Hindu-Muslim Conflict*. Delhi: Ajanta Publication, 1989.

——. *Communal Riots after Independence, A Comprehensive Account*. Mumbai: Centre for Study of Society and Secularism, 2004.

Engineer, Asghar Ali and Amarjit S. Narang. eds., *Minorities and Police in India*. New Delhi: Manohar, 2006.

Engineer, Asghar Ali and Ram Puniyani. eds., *Making Sense of Ayodhya Verdict*,

Towards Efforts for a Peaceful Solution. New Delhi: Times Group Books, 2011.

Galonnier, Juliette."Aligarh, Sir Syed Nagar and Shah Jamal, Contrasted Tales of a 'Muslim'City". in Laurent Gayner and Christophe Jaffrelot. eds., *Muslims in Indian Cities. Trajectories of Marginalisation*. New York: Columbia University Press, 2012, 129-158.

Gaines, Cody D.,"Roles, First-Line Supervisors'". in Kenneth J. Peak ed., *Encyclopedia of Community Policing and Problem Solving*. Thousand Oaks: Sage Publications, 2013, 363-367.

Ghosh, S. K., *Communal Riots in India*. New Delhi: Ashish Publishing House, 1987.

Ghosh, Partha S., *BJP and the Evolution of Hindu Nationalism, From Periphery to Centre*. New Delhi: Manohar, 1999.

Godbole, Madhav. *The Holocaust of Indian Partition, An Inquest*. New Delhi: Rupa co., 2006.

Goldstein, Herman."Improving Policing: A Problem-Oriented Approach". *Crime & Delinquency*. Vol.25, No.2, 1979, 236-258.

——. Problem-oriented Policing. Philadelphia: Temple University Press, 1990.

Green, Donald P., Laurence H. McFalls and Jennier K. Smith."Hate Crime: An Emergent Research Agenda". *Annual Review of Sociology*. Vol.27, 2001, 479-504.

Gupta, Anandswarup. *The Police in British India, 1861-1947*. New Delhi: Concept Publishing Company, 1979.

Gupta, Dipankar. *Nativism in A Metropolis: The Shiv Sena in Bombay*. New Delhi: Manohar, 1982.

——. *Justice before Reconciliation. Negotiating a'New Normal'in Post-riot Mumbai and Ahmedbad*. New Delhi: Routledge, 2011.

Guzman, Melchor C. de."Terrorism, Future Impact of Community Policing on". in Peak, Kenneth J., ed., *Encyclopedia of Community Policing and Problem Solving*. California: Sage Publications, 2013, 403-405.

Hansen, Thomas Blom."Governance and Myths of State in Mumbai". in Fuller, C. J. and Veronique Benei. eds., *The Everyday State and Society in Modern India*. London: Hurst & Co. Publishers Ltd, 2000, 31-67.

——. *Wages of Violence. Naming and Identity in Postcolonial Bombay*. New Jersey: Princeton University Press, 2001.

Horowitz, Donald L., *The Deadly Ethnic Riot*. Berkeley: University of California Press, 2001.

Jaffrelot, Christophe. *The Hindu Nationalist Movement in India*. New York: Columbia University Press, 1996.

——. *Religion, Caste and Politics in India.* London: Hurst & Company, 2011.

——."Gujarat 2002: What Justice for the Victims? The Supreme Court, the SIT, the Police and the State Judiciary". *Economic and Political Weekly.* Vol.47, No.8, 2012, 77-89.

John McGuire, Peter Reeves and Howard Brasted. eds., *Politics of Violence. From Ayodhya to Behrampada.* New Delhi: Sage Publications, 1996.

Kappeler, Victor E. and Larry K. Gaines. *Community Policing, Contemporary Perspective* (7th edition). New York: Routledge, 2015 (First Edition in 1990).

Kelling, George L. and Catherine M. Cole. *Fixing Broken Windows. Restoring Order and Reducing Crime in Our Communities.* New York: Touchston, 1996.

Kelly, Robert J. and Jess Maghan."Introduction". in Robert J. Kelly and Jess Maghan eds., *Hate Crime, The Global Politics of Polarization.* Carbondale: Southern Illinois University Press, 1998, 1-21.

Khalidi, Omar. *Khaki and the Ethnic Violence in India.* New Delhi: Three Essays, 2003.

Kumar, T. K. Vinod."Impact of Community Policing on Public Satisfaction and Perception of Police: Findings from India". *International Criminal Justice Review.* Vol.22, No.4, 2012, 397-415.

Lab, Steven P.,"Introduction: Community Policing and Crime Prevention". in Dilip K. Das and Steven P Lab, eds., *International Perspectives on Community Policing and Crime Prevention.* New Jersey: Prentice Hall, 2003, xv-xxiii.

Madensen, Tamara D.,"Citizens Patrols". in Kenneth J. Peak ed., *Encyclopedia of Community Policing and Problem Solving.* Thousand Oaks: Sage Publications, 2013, 16-19.

Marino, Andy. *Narendra Modi, a Political Biography,* Noida: Harper Collins, 2014.

Maskaly, Jon."Foot Patrols". in Kenneth J. Peak ed., *Encyclopedia of Community Policing and Problem Solving.* Thousand Oaks: Sage Publications, 2013, 169-171.

Mukherjee, Tumpa. *Community Policing in India, a Sociological Perspective.* Kolkata: Progressive Publishers, 2006.

Nalla, Mahesh K. and Graeme R. Newman."India". in Mahesh K. Nalla and Graeme R. Newman. eds., *Community Policing in Indigenous Communities.* New York: CRC Press, 2013, 179-188.

Palmiotto, Michael J., *Community Policing. A Police-Citizen Partnership.* New York: Routledge, 2011.

Panikkar, K. N., ed., *Communalism in India-History, Politics and Culture.* New Delhi: Manohar, 1991.

Peak, Kenneth J. and Ronald W. Glensor. *Community Policing and Problem Solving. Strategies and Practices*. New Jersey: Pearson Education, Inc, 2012.

Pfetsch, Frank R. and Christoph Rohloff. *National and International Conflicts, 1945-1995: New Empirical and Theoretical Approaches*. London: Routledge, 2000.

Punwani, Jyoti."'My Area, Your Area': How Riots Changed the City". in Sujata Patel and Jim Masselos. eds., *Bombay and Mumbai. The City in Transition*. New Delhi: Oxford University Press, 2003, 235-264.

Purandare, Vaibhav. *The Sena Story*. BPI PVT Ltd, 1999.

——. *Bal Thackeray & the Rise of the Shiv Sena*. New Delhi: Roli Books, 2012.

Raghavan, R. K., *Policing A Democracy, A Comparative Study of India and the US*. New Delhi: Manohar, 1999.

Rahman, Asad Ur."Hate Crime in India: A Historical Perspective". in Robert J. Kelly and Jess Maghan. eds., *Hate Crime. The Global Politics of Polarization*. Carbondale: Southern Illinois University Press, 1998, 111-134.

Rai, Vibhuti Narain. *Combating Communal Conflict, Perception of Police Neutrality during Hindu-Muslim Riots in India*. New Delhi: Manas Publications, 2008.

Rajgopal, P. R., *Communal Violence in India*. New Delhi: Uppal, 1987.

Reiss, Albert J. Jr.,"Shaping and Serving the Community: The Role of the Police Chief Executive". in William A. Geller ed., 1985. *Police Leadership in America, Crisis and Opportunity*. New York: American Bar Foundation, 1985, 61-69.

Rosenbaum, Dennis P., Arthur J. Lurigio and Robert D. Davis. *The Prevention Crime: Social and Situational Strategies*. Belmont: Wadsworth, 1998.

Roy, Tirthankar."Development or Distortion?'Powerlooms'in India, 1950-1997". *Economic and Political Weekly*. Vol.33, No.16, 1998, 897-911.

Shaban, Abdul."Ethnic Politics, Muslims and Space in Contemporary Mumbai". in Abdul Shaban. ed., *Lives of Muslims in India, Politics. Exclusion and Violence*. New Delhi: Routledge, 2012, 208-225.

Shah, Giriraj. *Paramilitary Forces of India. Vols.2*. New Delhi: Anmol Publications Pvt. Ltd, 2004.

Sharma, Kalpana."Chronicle of a Riot Foretold". in Sujata Patel and Alice Thorner, eds., *Bombay Metaphor for Modern India*. New Delhi: Oxford University Press, 1995, 268-287.

——. *Rediscovering Dharavi. Stories from Asia's Largest Slum*. Melbourne Penguin Books Australia, 2000.

Sharma, M.D., *Paramilitary Forces of India*. New Delhi: Kalpaz Publication, 2008.

Sharma, Rajvir."Prevention of Crime and Community Policing in India: An Empirical

Evaluation of the Strategies and Practice of the Delhi Police". *The Police Journal*. Vol. 79, 2006, 43-75.

Shusta, Robert M., et al., *Multicultural Law Enforcement, Strategies for Peacekeeping in a Diverse Society. Six edition.* Boston: Pearson, 2014.

Skogan, Wesley G. and Susan M.Hartnett. *Community Policing, Chicago Style.* New York: Oxford University Press, 1997.

Skolnick, Jerome H. and David H. Bayley. *Community Policing: Issues and Practices around the World.* Washington D.C.: National Institute of Justice, 1988.

Sloan, Ronald C.,"Police Mission". in Kenneth J. Peak ed., *Encyclopedia of Community Policing and Problem Solving.* Thousand Oaks: Sage Publications, 2013, 276-279.

Sundar, Nandini,"Baster, Maoism and Salwa Judum", *Economic and Political Weekly*, Vol.41, No.29, 2006, 3187-3192.

Tambiah, Stanley J., *Leveling Crowds, Ethnonationalist Conflicts and Collective Violence in South Asia.* Berkeley: University of California Press, 1996.

Thakkar, Usha."The Commissioner and the Corporators: Power Politics at Municipal Level"in Sujata Patel and Alice Thorner. eds., *Bombay Metaphor for Modern India.* New Delhi: Oxford University Press, 1995, 248-268.

——."Mohalla Committees of Mumbai, Candles in Ominous Darkness". *Economic and Political Weekly.* vol. 39, No. 6, 2004, 580-586.

Trojanowicz, Robert and Bonnie Bucqueroux. *Community Policing, A Contemporary Perspective.* Cincinnati: Anderson Publishing, 1990.

——. *Community Policing, How to Get Started.* Cincinnati: Anderson Publishing, 1994.

Vadackumchery, James. *Police Enforcement Crimes and Injustice.* New Delhi: Gyan Publishing House, 2001.

Varshney, Ashutosh. *Ethnic Conflict and Civic Life, Hindu and Muslims in India.* New Haven: Yale University Press, 2002.

Varshney, Ashutosh and Steven I. Wilkinson."Hindu-Muslim Riots in India (1960-1993): What We Know, What We Don't". *Towards Secular India.* Vol.1, No.4, 1996, 34-83.

Verma, Arvind. *The Indian Police, A Critical Evaluation.* New Delhi: Regency Publications, 2005.

——."Anatomy of Riots: A Situational Crime Prevention Approach". *Crime Prevention and Community Safety.* Vol.9, 2007, 201-221.

——. *The New Khaki, The Evolving Nature of Policing in India.* New York: CRC Press, 2011.

Wilkinson, Steven I., *Votes and Violence: Electoral Competition and Communal Riots in India*. Cambridge: Cambridge University Press, 2004.

Wilkinson, Steven, I., ed., *Religious Politics and Communal Violence*. New Delhi: Oxford University Press, 2005.

Yui, Miharu."Efforts to Prevent Ethnic Conflict between Local Police and Citizens in India: The Activities of Mohalla Committees in Mumbai". *The International Journal of Science in Society*. Vol.3, Issue4, 2012, 57-70.

——."Effectiveness of Riot Prevention through Community Policing in India: The Practices of the Mohalla Committees". *International Journal of Social Science and Humanity*. Vol.5, No.10, 2014, 865-871.

図表・写真一覧

図版

1-1 インドのヒンドゥーとムスリムの間の暴動発生件数と死者数（1954〜2010年）… 31
1-2 インドにおける暴動ベクトルとコミュニティ・ポリシング活動 ……………… 37
1-3 コミュニティ・ポリシング概念の変遷 ……………………………… 60
1-4 インドにおけるコミュニティ・ポリシング活動の構成要素 ………… 64
2-1 県および都市におけるインド警察の組織階層 ……………………… 79
5-1 インドにおけるコミュニティ・ポリシング活動の持続要件 ………… 225
5-2 インドにおけるコミュニティ・ポリシング活動の断絶要因 ………… 228
5-3 インドのコミュニティ・ポリシング活動の持続と断絶に至る経路 ………… 239

地図

1 インド各州およびマハーラーシュトラ州の位置 ……………………………… x
2 インドにおけるコミュニティ・ポリシング活動の7事例 ………………… 13
3 ムンバイー市 …………………………………………………………… 110
4 ビワンディー市と周辺諸都市 ………………………………………… 164
5 タミル・ナードゥ州 …………………………………………………… 196
6 ケーララ州 …………………………………………………………… 209

表組

0-1 インドの主要な宗教別人口率の推移（1961〜2011年）………………… 5
1-1 暴動発生の時期区分 …………………………………………………… 32
1-2 インド各州における暴動の発生件数（1950〜1995年）………………… 35
1-3 暴動の契機となった諍いの争点と内容（1961〜1997年）……………… 38
1-4 暴動の契機となった憎悪犯罪の状況と刑法に該当する主な条項（1964〜2008年）… 43
1-5 マハーラーシュトラ州で暴動の契機となった憎悪犯罪の手法と内容
　　（1970〜2001年）………………………………………………………… 50
1-6 暴動の契機となった噂の内容（1964〜1993年）……………………… 52
1-7 伝統的ポリシングとコミュニティ・ポリシングの相違点 …………… 59
2-1 警察改革委員会による提言内容（1979〜2000年）…………………… 81
2-2 2001年および2011年のムスリム警察官数と人口の比較……………… 86
2-3 マハーラーシュトラ州におけるインド警察職および州警察の構成（2002年）… 89
2-4 暴動被害者による警察への評価 ……………………………………… 93

2-5　暴動被害者による警察への信頼度　……………………………………　94

3-1　アヨーディヤー問題の歴史的変遷（1528 ～ 2010 年）………………　105

3-2　ムンバイー市における宗教人口（1991 年）……………………………　111

3-3　ムンバイー市警察署の一覧（2014 年 2 月時点）……………………　119

3-4　担当地区ごとのファシリテーターの所属宗教および性別（2014 年 6 月）………　122

3-5　女性苦情相談所における相談件数と解決件数（2008 年 1 月～ 2009 年 3 月）……　135

3-6　ムンバイー市のコミュニティ・ポリシング活動への総評　……………　158

4-1　ビワンディー市のヒンドゥーおよびムスリムの人口（1971 年）……………　165

4-2　ビワンディー市のコミュニティ・ポリシング活動への総評　……………　186

5-1　デリー市のコミュニティ・ポリシング活動への評価　………………　194

5-2　インドにおけるコミュニティ・ポリシング活動 7 事例の比較　……………　230

写真

3-1　バーブル・モスクを破壊するヒンドゥーの暴徒　………………………　106

3-2　MCMT のシンボルマークとスローガン………………………………………　125

3-3　マヒーム地区にある聖者廟と行き交う人々　……………………………　128

3-4　クリーン作戦後のマヒーム地区（2012 年）……………………………　129

3-5　クリーン作戦後のマヒーム海岸（2016 年）……………………………　129

3-6　イマームワーダー地区でバレーボールに興じる住民　………………　131

3-7　イマームワーダー地区の PC センターの掲示板　……………………　132

3-8　イマームワーダー地区の PC センターにおける受講者　……………　132

3-9　ジョーゲシュワーリー地区警察署内の女性苦情相談所　……………　134

3-10　ピース・クリケット大会での選手宣誓（1）…………………………　137

3-11　ピース・クリケット大会での選手宣誓（2）…………………………　137

3-12　ピース・クリケット大会を訪問した上級警察官　……………………　139

3-13　優勝したゴレガーオン地区の選手とダヤル市警察長官　……………　139

3-14　ヴィクローリー地区のビーム・チャーヤー　……………………………　141

3-15　ゴードラ駅付近で火災が発生したサバルマティ・エクスプレス………　145

4-1　1992 年 12 月のビワンディー市の様子　………………………………　179

5-1　フレンズ・オブ・ポリス運動のシンボルマーク　……………………　201

5-2　フレンズ・オブ・ポリス運動の住民メンバー　………………………　203

5-3　住民メンバーの ID カード　………………………………………………　203

5-4　学生支部メンバーによるサイクロン被災地域での倒木撤去作業　……………　205

5-5　ロヨラ・カレッジ学生支部のメンバー　………………………………　205

5-6　フレンズ・オブ・ポリス文書とマルチメディア訓練センター　……………　206

5-7　ナバディーシャ計画での文化プログラム　……………………………　217

索　引

あ

アーンドラ・プラデーシュ州　88, 106, 142

アッサム州　88, 106

アフマダーバード市(アーメダバード市)　144, 146

アメリカ犯罪予防連合　55

アメリカ連邦議会　41

アメリカ連邦司法省　57, 65, 68

アメリカ連邦捜査局(FBI)　41

アリーガル市　25

アヨーディヤー　23, 33, 103, 104, 107-109, 143, 144, 150

い

イード・ウル・フィトル　127

諍い　10, 30, 33, 36-40, 42, 54, 55, 62, 64, 65, 120, 121, 126, 127, 130, 142, 143, 150, 151, 153, 155, 167, 175, 181, 183, 185, 198, 203, 213, 217, 247

違法薬物　128

イマームワーダー地区　130, 131, 133, 150

インド警察職　7, 10, 13, 15, 30, 54, 77, 78, 80, 84, 89-91, 99, 113

インド警察法(1861年)　7, 12, 63, 75, 76, 80, 82-84, 92, 95, 99

インド警察法案(2006年)　8, 84, 95, 96, 99, 100

インド刑事訴訟法(1974年)　97-99

インド刑法(1860年)　40, 42, 53, 97, 99

インド憲法　75, 77, 78, 85, 99

インド考古学統計局　108

インド国民会議派(会議派)(Indian National Congress: INC)　8, 20, 28, 32, 33, 107, 110, 112, 113, 149, 165, 183, 209

インド人民党(Bharatiya Jana Party: BJP)　6, 8, 23, 24, 33, 41, 49, 91, 92, 99, 107-113, 144, 179, 250

インド大反乱　75

う

ヴァージペーイー, A. B.(Atal Behari Vajpayee)　149, 165

ヴァールシュネーイー, A.(Ashutosh Varshney)　10, 29, 30-32, 34, 180, 195, 208

ヴィクローリー地区　136, 140, 153

ウィルキンソン, スティーヴン, I.(Steven I. Wilkinson)　10, 27, 28, 31, 32, 34, 195, 209

ヴェルマ, アルヴィンド(Arvind Verma)　30

ウッタル・プラデーシュ州　11, 29, 33-36, 40, 51, 54, 88, 103, 104, 106, 107, 109, 142, 191, 196, 209

噂　51

　——の流布　42, 150, 151, 175, 240

　——流布人　51

え

英領インド　19, 76

エンジニーア, A.A.(A.A. Engineer)　22, 31

お

欧州安全保障協力機構(Organization for Security and Co-operation in Europe: OSCE) 9

オリッサ州 33

か

カール・セヴァ(kar sevak) 104, 108, 109

ガーンディー, インディラ(Indira Gandhi) 191

ガーンディー, マハートマ(Mahatma Gandhi)(Mohandas Karamchand Gandhi) 142

ガーンディー, ラジヴ(Rajiv Gandhi) 104, 107, 197

革新的ポリシング計画(Innovative Policing Scheme) 14, 218, 232

活動放任型 16, 215, 223, 248

ガネーシャ祝祭 126, 127

カルナータカ州 106

ガロニエ, ジュリエット(Juliette Galonnier) 36, 39, 196, 216

環境犯罪学 55

監視・巡回 12, 13, 37, 55, 61, 64-66, 68-70, 82, 98, 116, 151, 157, 172, 173, 175, 177, 178, 181, 182, 185, 187, 199, 201, 202, 211-213, 215, 221-223, 227, 232-234, 238, 240-243, 247

き

機能不全 28, 30, 53, 54, 75, 77, 84, 92, 95

木村真希子 25

緊急行動部隊 26

く

クー・クラックス・クラン(Ku Klux Klan: KKK) 41

グジャラート虐殺事件(2002年) 3, 91, 143-146, 152, 160

グジャラート州 3, 6, 11, 22, 27-29, 34, 35, 88, 91, 106, 143-145, 149, 151, 196, 209

グラフ, ヴァイオレッタ(Violette Graff) 36, 39, 196, 216

クリーン作戦 128, 130, 157

クリケット大会 121, 125, 135, 136, 138, 140, 152, 154, 157, 240

クレイトン, ジェームス・L.(James L. Creighton) 12

グレンソール, ロバート・W.(Ronald W. Glensor) 58, 66, 69, 71

け

警察主導型 223, 241

警察代替型 223, 224, 248

警察不信の回復 37, 61, 64-66, 69, 133, 138, 204, 213, 227, 242, 247

ケーララ州 8, 12, 13, 27, 88, 106, 208, 224, 233, 234

ケーララ州警察法(2011年) 214, 235

ケリング, ジョージ・L.(George L. Kelling) 55

原因追究型 19, 26

こ

構成6要素 19, 37, 60, 157, 160, 235

ゴードラ事件(2002年) 144, 145, 147, 148

コープデー, スレーシュ(Suresh Khopade)

116, 163, 172, 175, 184

ゴールドスタイン，ヘルマン（Herman Goldstein） 56

国際的な宗教信仰の自由法（1998年） 147

国家警察委員会（National Police Commission） 82, 83, 210

国家犯罪統計局 84, 85, 89

コミュナリズム 3, 96

コミュナル 3, 97-99, 172

—— ・ハーモニー 96, 121

——暴動 4

——暴力 4, 97, 145

コミュナルおよび攻撃対象を定めた暴力予防法案（コミュナル暴力予防法案2011年） 95-97

コミュニティ・ポリシング 3, 6-12, 14, 15, 19, 28-30, 33-35, 37, 55-62, 64, 66-68, 70-72, 75, 76, 78, 80, 82, 84, 96, 100, 103, 116, 120, 121, 124-127, 135, 142, 143, 148, 151-157, 160, 173, 174, 194, 197, 229, 233, 234, 247

コラキワーラー，ファクルッディーン（Fakruddin T. Khorakiwala） 115, 116, 124

コルカタ市 14, 59, 233, 234

ゴレガーオン地区 138

近藤則夫 27, 28

さ

サハネイ，サティーシュ（Satish Sahney） 117, 118, 121, 127, 131, 142, 153, 155

サング・パリワール（Sangh Parivar） 4

し

シヴァージー・ナガル地区 138

シヴ・ジャヤンティ祝祭（Shiv Jayanti） 21, 167, 173

シヴ・セーナー（Shiv Sena） 5, 6, 33, 49, 109-113, 141, 148, 149, 163, 165-167, 169, 172, 178, 179

自警団計画（Neighborhood Watch Scheme） 12, 191-193, 195, 229

事件志向型 56, 58, 60

指定カースト 85, 89, 90, 211, 236

指定部族 85, 90, 211, 236

シャーカー 24

ジャーナマイシュリ・スラクシャ計画（Janamaithri Suraksha Project） 12, 13, 208, 211, 232, 234

ジャッフェルロー，クリストファー（Christophe Jaffrelot） 23, 31

ジャナター・ダル（Janata Dal） 28, 178

ジャヤラリター，J.（J. Jayalalithaa） 200

ジャン・サング（Bharatiya Jan Sang: BJS） 5, 23, 24, 33, 49, 165-169

ジャンムー・カシュミール州 88

就職支援 130, 133, 157

住民参画 11, 12, 61, 248

住民参画型 103, 160, 223, 224, 247, 248

住民の組織化 37, 64, 65, 67, 156, 157, 223, 233, 240, 247

祝祭日はあなた方に，他日は我々に 173-175

シュリクリシュナ委員会（B.N. Srikrishna Commission） 112

準軍隊 26-28, 36, 54, 171, 183, 220

状況的犯罪予防 56

ジョシー，マノーハル（Manohar Joshi） 113

女性苦情相談所 133-135, 154, 157

シン，カルヤーン（Kalyan Singh）　108, 109

シン，プラカーシャ（Prakash Singh）　108, 109

シンボル　125, 200, 210, 213, 224, 225, 237, 238

シン，マンモハーン（Manmohan Singh）　8

信頼　10, 58, 65, 67, 69

す

スコルニック，ジェローム・H.（Jerome H. Skolnick）　6, 57, 60, 66

ストライキ　144, 148, 149, 151

スピーチ　25, 49, 51, 148, 170, 172, 173, 175, 241

スポーツ　10, 227, 241

スラム　15, 23, 24, 111, 126, 144, 155, 240

スローガン　6, 25, 51, 125, 127, 131, 136, 151, 168, 175, 200, 210, 220, 224, 225, 238, 241

せ

生活改善　37, 55, 56, 64, 65, 68, 69, 120, 133, 140, 141, 151, 153, 157, 176, 199, 203, 215, 223, 233, 240, 247, 248

制度化された暴動システム　25, 28, 36

世界ヒンドゥー協会（Vishwa Hindu Parishad: VHP）　33, 41, 91, 99, 107, 109, 144, 146, 148, 149, 151

関根康正　21

全インド・アンナ・ドラヴィダ進歩連盟（All India Anna Dravida Munnetra Kazhagam: AIADMK）　200

そ

憎悪犯罪　10, 33, 36, 40-42, 49, 51, 54, 62, 64, 65, 71, 109, 151, 170, 175, 183, 221, 236, 241,
247, 248

ソラブジー委員会（警察法草案委員会）（Sorabjee Committee）（Police Act Drafting Committee）　84, 95

た

タークレー，バル（Bal Thackeray）　5, 113, 141, 169

ダーラヴィー地区　110, 111, 115, 121, 124, 126, 150-152, 154

第二次印パ戦争（1965年）　165

竹中千春　24, 36

タネー市　14, 15, 164, 181, 183

ダヒサール地区　142

多文化主義的な共生　10, 65, 70-72, 96, 97, 116-118, 124-126, 135, 136, 138, 143, 148, 151, 154-156, 160, 188, 199, 206, 231, 235-237, 241, 250

タミル・イーラム解放のトラ（Liberation Tigers of Tamil Eelam: LTTE）　197

タミル・ナードゥ州　8, 12, 14, 15, 34, 106, 195, 196, 224, 233, 234

タンバイアー，スタンリー・J.（Stanley J. Tambiah）　21

ち

治安維持　28, 63, 76

チェンナイ市　21

秩序維持　13, 27, 37, 55, 64, 70, 96, 98, 130, 138, 142, 151, 157, 160, 175, 185, 188, 213, 228, 236, 237, 240-242

チャクラボルティー，タパン（Tapan Chakraborty）　193-195

中央予備警察隊　26, 82, 108

て

テロ　8, 9, 26, 53, 54, 96, 114, 115, 144, 196-198, 217, 218, 229, 231, 232, 236, 237

伝統的ポリシング　58, 59

と

ドーングリー地区　111, 115, 148

特別警察官　12, 192, 193, 195, 229, 234

トマス委員会（Thomas Commission）　210

トロジャノヴィッチ，ロバート（Robert Trojanowicz）　57, 61

な

ナールシングガール市　14, 220, 221, 233, 234

中島岳志　24

中溝和弥　27, 28

ナガル・ラクシャ・サミティ（Nagar Raksha Samiti）　14, 219, 232, 234

ナナヴァティ・メヘタ委員会（Nanavati-Mehta Commission）　145

に

ニザームプル地区　181, 183

西ベンガル州　8, 32, 59, 106

二民族論　21

ね

ネール，ジャワハルラール（Jawaharlal Nehru）　32, 104, 142

は

バーガルプル市　28

バーブル・モスク（バブリー・マスジド）　23, 33, 103, 104, 108, 109, 143, 177

——破壊　103, 110, 177, 178, 185, 196

バールヴェー，スショバー（Sushobha Barve）　117, 118, 127, 152, 153

バイキュ─ラー地区　155

バジラン・ダル（Bajrang Dal）　33, 107, 109

パドマナバーイー委員会（Padmanabhaiah Committee）　84, 210

パニッカール, K.N.（K.N. Panikkar）　20

ハヌマーン祝祭　220

バネルジー委員会（Banerjee Commission）　145

ハム・ドー，ハマーレー・ドー　6

ハリディ，オマール（Omar Khalidi）　89, 90

犯罪予防　6, 55-57, 61, 76, 77, 98, 198, 199, 229, 248

ひ

ピーク，ケネス・J.（Kenneth J. Peak）　58, 66, 69, 71

ビハール州　28, 29, 33, 106, 192

ビワンディー市　10, 11, 14-16, 25, 40, 49, 80, 115, 116, 163, 164, 177, 233, 234

ヒンドゥー・ナショナリスト　4, 6, 23-25, 33, 34, 40-42, 49, 51, 62, 63, 90, 93, 99, 103, 104, 107-109, 143, 145, 163, 165, 169, 176, 209

ヒンドゥー・ナショナリズム　4, 6, 23, 24, 29, 75, 113

ふ

ファシリテーター　118, 120, 121, 124, 126, 127, 130, 140, 142, 143, 148, 149, 151, 153-155, 157, 225

フィリップ，プラティープ（Prateep V.

Philip） 195, 197, 198

フェッチュ，フランク・R.(Frank R. Pfetsch） 36

不作為 89, 98, 109

不当逮捕 7, 40, 54, 56, 70, 75, 92, 94, 99, 135, 176, 237

プネー市 14

ブラス，ポール・R.(Paul R. Brass） 25, 26, 28, 36, 53

武力制圧 7, 36, 77, 198, 250

フレンズ・オブ・ポリス運動(Friends of Police Movement） 12, 15, 195, 197, 198, 208, 234

プロパガンダ 51, 111

分割統治策 3, 19, 20

分離独立 4, 9, 32, 33, 41, 77, 142

へ

ベイリー，デヴィッド・H.(David H. Bayley） 6, 57, 60, 66

平和委員会(Peace Committee） 27, 174

ほ

暴動州 11, 91

暴動調査委員会 26, 27

暴動ベクトル 10, 19, 36, 41, 42, 51-54, 65, 100, 183, 247

暴力犯罪のコントロールと法執行法 7, 57

ポール，グラブラーオ(Gulabrao Pol） 163, 176-178, 185

ボンベイ州 80

ま

マードン委員会(D. P. Madon Commission） 165, 169

マーレーガオン市 40, 49

マイノリティ 5, 62-64, 70, 72, 82, 85, 90, 92, 95

マディヤ・プラデーシュ州 8, 14, 106

マニプル州 88

マハーラーシュトラ州 5, 8, 10-12, 14-16, 22, 28, 29, 34, 35, 40, 42, 49, 78, 88-90, 95, 103, 106, 110, 113, 124, 140, 148, 149, 155, 164, 171, 196, 209

マヒーム地区 116, 117, 127, 128, 148

み

民族奉仕団(Rashtriya Swayamsevak Sangh: RSS） 4, 24, 33, 41, 107, 109, 196

む

ムケルジー，タンパ(Tumpa Mukherjee） 59, 218

無差別発砲 7, 40, 54, 70, 75, 92, 94, 99, 135, 176, 196, 237

ムンバイー市(ボンベイ市） 3, 5, 10, 11, 14-16, 36, 54, 83, 103, 110, 115-118, 124, 126, 135, 143, 149, 152, 164, 176, 196, 224, 234, 237, 247

め

メーラト市 192

メンドンサ，ロニー(Ronnie H. Mendonca） 90, 121, 155

も

モーディー，ナレンドラ(Narendra Modi） 144, 146-148

目的特化型 14, 16, 223, 248

モ ハ ッ ラ ー ・ コ ミ ッ テ ィ (Mohalla Committees) 10, 11, 15, 16, 116-118, 163, 175, 177, 178, 180, 183

モハッラー・コミッティ・ムーブメント・トラスト(Mohalla Committees Movement Trust: MCMT) 10, 16, 83, 103, 118, 210, 234

問題解決型ポリシング 56, 60

や

薬物乱用 61, 128, 130, 134

ゆ

憂慮する市民の法廷(Concerned Citizens Tribunal) 144, 146

よ

予防志向型 9, 26, 29, 30

ら

ラーイ, V.N.(Rai, Vibhuti Narain) 54, 90, 93, 95

ラーオ, ナラシンハ(P.V. Narasimha Rao) 107

ラージゴーパール, P.R.(Rajgopal, P.R.) 31, 32

ラージャスターン州 106

ラーム寺院 33, 103, 104, 107, 108

──再建運動(ラーム生誕の神聖な地を取り戻す運動) 33, 104, 107, 109, 143, 144, 149, 150, 176, 177

り

リーダーシップ 8, 20, 37, 64, 66, 67, 118, 121, 153, 154, 156, 163, 173, 185, 195, 222, 228, 242

リベイロ委員会(Ribeiro Committee) 83, 84

リベイロ, ジュリオ・F.(Julio F. Ribeiro) 83, 90, 117, 118, 120, 121, 127, 131, 148, 155-157

リベルハーン委員会(Liberhan Ayodhya Commission) 107-109

留保措置 62, 63, 92

れ

連邦直轄領デリー市 7, 12, 34, 80, 191, 229, 233, 234

連邦内務省 8, 26, 31, 53, 75, 78, 80, 83, 84, 99, 210, 214, 235, 247, 249

ろ

ローロフ, クリストファー(Christoph Rohloff) 36

わ

割れ窓理論 55, 56, 60

■著者紹介

油井美春（ゆい　みはる）
　　1979年生。神戸大学大学院国際文化学研究科博士後期課程修了。博士（学術）。日本学術振興会特別研究員（DC2），広島大学大学院国際協力研究科特任助教を経て，現在人間文化研究機構総合人間文化研究推進センター研究員（広島大学現代インド研究センター特任助教）。
　　専門は，政治学，南アジア地域研究，安全保障研究。
　　主な著作に "Can Citizen Involvement Overcome Hate Crime in Local Communities?"（Minoru Mio et. al., eds., *Structural Transformation in Globalizing South Asia*, National Museum of Ethnology, Osaka 2017），「ムンバイー暴動とムスリム」（外川昌彦・子島進編『イスラームとNGO——南アジアからの比較研究』人間文化研究機構地域間連携研究の推進事業「南アジアとイスラーム」，2014年），「現代インドにおける暴動とその予防の実証分析」（『南アジア研究』第24号，2013年）など。

地域研究ライブラリ1
現代インドにおける暴動予防の政策研究
—— コミュニティ・ポリシング活動の挑戦

2018年2月28日　初版第1刷発行

　　　　　　　　　　　著　者　油 井 美 春

　　　　　　　　　　　発行者　杉 田 啓 三

　　　　　〒607-8494 京都市山科区日ノ岡堤谷町3-1
　　　　　　　発行所　株式会社 昭和堂
　　　　　　　　　振替口座　01060-5-9347
　　　　TEL（075）502-7500／FAX（075）502-7501
　　　　　ホームページ　http://www.showado-kyoto.jp

© 油井美春 2018　　　　　　　　　印刷　モリモト印刷

ISBN978-4-8122-1708-5
＊乱丁・落丁本はお取り替えいたします。
Printed in Japan